Stricken wie in 1001 Nacht

Annette Danielsen

STRICKEN WIE IN 1001 NACHT

17 orientalisch-inspirierte Strickmodelle

LV.Buch

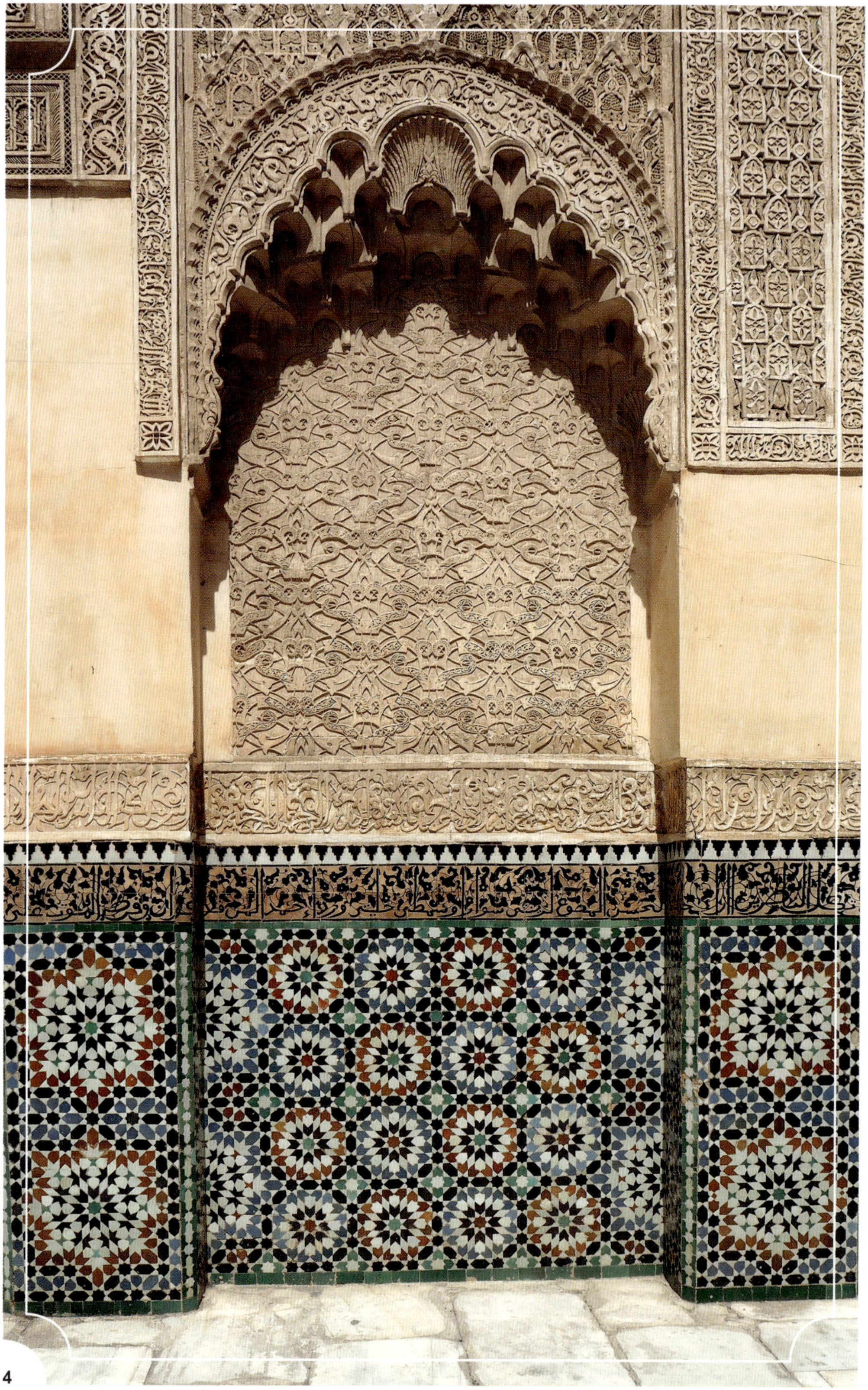

INHALT

MARRAKESCH – Ich stehe mitten in der Medina, auf dem großen Platz Djeema el-Fna, der schon jahrhundertelang Versammlungsort für Händler, Schlangenbeschwörer und tanzende Geschichtenerzähler ist.
Ich bin überwältigt von diesem Sinnes-Inferno aus schönen Farben, Essensdüften, Trommelgeräuschen und Unterhaltungen in verschiedensten Sprachen: Berberisch, Arabisch, Französisch, Deutsch, Englisch und tatsächlich auch in Dänisch. Ein Gewimmel von Menschen nimmt den Platz von morgens bis zum späten Abend in Beschlag – Tag für Tag. Sie schieben sich aneinander vorbei, lachen, rufen oder … staunen wie ich.
Aus guten Gründen war ich vor 100 Jahren nicht hier, aber ich kann mir sehr gut vorstellen, dass es immer so gewesen ist. Trotz der ständigen Bewegung auf dem Platz, steht die Zeit still.

Die Farben der Häuser sind inspiriert von Erde, Lehm und Sand. Ich muss die Finger an den Mauern entlangfahren lassen – die Farben sind spürbar. Die Wände sind mit farbigem Zement bemalt und so oft geputzt, bis eine spiegelglatte Oberfläche entsteht. Ich weiß, dass die Wände steinhart und kalt sind, aber der Eindruck ist weich und organisch – fast atmendes Leben.

Überall sehe ich Farben, Linien und Muster, die von mir gestrickt werden wollen.
Die Eindrücke werden gewürzt mit unglaublich freundlicher Höflichkeit, Neugierde und Stolz über das Handwerk – und schon bin ich mittendrin …„Trocken-Stricken" beginnt mit Bleistift und Papier gleich bei der ersten Tasse Minztee. Die ersten Maschen aus Marrakesch werden angeschlagen.

Genieße jede Masche …

Annette Danielsen

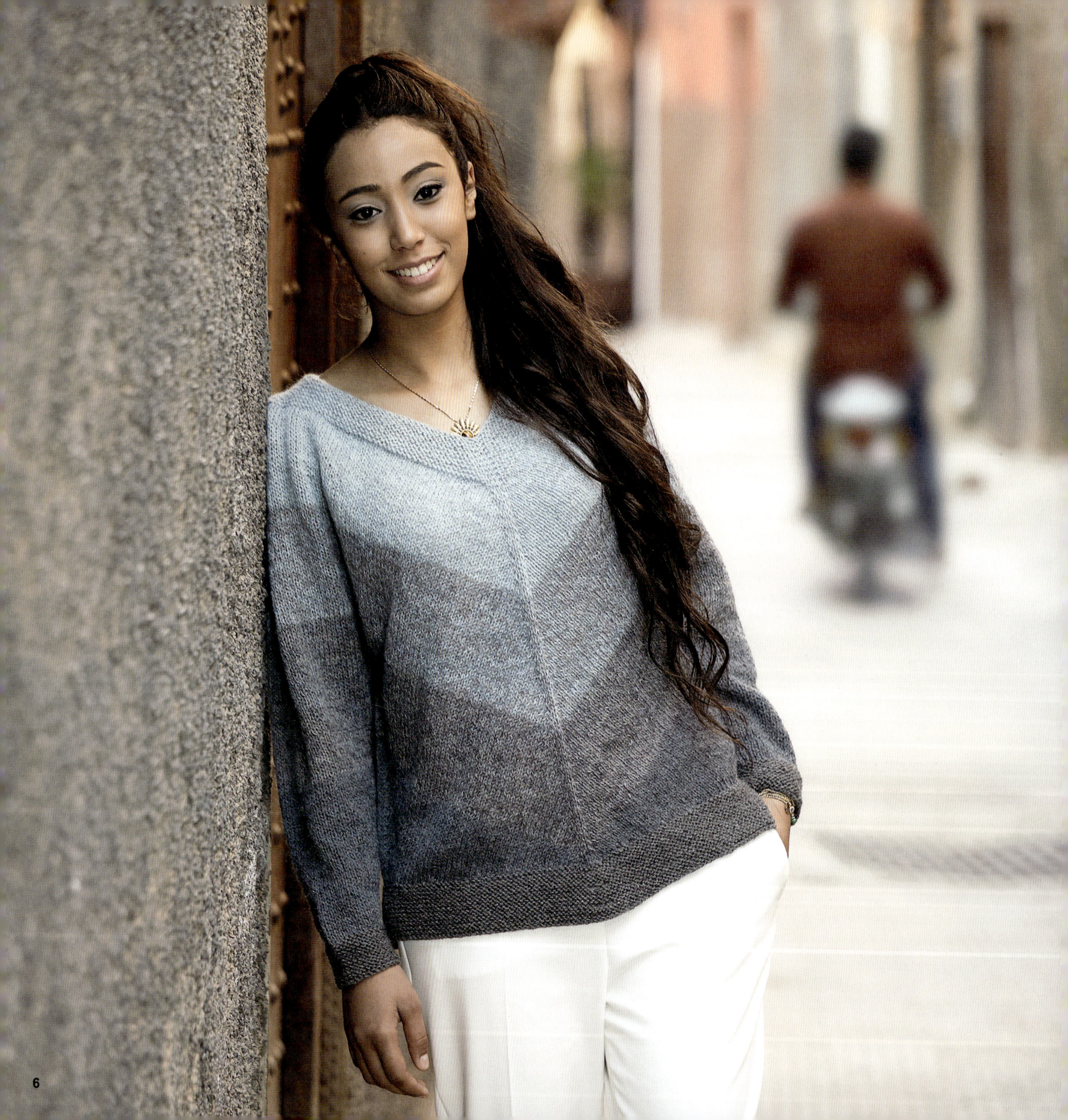

Atlasgebirge

Gr.: S (M) L (XL)

Halbe Oberweite: 46 (52) 60 (68) cm
Länge: 60 (61) 60 (61) cm
Innere Ärmellänge: 29 (26) 26 (25) cm.

Material
A: 50 g Isager Alpaca 1 Farbe 11
B: 100 g Isager Alpaca 1 Farbe 4s
C: 50 g Isager Tvinni Farbe 10s
D: 100 g Isager Highland Farbe Sky
E: 50 g Isager Tvinni Farbe 42
F: 50 g Isager Tvinni Farbe 23s

Empfohlene Rundnadeln Nr. 3½ und 4½,
Strumpfnadeln Nr. 4½

Maschenprobe glatt gestrickt mit Nd Nr. 4½
und A + C: 10 cm = 18 M und 26 R

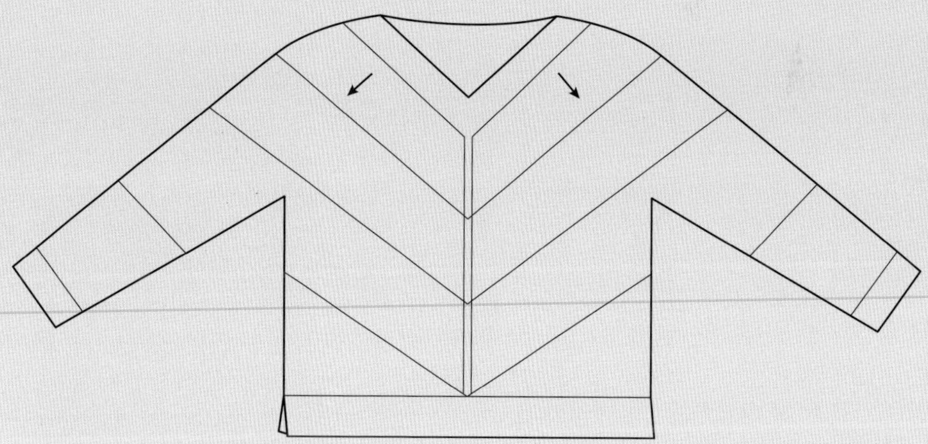

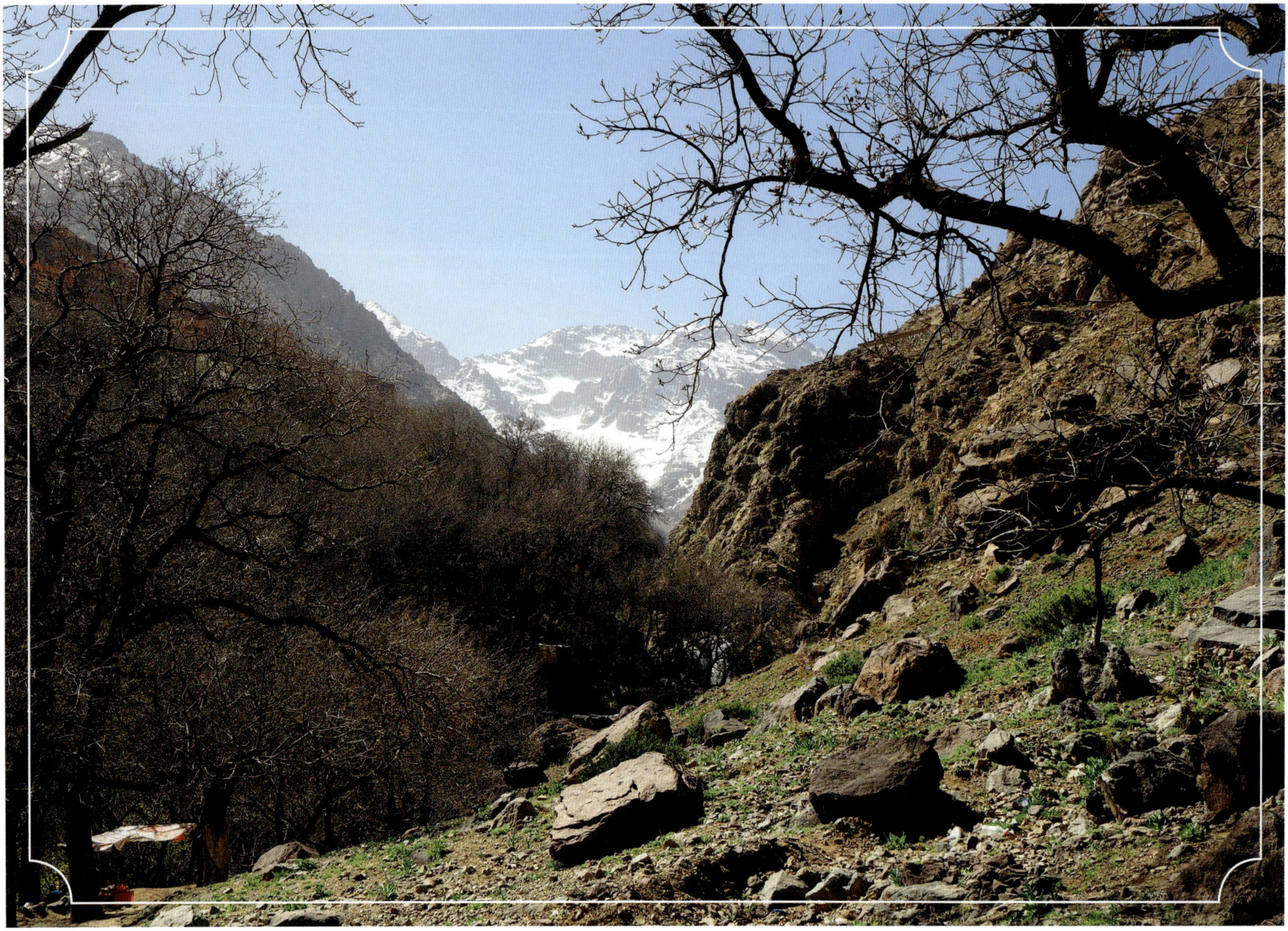

ATLASGEBIRGE

Das Atlasgebirge erstreckt sich durch ganz Marokko – von der Mittelmeerküste bis zur Saharawüste. Nach einigen Tagen in Marrakeschs Lärm und Tumult ist ein Besuch in den Bergen eine Erholung für die Seele. Es ist wieder möglich, seinen eigenen Gedanken zu lauschen und die Geschwindigkeit ist so langsam, dass alle wieder Schritt halten können.

NACKEN
4 M mit Nd Nr. 3½ und A + C anschl.
Aus jeder Masche 2 M str = 8 M.

Reihe 1 (RückR): 8 re.
Reihe 2: 1re – 1 neue re – 2re – 1 neue re – 2re – 1 neue re – 2re – 1 neue re – 1re = 12 M.
Reihe 3: 12re.
Reihe 4: 1re – 1 neue re – 4re – 1 neue re – 2re – 1 neue re – 4re – 1 neue re – 1re = 16 M.
Reihe 5: 16re.
Reihe 6: 1re – 1 neue re – 6re – 1 neue re – 2re – 1 neue re – 6re – 1 neue re – 1re = 20 M.
Reihe 7: 20re.

Die 2 mittleren M markieren.
Die Zun am Anfang und Ende jeder 2. R + an jeder Seite der 2 mittleren M wdh, bis es insg 52(60)60(68) M sind.
Die letzte R ist eine HinR mit Zun.
Die Fäden abschneiden.

PASSE
58(66)66(74) M mit A + C und einer Rundnd anschl.
Wenden und 1 R re str – in Verlängerung dieser M eine RückR über die NackenM str: 52(60)60(68)re = 110(126)126(142) M.
2 neue M in Verlängerung der NackenM anschl = 112(128)128(144) M.
In Reihen hin und her str.

Reihe 1 (HinR): *1re – 1 neue re – 26(30)30(34)re – 1 neue re – 1re – eine Markierung setzen*.
Von * bis * insg 4-mal str = 120(136)136(152) M.
Reihe 2: 120(136)136(152)re.

Weiter str und in jeder 2. R 1 M vor und 1 M nach den Markierungen zun, bis insg 10 ZunahmeR gestrickt sind = 192 (208) 208 (224) M.
Mit der 10. ZunahmeR enden.
Die Strickarbeit nicht wenden.

Zu Nd Nr. 4½ wechseln.

Zur Runde schließen und glatt rechts weiter str.
Eine Markierung setzen.
Linke Schulter = Rundenbeginn.

Gr. S(M):
Rd 1: Alle M re.
Rd 2: Zun in vorderer und rückwärtiger Mitte str.
Rd 3: Alle M re.
Rd 4: Wie Runde 2.
Rd 5: Alle M re.
Rd 6: Zun in vorderer und rückwärtiger Mitte und auf beiden Schultern str.
Nach Runde 1 - 6 sind 16 M zugenommen.
Diese 6 Rd insg 4-mal str.
Es sind nun 256(272) M.

Gr. L(XL):
Rd 1: Alle M re.
Rd 2: Zun in vorderer und rückwärtiger Mitte str.
Rd 3: Alle M re.
Rd 4: Zun in vorderer und rückwärtiger Mitte und auf beiden Schultern str.
Nach Runde 1 - 4 sind 12 M zugenommen.
Diese 4 Rd insg 6-mal str.
Es sind nun 280(296) M.

Alle Gr.:
C abschneiden. Mit A + D str.
Die 6(6)4(4) Rd noch 5(5)7(7)-mal str.
Es sind nun 336(352)364(380) M.

A abschneiden. Mit B + D str.
Die 6(6)4(4) Rd noch 1(2)4(5)-mal str.
Es sind nun 352(384)412(440) M.
Insg sind nun 60(66)68(72) Rd glatt rechts gestrickt.
Die Fäden abschneiden.

KÖRPER
Die ersten 32(35)37(39) M für den Ärmel stilllegen.
Mit B + D von der Außenseite weiter str.

Nach den stillgelegten M beginnen:
Aus erster Masche 2 M str – 110(120)130(140)re – 2 M aus letzter Masche – die nächsten 64(70)74(78) ÄrmelM stilllegen – 2 M aus erster Masche – 110(120)130(140) re – 2 M aus letzter Masche – die letzten 32(35)37(39) ÄrmelM stilllegen.

In Runden über die KörperM str:
Rd 1: *1re – 2re zus – 53(58)63(68)re – 1 neue re – 2re – 1 neue re – 53(58)63(68)re – 2re verschr zus – 1re*. Von * bis * wdh.
Rd 2: 228(248)268(288)re.

Rd 1 - 2 wdh, bis mit B + D insg 28 Rd gestrickt sind. Letzte Rd ist eine Rd 1 mit Zun.

D abschneiden. Mit B + E str.
4 Rd wie bisher str.
Die Fäden abschneiden.

SEITENDREIECKE
Die M verschieben, sodass 3 M vor der rückwärtigen Mitte neu begonnen wird:
54(59)64(69) M auf die rechte Nd heben, ohne sie zu str.
Die Strickarbeit wenden und eine RückR mit B + E str:

Reihe 1 (RückR): 3 M li abk – 105(115)125(135)li (die 1. M ist bereits auf der Nd).
Das ist 3 M vor der vorderen Mitte. Wenden.
Reihe 2: 3 M re abk – 48(53)58(63)re (die 1. M ist bereits auf der Nd) – 2re verschr zus – 2re – 2re zus – 48(53)58(63)re. Wenden.
Reihe 3: 3 M li abk – 97(107)117(127)li (die 1. M ist bereits auf der Nd). Wenden.
Reihe 4: 3 M re abk – 44(49)54(59)re (die 1. M ist bereits auf der Nd) – 2re verschr zus – 2re – 2re zus – 44(49)54(59)re. Wenden.

Reihe 5: 3 M li abk – 89(99)109(119)li (die 1. M ist bereits auf der Nd). Wenden.
Reihe 6: 3 M re abk – 40(45)50(55)re (die 1. M ist bereits auf der Nd) – 2re verschr zus – 2re – 2re zus – 40(45)50(55)re. Wenden.

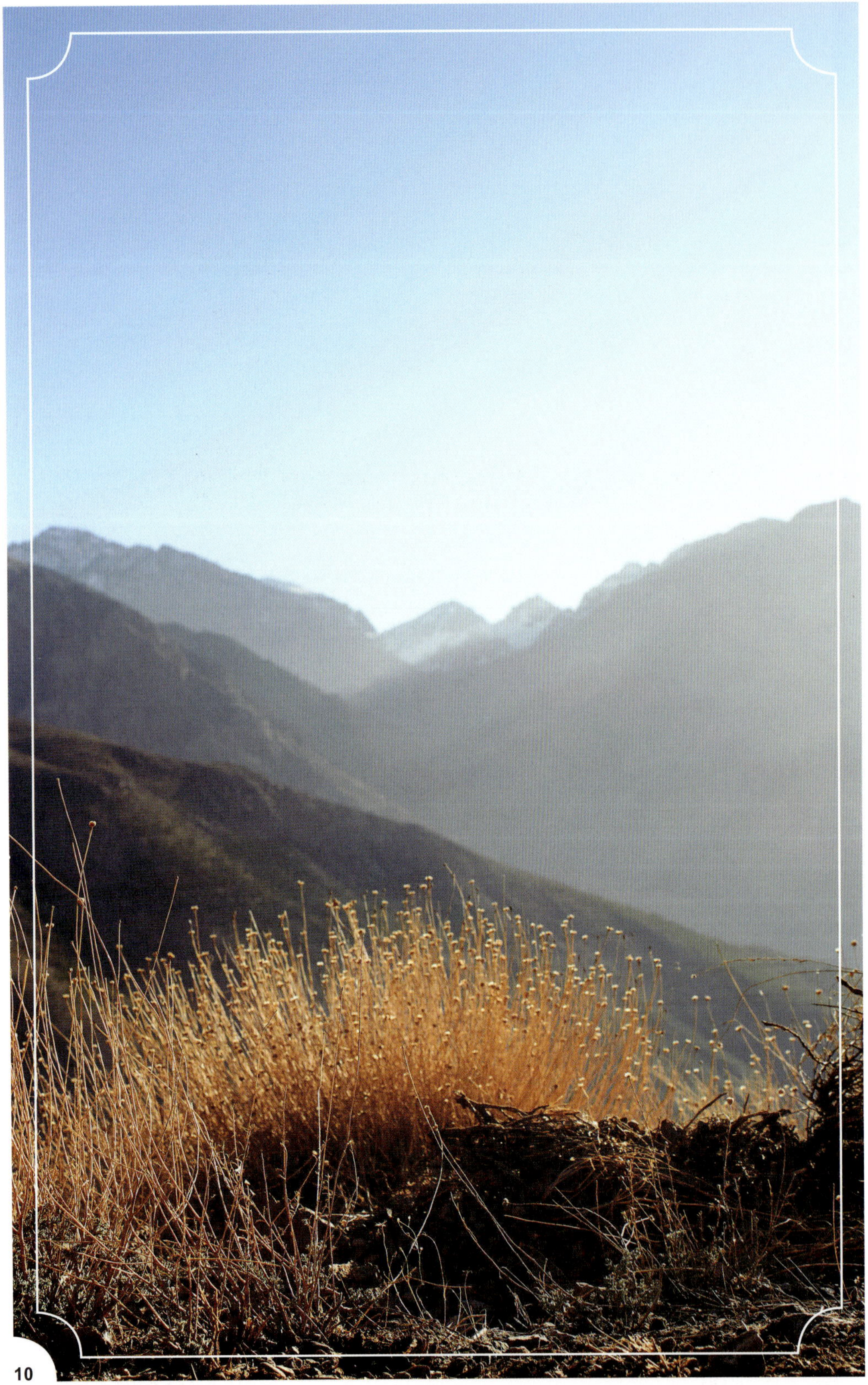

Reihe 7: 3 M li abk – 81(91)101(111)li (die 1. M ist bereits auf der Nd). Wenden.
Reihe 8: 3 M re abk – 36(41)46(51)re (die 1. M ist bereits auf der Nd) – 2re verschr zus – 2re – 2re zus – 36(41)46(51)re. Wenden.

Weiterhin am Anfang der R 3 M abk.
In den HinR ebenfalls die Abn in der Mitte fortsetzen.

Enden, wenn noch 12(6)8(10) M übrig sind.
In der RückR abk.

Wieder M verschieben, sodass über die restlichen M in einer RückR begonnen werden kann.
Die mittleren 6 M des Vorderteils und Rückens stilllegen.
Wieder mit Reihe 1 (RückR) beg und nach den vorderen 6 Mittelmaschen 3 M li abk.

Diese Seite auf die gleiche Weise wie das erste Seitendreieck str.
Die Fäden abschneiden.

UNTERER RAND
Der untere Rand ist unterteilt in rechte und linke Seite.
Die Ränder von Vorderteil und Rücken separat str.
M von der Außenseite mit B + F und Nd Nr. 3½ heraus str:
42(45)48(51) M von der Seitennaht bis zur Mitte heraus str – die mittleren 6 M str – 42(45)48(51) M von der Mitte bis zur Seitennaht heraus str = 90(96)102(108) M.

3 R re str.
Zun in der Mitte str (HinR): 44(47)50(53)re – 1 neue re – 2re – 1 neue re – 44(47)50(53)re = 92(98)104(110) M.
7 R re str.
2. Zun an jeder Seite der 2 mittleren M str = 94(100)106(112) M.
7 R re str.
3. Zun an jeder Seite der 2 mittleren M str = 96(102)108(114) M.

4 R re str.
In der RückR abk.

Die andere Seite genauso str.

ÄRMEL
Die ÄrmelM wieder auf die Nd heben.
Mit B + D str: Markierung für Rd-Beginn setzen - 2 M aus der ersten Masche – 62(68)72(76)re – 2 M aus der letzten Masche = 66(72)76(80) M.

4(3)2(8) Rd re str.
Abn str: 1re str – 2re verschr zus – bis 3 M vor den Markierer str – 2re zus – 1re.

Die Abn in jeder 4.(4.)4.(3.) Rd wdh.
Weiter str, bis insg 40 Rd mit B + D gestrickt sind.

D abschneiden. Mit B + E str.
Die Abn fortsetzen, bis es 38(40)42(46) M sind.
Weiter str, bis insg 40(40)44(44) Rd mit B + E gestrickt sind.

Es sind nun 74(68)68(64) R gestrickt.
Der Ärmel misst ca. 29(26)26(25) cm.
E abschneiden.

Zu Nd Nr. 3½ wechseln und mit B + F str.
19 Reihen kraus rechts hin und her str.
In der RückR abk.

Den zweiten Ärmel genauso str.

FERTIGSTELLUNG
Unter den Ärmeln Körper und Ärmel zusammennähen.
Den krausen Rand der Ärmel zusammennähen.
Ebenfalls den Schlitz am Halsausschnitt zusammennähen.
Die Fäden vernähen.

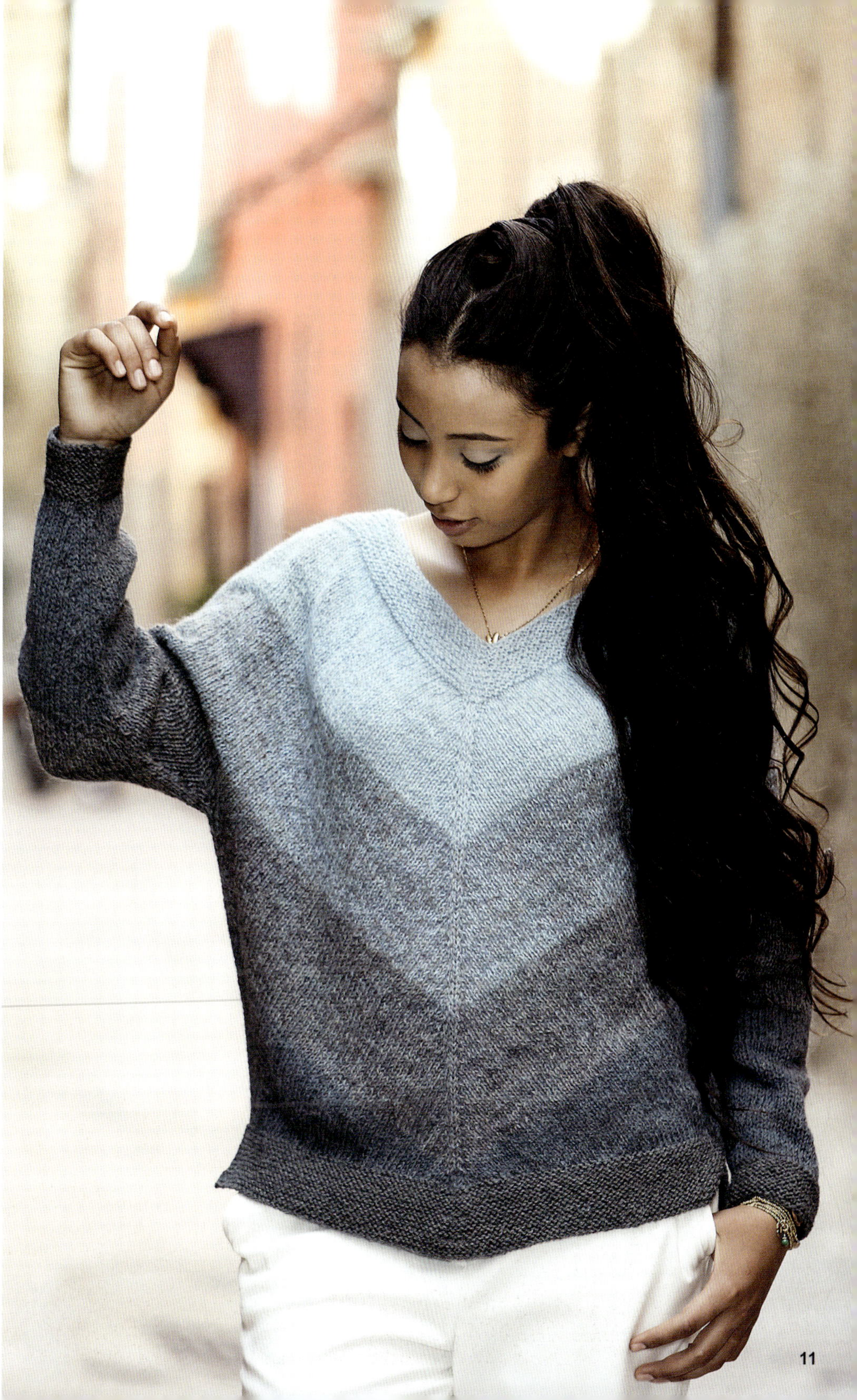

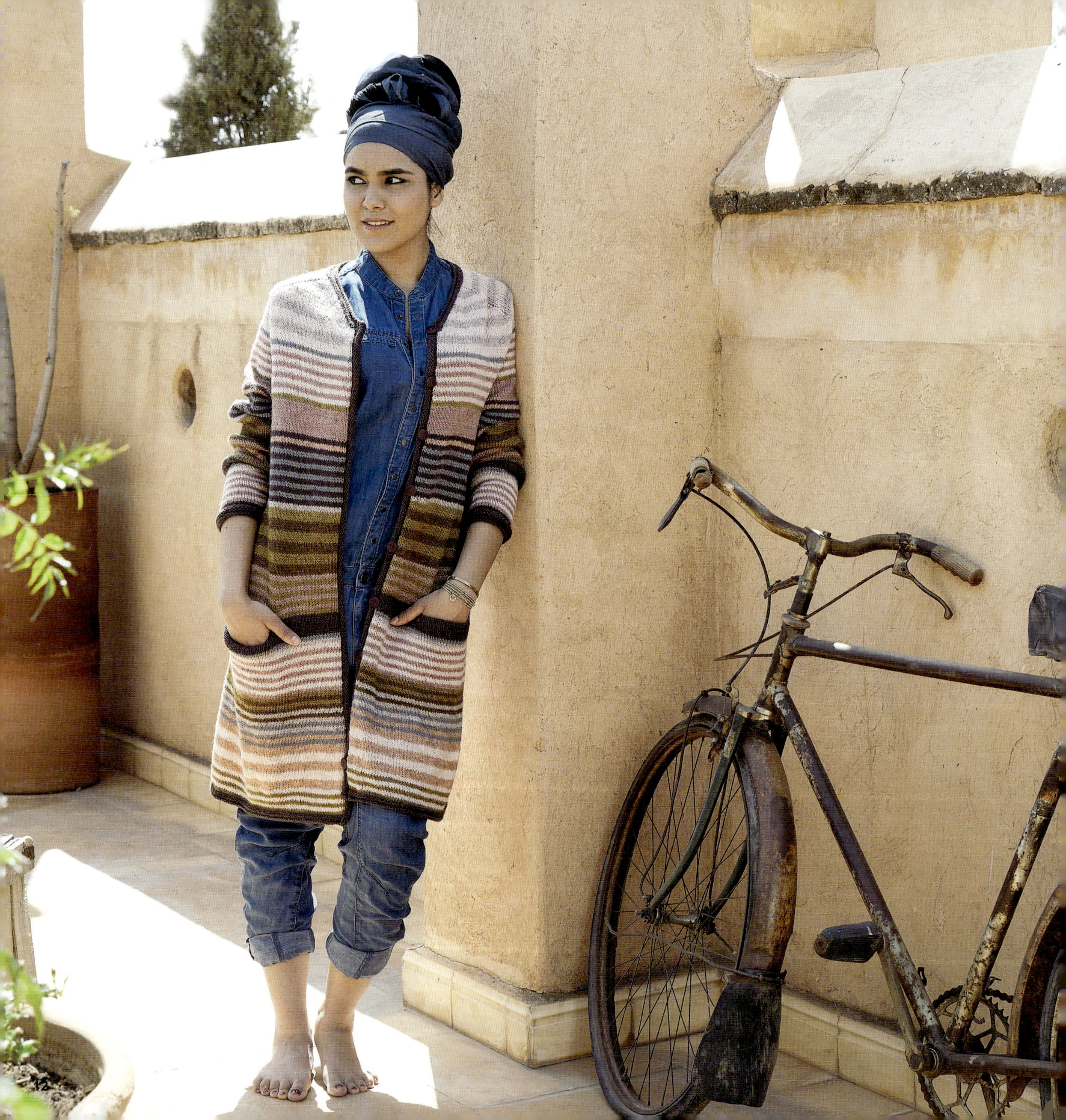

Babouche

Gr.: S (M) L (XL)

Halbe Oberweite: 48 (52) 56 (60) cm
Länge: 90 cm
Innere Ärmellänge: 43 cm

Material
A: 50 g Isager Tvinni Farbe 61s
B: 100 g Isager Tvinni Farbe 61
C: 100 g Isager Highland Farbe Rose
D: 50 g Isager Tvinni Farbe 39s
E: 50 g Isager Highland Farbe Clay
F: 100 g Isager Highland Farbe Curry
G: 150 g Isager Tvinni Farbe 60s
H: 50 g Isager Highland Farbe Sky
Die Jacke mit doppeltem Faden stricken

9 Knöpfe

Empfohlene Rund- und Strumpfnadeln Nr. 3½ und 4

Maschenprobe glatt gestrickt mit Nd Nr. 4:
10 cm = 20 M und 28 R

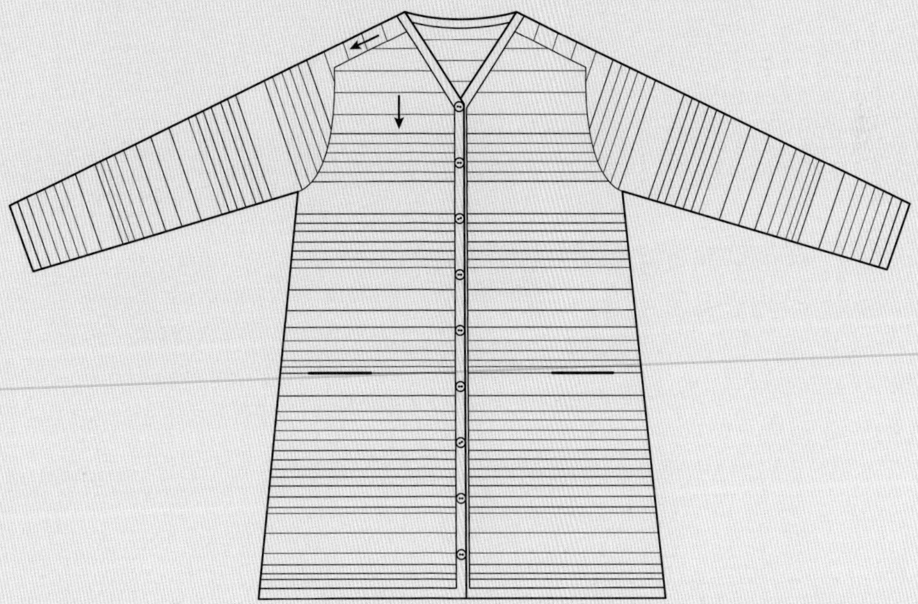

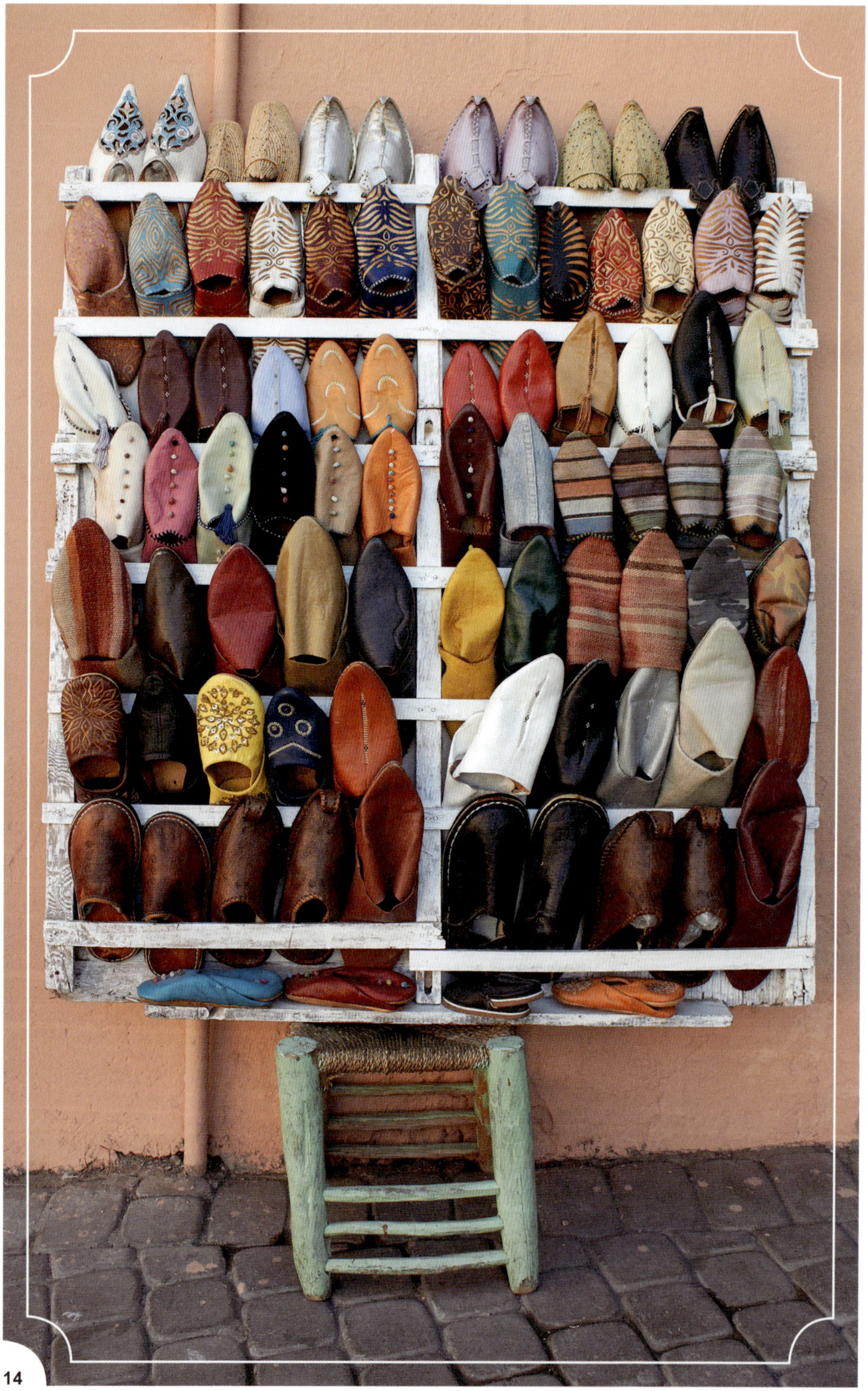

BABOUCHE

In der Tür zum lokalen Hamam steht ein korpulenter, marokkanischer Mann in seinem gestreiften Djellaba, mit seiner gehäkelten Mütze und weichen, rosafarbenen, marokkanischen Lederpantoffeln. Nach einer schönen Badezeremonie ist er entspannt – bereit für eine neue Woche.

PASSE

Die Jacke von oben nach unten str.
56(58)60(62) M mit 2 Fäden B und Nd Nr. 4 anschl.
Alle Streifen mit 2 Fäden str.

Einen Streifen mit B str.
Reihe 1 (RückR): 1re – U – 14li für die Schulter – U – 26(28)30(32)li – U – 14li für die Schulter – U – 1re = 60(62)64(66) M.
Dies ist das erste Rechteck im Diagramm.

Reihe 2: 2 M aus erster Masche str – den U re verschr str – U – 14re – U – U re verschr str – 26(28)30(32)re – U re verschr str – U – 14re – U – U re verschr str – 2 M aus letzter Masche str = 66(68)70(72) M.

Reihe 3: 1re – 2li – U li verschr str – U – 14li – U – U li verschr str – 28(30)32(34)li – U li verschr str – U – 14li – U – U li verschr str – 2li – 1re = 70(72)74(76) M.

Einen Streifen mit A str.
Reihe 4: 2 M aus erster Masche str – 3re – U re verschr str – U – 14re – U – U re verschr str – 30(32)34(36)re – U re verschr str – U – 14re – U – U re verschr str – 3re – 2 M aus letzter Masche str = 76(78)80(82) M.

Reihe 5: 1re – 5li – U li verschr str – U – 14li – U – U li verschr str – 32(34)36(38)li – U li verschr str – U – 14li – U – U li verschr str – 5li – 1re = 80(82)84(86) M.

Reihe 6: 2 M aus erster Masche str – 6re – U re verschr str – U – 14re – U – U re verschr str – 34(36)38(40)re – U re verschr str – U – 14re – U – U re verschr str – 6re – 2 M aus letzter Masche str = 86(88)90(92) M.

Reihe 7: 1re – 8li – U li verschr str – U – 14li – U – U li verschr str – 36(38)40(42)li – U li verschr str – U – 14li – U – U li verschr str – 8li – 1re = 90(92)94(96) M.

Laut Diagramm im Streifenmuster weiter str.
Die ersten 2 Farbstreifen des Diagramms sind nun gestrickt. Jedes Rechteck im Diagramm = 2 R.

Weitere 16 R mit diesen Zun str = 170(172)174(176) M.

ZUNAHMEN FÜR DIE ÄRMEL

Zun für die Ärmel str:
Reihe 1 (HinR): 2 M aus erster Masche str – 33re – Markierung setzen – U – U re verschr str – 14re – U re verschr str – U – Markierung – 70(72)74(76)re – Markierung – U – U re verschr str – 14re – U re verschr str – U – Markierung – 33re – 2 M aus letzter Masche str – 1(2)3(4) M in Verlängerung der R anschl.

Reihe 2: 1re – 35(36)37(38)li – Markierung – U – U li verschr str – 16li – U li verschr str – U – Markierung – 70(72)74(76)li – Markierung – U – U li verschr str – 16li – U li verschr str – U – Markierung – 35li – 1(2)3(4) M in Verlängerung der R anschl.
Es sind insg 182(186)190(194) M.
Keine weiteren Zun für den Halsausschnitt str.

Reihe 3 ohne Umschläge: 36(37)38(39)re – Markierung – U re verschr str – 18re – U re verschr str – Markierung – 70(72)74(76)re – Markierung – U re verschr str – 18re – U re verschr str – Markierung – 36(37)38(39)re.

Reihe 4 mit Umschlägen: 1re str – 35(36)37(38)li – Markierung – U – 20li – U – Markierung – 70(72)74(76)li – Markierung – U – 20li – U – Markierung – 35(36)37(38) li – 1re.
Es sind insg 186(190)194(198) M.

Die Zun wie folgt fortsetzen:
In den HinR die U re verschr str.
In den RückR an jeder Seite der Ärmel Umschläge str.

Nach weiteren 16(18)16(18)R sind an den Ärmeln 36(38)36(38) M zwischen den Umschlägen (die U nicht mitgezählt).
Es sind insg 218(226)226(234) M.

ZUNAHMEN FÜR KÖRPER UND ÄRMEL

Nun Zun an Körper und Ärmeln str.
Die alten Markierungen entfernen.

Reihe 1: Die U re verschr wie bisher str.
Reihe 2: 1re – 34(35)36(37)li – U – 1 M li str und markieren – U – 38(40)38(40) li – U – 1 M li str und markieren – U – 68(70)72(74)li – U – 1 M li str und markieren – U – 38(40)38(40)li – U – 1 M li str und markieren – U – 34(35)36(37)li – 1re = 226(234)234(242) M.

Reihe 3: Re str und alle U re verschr str.
Reihe 4: 1re – 1li str und dabei an jeder Seite der markierten M 1 U machen – enden mit 1re.
Es sind insg 234(242)242(250) M.

Die Zun an Körper und Ärmeln fortsetzen, bis an den Ärmeln 50(54)58(62) M zwischen den U sind.
Es sind insg 274(290)314(330) M.

TEILUNG

Es sind nun 57(61)65(69) R gestrickt.
Die Arbeit misst ab dem Nacken ca. 22(24)25(27) cm.

1 HinR re str und dabei alle U re verschr str.
1 RückR li str, dabei die erste und letzte M re – ohne U.

In einer HinR 43(45)49(51)re über das linke Vorderteil str – 52(56)60(64) ÄrmelM stilllegen – 12(16)16(20) M in Verlängerung der VorderteilM anschl – 84(88)96(100) RückenM re str – 52(56)60(64) ÄrmelM stilllegen – 12(16)16(20) M in Verlängerung der RückenM anschl – 43(45)49(51)re über das rechte Vorderteil str.

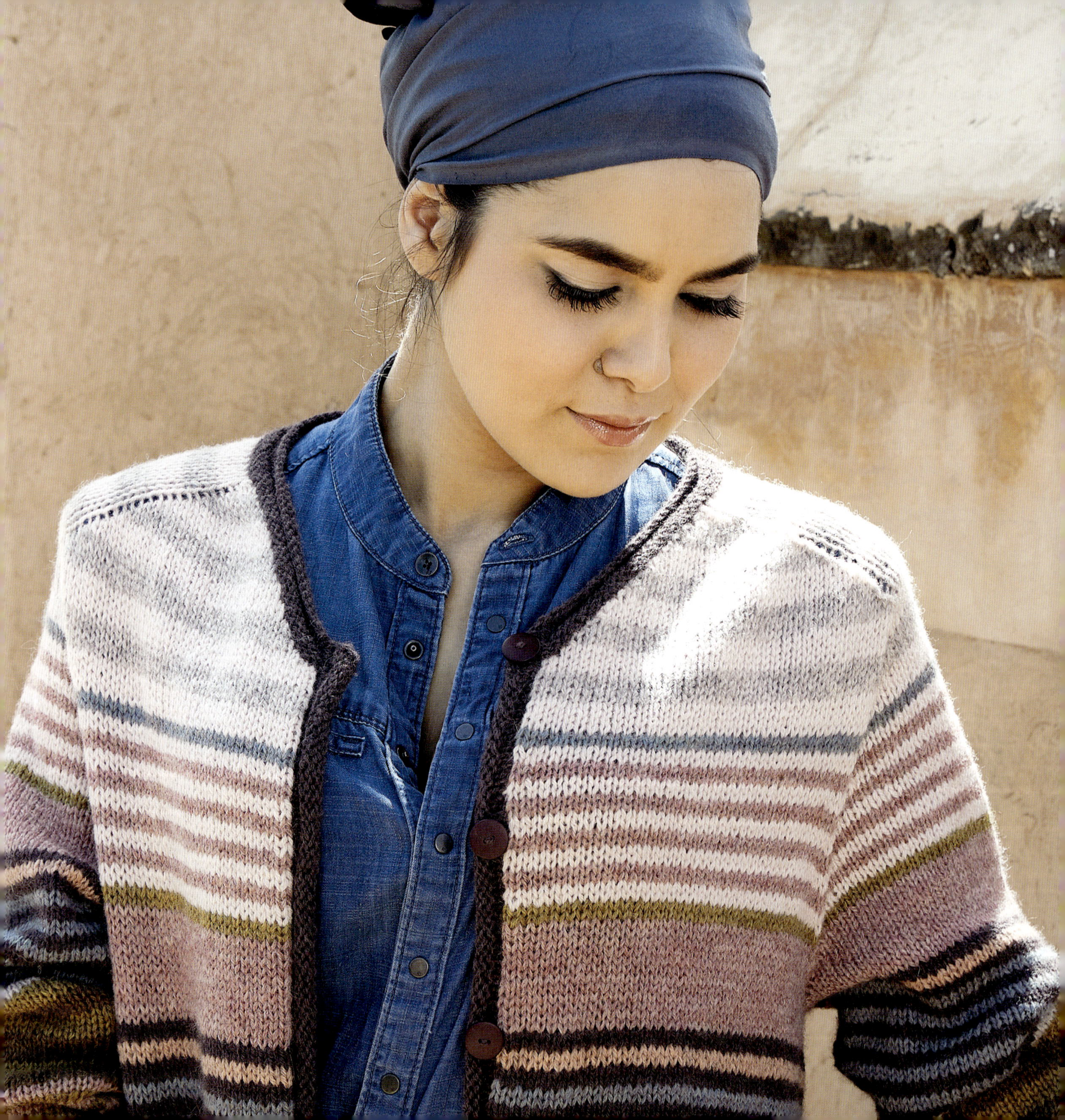

KÖRPER

24(20)16(12) R glatt rechts laut Diagramm über die 194(210)226(242) KörperM str.

1. Zun (RückR): 1re – 42(44)48(50)li – U – 12(16)16(20)li – U – 84(88)96(100)li – U – 12(16)16(20)li – U – 42(44)48(50)li – 1re = 198(214)230(246) M.
In der nächsten R die U re verschr str.

14 R str.
2. Zun (RückR): 1re – 42(44)48(50)li – U – 14(18)18(22)li – U – 84(88)96(100)li – U – 14(18)18(22)li – U – 42(44)48(50)li – 1re = 202(218)234(250) M.
In der nächsten R die U re verschr str.

14 R str.
Die 3. Zun an den gleichen Stellen wie vorher str = 206(222)238(254) M.

14 R str.
Die 4. Zun an den gleichen Stellen wie vorher str = 210(226)242(258) M.

TASCHEN

Die Taschen im Übergang zu einem G-Streifen str.
24(24)28(28) M des linken Vorderteils auf die rechte Nd heben, ohne sie zu str.
Mit 1 Faden G und Nd Nr. 4 str.
3 neue M anschl – 22re über die nächsten 22 VorderteilM str – 3 neue M in Verlängerung der gerade gestrickten M anschl = 28 M.

Über diese M hin und her str:
Reihe 1 (RückR): 1re – 26li – 1re.
Reihe 2: 28re.
Reihe 1 und 2 wdh, bis die Tasche 30 cm misst.
Enden mit einer RückR.
Nächste R (HinR): 3 M abk – R re zu Ende str.
Nächste R (RückR): 3 M abk – R li zu Ende str.
G abschneiden.
Die 22 TaschenM in Verlängerung der 24(24)28(28) M des linken Vorderteils auf die Nd heben.

Die mittleren 118(134)142(158) M auf die rechte Nd heben, ohne sie zu str.

Die 2. Tasche mit 1 Faden G und Nd Nr. 4 str.
3 neue M anschl – 22 re über die nächsten 22 M str – 3 neue M in Verlängerung anschl = 28 M.

Über diese M hin und her str.
Nach 30 cm am Anfang der nächsten 2 R 3 M abk.
Die M auf die Nd zu den KörperM heben.
Auch die 24(24)28(28) M des rechten Vorderteils auf die rechte Nd heben, ohne sie zu str.

Nun mit einer HinR laut Diagramm das Streifenmuster über alle M fortsetzen:
Mit 2 Fäden G und Nd Nr. 4 str.
24(24)28(28)re – 1 M aus dem Übergang zur Tasche heraus str – 22re über die erste Tasche.
1 M aus dem Übergang zum Körper str.
118(134)142(158)re str.
1 M aus dem Übergang zur Tasche str – 22re über die zweite Tasche str.
1 M aus dem Übergang zum Körper str – 24(24)28(28)re str = 214(230)246(262) M.

Laut Diagramm weiter str.
Gr. L(XL): Evtl. werden die Farben C und H etwas knapp. Deshalb ist es ratsam, die KörperM nach dem breiten G-Streifen stillzulegen und erst die Ärmel fertig zu stricken. So werden diese auf jeden Fall einheitlich. Sollten Farbe C oder H zu Ende gehen, kann stattdessen eine der anderen Farben verwendet werden. Am meisten ist von den Farben B, D, F und G übrig.

Alle Gr.:
5. Zun (RückR): 1re – 44(46)50(52)li – U – 20(24)24(28)li – U – 84(88)96(100)li – U – 20(24)24(28)li – U – 44(46)50(52)li – 1re.

Mit den Zun und Streifen bis zum Diagrammende weiter str.

Den unteren Rand mit 2 Fäden G und Nd Nr. 3½ str.
Reihe 1 (HinR): Alle M re.
Reihe 2: Alle M re.
Reihe 3: 1re – li bis zur letzten M, 1re.
Reihe 4: Wie Reihe 1.
Es sind nun, von der Außenseite betrachtet, 1 R re + 3 R li gestrickt.

Reihe 5 (HinR): Wie Reihe 1.
Reihe 6: 1re – li bis zur letzten M, 1re.
Reihe 7: Wie Reihe 1.
Reihe 8: Wie Reihe 6.
Es sind, von der Außenseite betrachtet, 4 R re gestrickt.
In einer HinR alle M locker abk.

ÄRMEL

Die ÄrmelM auf eine Strumpfnd Nr. 4 heben.
12(16)16(20) M aus den angeschlagenen M des Körpers heraus str – 1 M aus dem Übergang zu den ÄrmelM heraus str – die 52(56)60(64) ÄrmelM str – 1 M aus dem Übergang zu den ÄrmelM heraus str = 66(74)78(86) M.

6(8)8(10) M str.
Eine Markierung für den Rd-Beginn setzen.

Der gleichen Farbabfolge wie am Körper folgen.

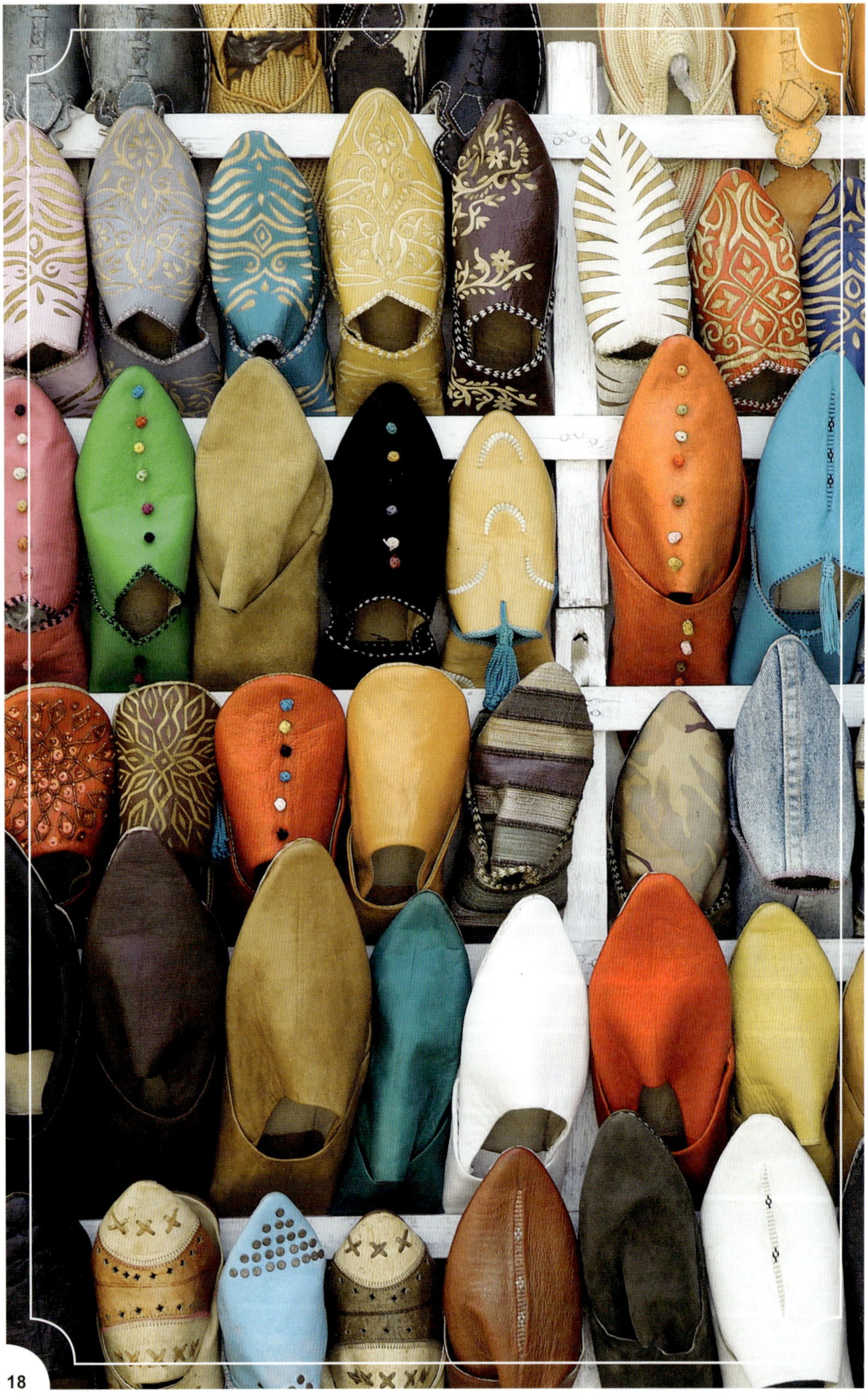

8(6)8(4) Rd str.
Abnahme str: 1re – 2re zus – 60(68)72(80)re – 2re verschr zus – 1re = 64(72)76(84) M.
Die Abn in jeder 8.(7.)6.(6.) Rd wdh, bis es 40(44)44(50) M sind.

Weiter str, bis der Ärmel ab der Teilung 42 cm misst.

Den Ärmelrand mit 2 Fäden G und Strumpfnd Nr. 3½ str.
1 Rd re – 3 Rd li – 4 Rd re str.
Alle M locker abk.

Den zweiten Ärmel genauso str.

HALSRAND
Mit 2 Fäden G und Nd Nr. 3½ str.
M von der Außenseite heraus str. Am rechten Vorderteil beg.
22(23)24(25) M aus dem schrägen Stück des Halsausschnitts heraus str.
56(58)60(62) M aus der AnschlagR str.
22(23)24(25) M aus dem schrägen Stück des Halsausschnitts str.
Es sind nun insg 100(104)108(112) M.

Reihe 1 (RückR): Alle M re.
Reihe 2: 1re – li bis zur letzten M, 1re.
Reihe 3: Wie Reihe 1.
Es sind nun, von der Außenseite betrachtet, 3 R li gestrickt.

Reihe 4 (HinR): Alle M re.
Reihe 5: 1re – li bis zur letzten M, 1re.
Reihe 6: Wie Reihe 4.
Reihe 7: Wie Reihe 5.
Es sind, von der Außenseite betrachtet, 4 R re gestrickt.
In einer HinR alle M locker abketten.

RECHTER VORDERRAND
Von der Außenseite M mit 2 Fäden G und Nd Nr. 3½ entlang des rechten Vorderrands heraus str.

Erst 4 M aus dem unteren Rand str.
Dann immer 4 M aus je 6 R str.
Zum Schluss 4 M aus dem Halsrand str.
Es sind insg 144 M.

Die vorderen Ränder entgegengesetzt zum Halsrand str.

Reihe 1 (RückR): Die 1. M abh, mit dem Faden vor der M = 1 abhFV – li bis zur letzten M, 1re.
Reihe 2: 1 abhFV – re zu Ende str.
Reihe 3 mit Knopflöchern: 1 abhFV – 1li – *2li zus – 2 neue anschl – 2li zus – 12li*. Von * bis * wdh. Enden mit 2li zus – 2 neue anschl – 2li zus – 9li – 1re.
Es sind nun, von der Außenseite betrachtet, 3 R re gestrickt.

Reihe 4: 1 abhFV – li bis zur letzten M, 1re.
Reihe 5: 1 abhFV – re zu Ende str.
Reihe 6: Wie Reihe 4 str.
Es sind nun, von der Außenseite betrachtet, 3 R li gestrickt.
In einer RückR rechts abk.

LINKER VORDERRAND

M von der Außenseite mit 2 Fäden G und Nd Nr. 3½ entlang des linken Vorderrands heraus str.
Erst 4 M aus dem Halsrand str.
Dann immer 4 M aus je 6 R str.
Zum Schluss 4 M aus dem unteren Rand str.
Es sind insg 144 M.

Nun, von der Außenseite betrachtet, 3 R re, dann 3 R li str.
In einer RückR rechts abk.

FERTIGSTELLUNG

Alle Fäden vernähen.

Die Taschenseiten von außen zusammennähen.

Die Knöpfe annähen.

DIAGRAMM

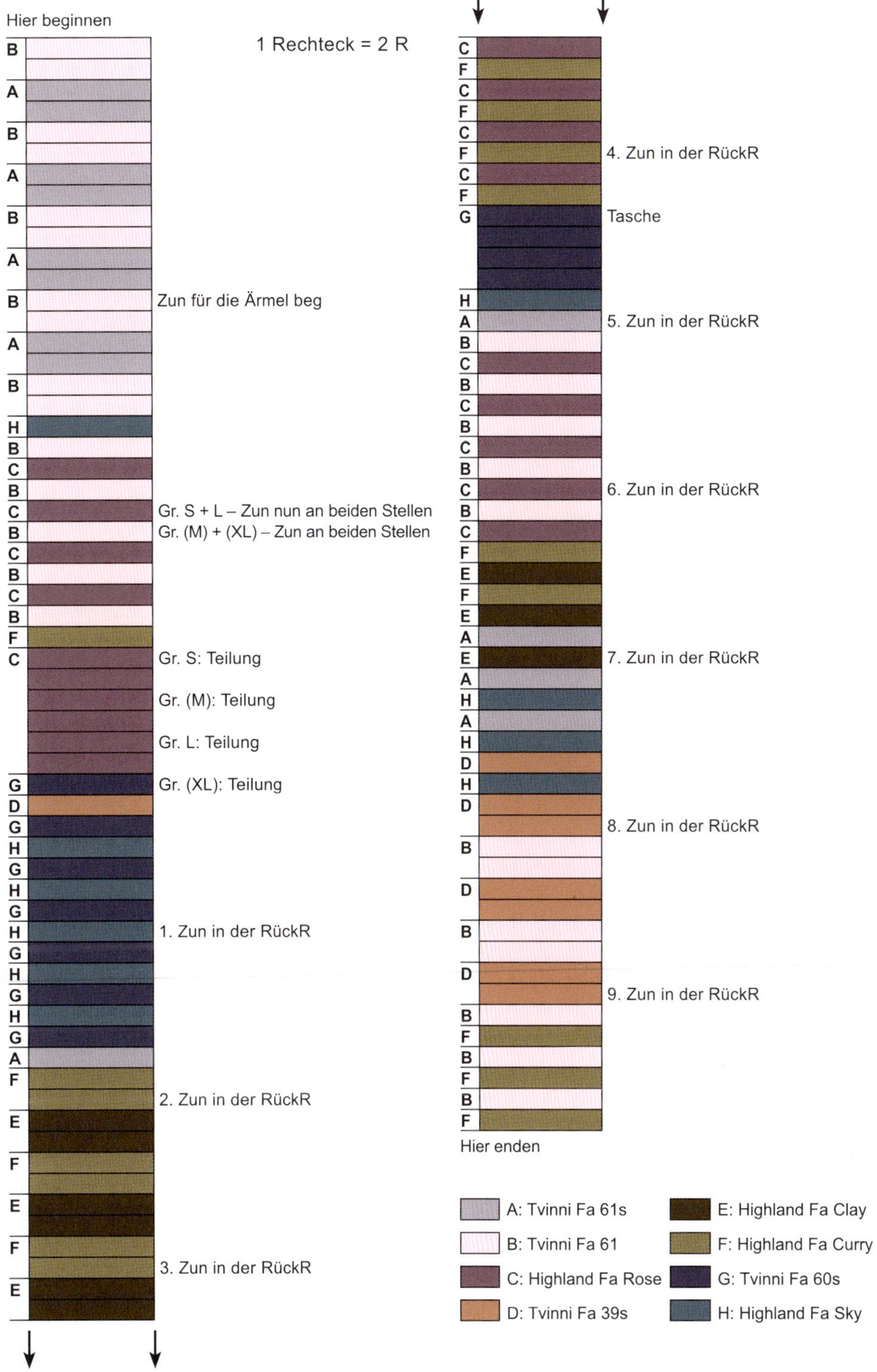

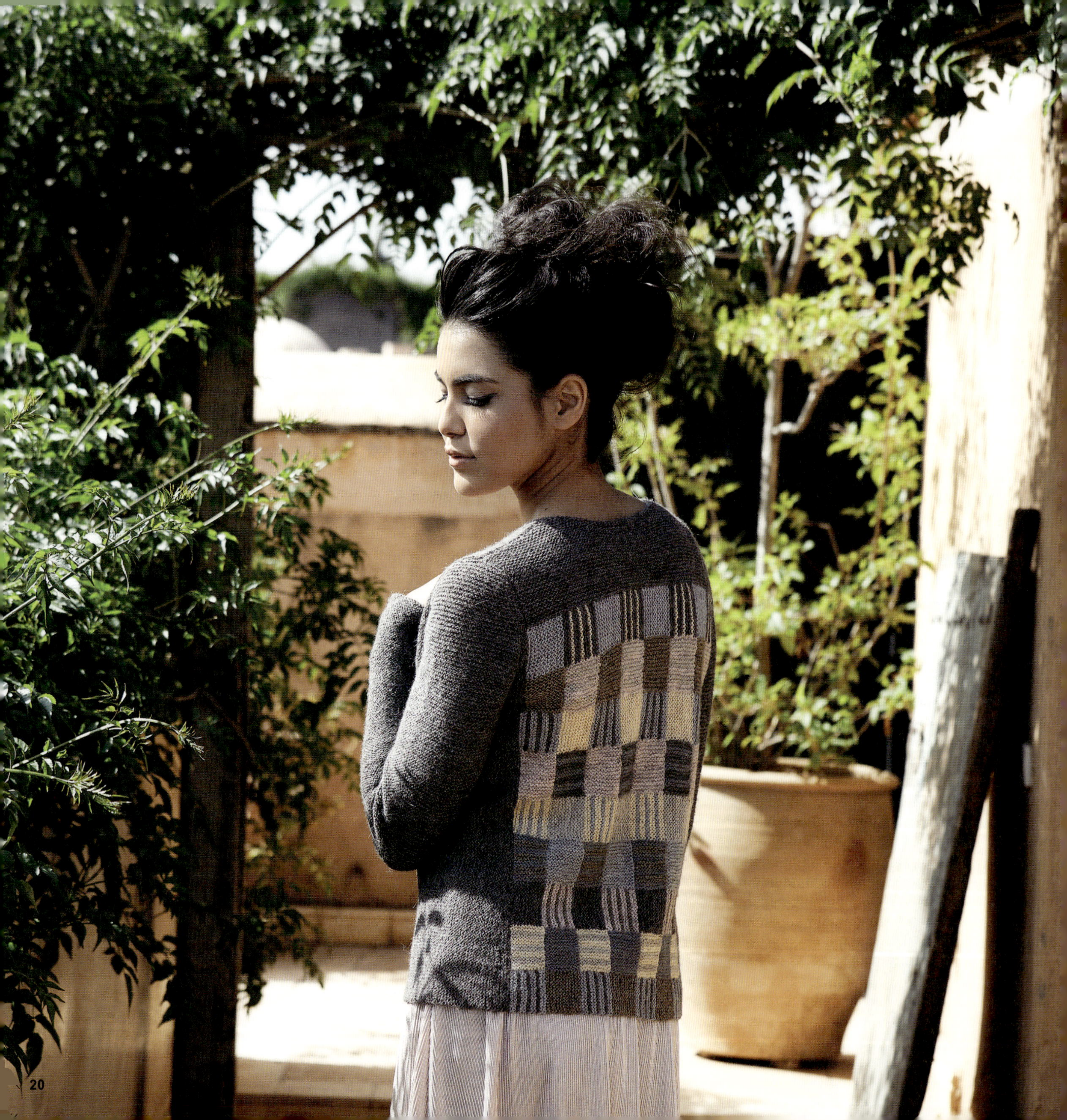

Bergdorf

Gr.: S (M) L (XL)

Halbe Oberweite: 46 (49) 54 (58) cm
Länge: 56 cm
Ärmel: 42 cm

Material
A: 250 (250) 250 (300)g Isager Alpaca 2 Farbe 4s
B: 15 g Isager Highland Farbe Stone
C: 15 g Isager Alpaca 2 Farbe 3s
D: 15 g Isager Highland Farbe Sky
E: 15 g Isager Tvinni Farbe 58
F: 15 g Isager Highland Farbe Sand
G: 20 g Isager Tvinni Farbe 61s

8 Knöpfe

Empfohlene Rundnadeln Nr. 2½ und 3

Maschenprobe kraus rechts gestrickt:
10 cm = 28 M und 56 R

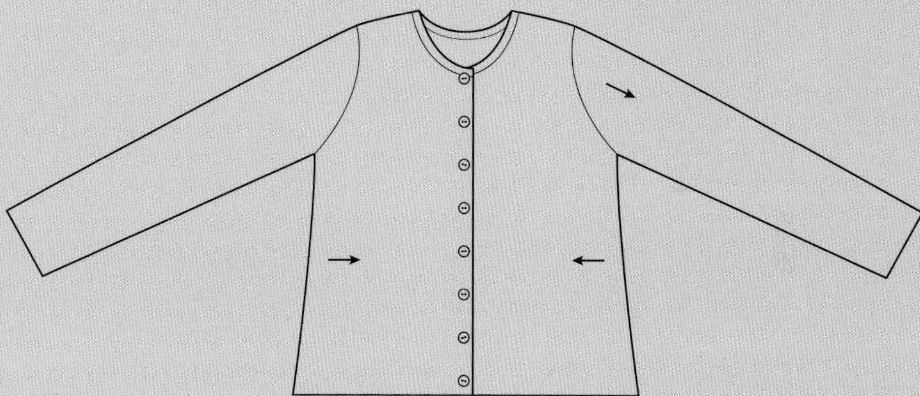

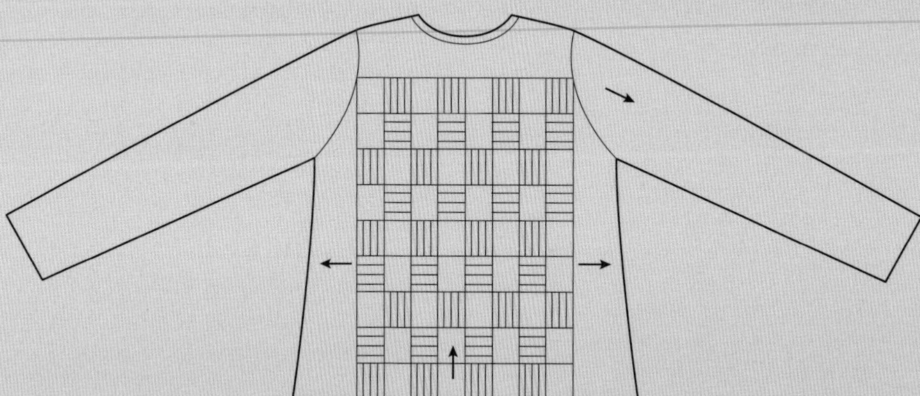

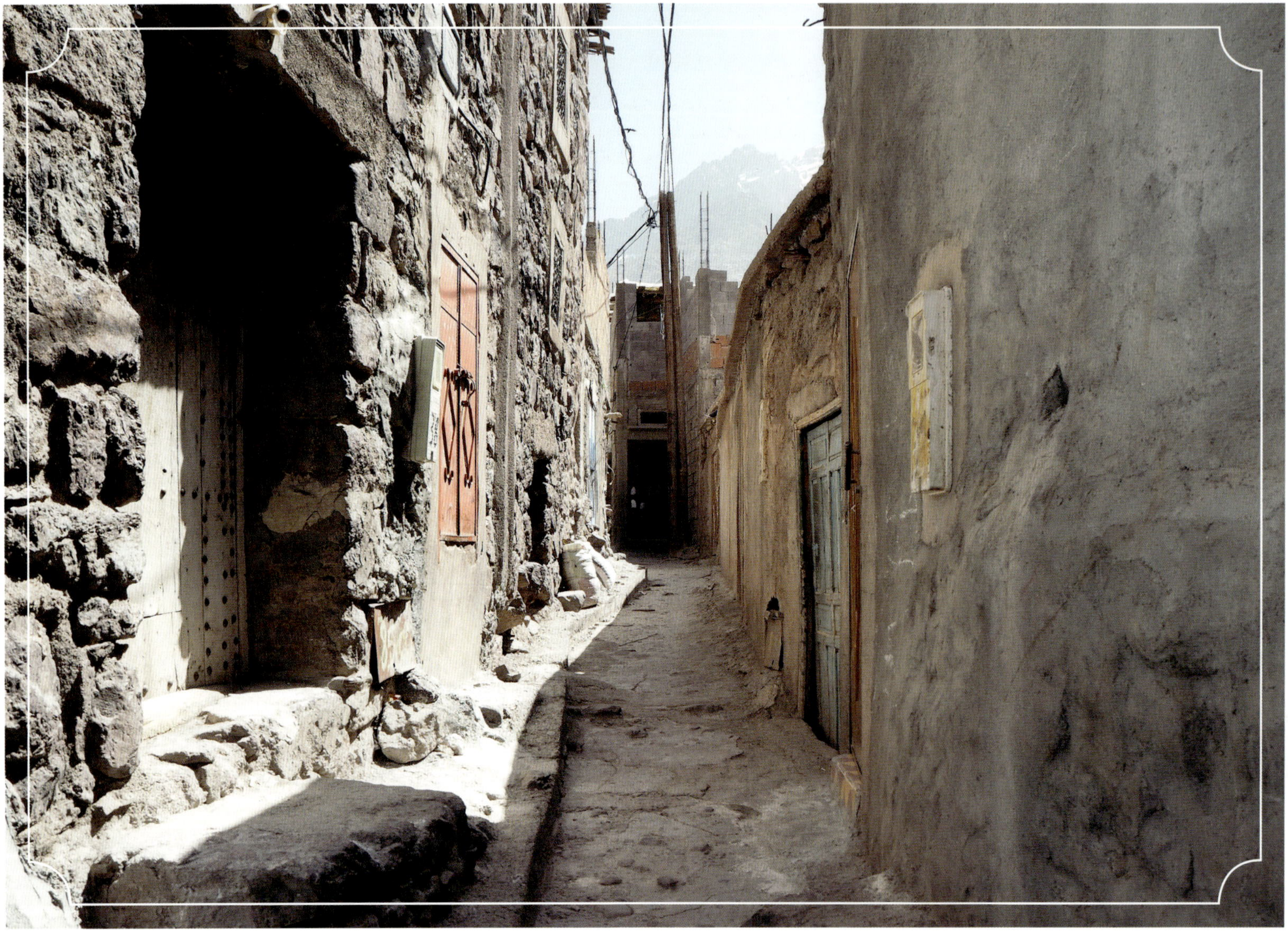

BERGDORF

Die Häuser sind nach den Voraussetzungen des Berges gebaut.
Hänge, Klippen und grasbewachsene Ebenen. Ein kalter Wind fegt durch die Schluchten.
Die Sonne am kalten Morgen tut gut.

RÜCKEN
Der Rücken wird in Bahnen gestrickt.
Es ist von Vorteil die Fäden gleich einzuweben.

BAHN 1 (unterste Bahn)
14 M mit B und Nd Nr.3 anschl.
1 R re str (RückR).
2 R re str.
Die 1. unterste Bahn wird mit senkrecht verlaufenden Reihen gestrickt.
Die ersten 2 Kästchen sind nun gestrickt.
Danach entspricht jedes Kästchen = 2 R.

Das Diagramm (= 2 Vierecke) 4(4)4½(4½)-mal str. Das sind über die Rückenbreite bis zu den Seitenteilen insg 8(8)9(9) Vierecke.
In einer HinR abk.

BAHN 2
Nun wird mit waagerecht verlaufenden Reihen gestrickt.
Kleine Garndoggen wickeln.
Ein einfarbiges Viereck benötigt ca. 5 Meter Garn.
Das gestreifte Viereck benötigt ca. 2 × 3 Meter Garn.

M entlang der oberen Längsseite von Bahn 1 heraus str.
11 M aus dem ersten Viereck str – 1 M pro Rippe.
Die Farbe wechseln und 11 M aus dem nächsten Viereck str.
M aus allen weiteren Vierecken mit den Farben laut Diagramm str = 88(88)99(99) M.

Bahn 2 str.
Beim Farbwechsel die Fäden auf der Rückseite verkreuzen, um Löcher zw den Vierecken zu vermeiden.

Die Fäden abschneiden.

BAHN 3
13 M mit G und einer neuen Nd Nr. 3 anschl.
Reihe 1: 13re str – danach 1re aus der ersten M von Bahn 2 str = 14 M. Wenden.
Reihe 2: 14re str.

Reihe 3: 13re str – die letzte M mit der nächsten M von Bahn 2 zus str. Wenden.
Reihe 4: 14re str.

Reihe 3 - 4 wdh und dabei laut Diagramm str.

Nach 4(4)4½(4½) Abfolgen des Diagramms sind keine M von Bahn 2 mehr vorhanden.
In einer RückR abk.

Laut Diagramm weiter str:
Immer abwechselnd eine Bahn mit waagerecht verlaufenden Reihen str - wie BAHN 2 und eine Bahn mit senkrecht verlaufenden Reihen str - wie BAHN 3.
Das Diagramm zu Ende str.

SCHULTER
M von der Außenseite 88(88)99(99) mit A und Nd Nr. 3 oberhalb der letzten Bahn heraus str.

44 R (= 22 Rippen) re hin und her str = 8 cm.
Mit einer HinR enden.
Für den Nacken abk: 32(32)36(36)re – 24(24)27(27) M abk – 32(32)36(36)re (die 1. M ist bereits auf der Nd).
Jede Schulter einzeln fertig str.

Erste Schulter:
In allen HinR 3 M abk – re bis zu den letzten 2 M – 2re zus.
In allen RückR alle M re str.
Auf diese Weise insg 15(15)17(17) R str, bis keine M mehr übrig sind.

Zweite Schulter:
Mit einer HinR am Nacken beg.
In allen HinR alle M re str.
In allen RückR 3 M abk – re bis zu den letzten 2 M – 2re zus str.
Weiter str, bis keine M mehr übrig sind.

LINKES SEITENTEIL RÜCKEN
M mit A und Nd Nr. 3 aus der linken Seite des Rückens heraus str. An der Schulter beg: 23 M entlang der Schulter heraus str – 14 M aus jeder Bahn str = 149 M.

Mit verkürzten Reihen die Taille str.
In einer RückR beg:
Reihe 1: 50re str. Wenden.
Reihe 2: Die erste M abh, mit fest angezogenem Faden vor der M = 1abhFV – 49re.
Reihe 3: 40re. Wenden.
Reihe 4: 1abhFV – 39re.
Reihe 5: 30re. Wenden.
Reihe 6: 1abhFV – 29re.
Reihe 7: 20re. Wenden.
Reihe 8: 1abhFV – 19re.

Reihe 9: 15re. Wenden.
Reihe 10: 1abhFV – 14re.
Reihe 11: 25re. Wenden.
Reihe 12: 1abhFV – 24re.
Reihe 13: 35re. Wenden.
Reihe 14: 1abhFV – 34re.
Reihe 15: 45re. Wenden.
Reihe 16: 1abhFV – 44re.
Reihe 17: 149re.

Für den Armausschnitt am Anfang der HinR abk:
1-mal 23 M abk = 126 M.
3-mal 3 M abk = 117 M.
3(3)5(5)-mal 2 M abk = 111(111)107(107) M.
6(8)8(10)-mal 1 M abk = 105(103)99(97) M.

12(16)16(20) R re str.
Hier ist die Seitennaht.
Eine Markierung an den Armausschnitt setzen.
Über das Vorderteil weiter str.

LINKES VORDERTEIL

14(18)18(22) R re str.

Am Ende der RückR aus der letzten Masche 2 M str.
Diese Zun am Ende der RückR insg 8(10)10(12)-mal str = 113(113)109(109) M.
Dann 2(2)4(4)-mal 2 neue M in Verlängerung der RückR anschl = 117 M.
1-mal 3 neue M in Verlängerung der RückR anschl = 120 M.
1-mal 4 neue M in Verlängerung der RückR anschl = 124 M.
1-mal 25 neue M in Verlängerung der RückR anschl = 149 M.

1 R re str.
Verkürzte Reihen wie am Seitenteil str.

Dann 6 R re str.
Für die Schulterschräge am Anfang der HinR aus der ersten Masche 2 M str.
Diese Zun in jeder 6. R insg 7(7)8(8)-mal str = 156(156)157(157) M.
7 R re str.

Für den Halsauschnitt am Anfang der HinR abk:
1-mal 8(9)10(11) M abk = 148(147)147(146) M.
1-mal 3 M abk = 145(144)144(143) M.
3(3)4(4)-mal 2 M abk = 139(138)136(135) M.
9-mal 1 M abk = 130(129)127(126) M.

15(15)19(19) R re str.
In einer HinR alle M abk.

RECHTES SEITENTEIL RÜCKEN

M mit A und Nd Nr. 3 aus der rechten Seite des Rückens heraus str. Am unteren Rand beg:
14 M aus jeder Bahn heraus str – 23 M entlang der Schulter heraus str = 149 M.

1 R re str.

Verkürzte Reihen wie an der linken Seite str, aber in einer HinR beg.
Reihe 1 - 16 str.
In Reihe 17 erst 126re – dann die letzten 23 M abk.
Den Faden abschneiden.

Mit A eine RückR str.
Für den Armausschnitt am Anfang der RückR abk:
3-mal 3 M abk = 117 M.
3(3)5(5)-mal 2 M abk =111(111)107(107) M.
6(8)8(10)-mal 1 M abk = 105(103)99(97) M.

14(18)18(22) R re str.
Eine Markierung am Armausschnitt setzen.

RECHTES VORDERTEIL

16(20)20(24) R re str.

Zun für den Armausschnitt am Ende der HinR str:
Insg 8(10)10(12)-mal aus der letzten Masche 2 M str = 113(113)109(109) M.
2(2)4(4)-mal 2 neue M in Verlängerung der HinR anschl = 117 M.
1-mal 3 neue M in Verlängerung der HinR anschl = 120 M.
1-mal 4 neue M in Verlängerung der HinR anschl = 124 M.
1-mal 25 neue M in Verlängerung der HinR anschl = 149 M.

1 R re str.
Verkürzte Reihen wie am linken Seitenteil str.
Wieder in einer HinR beg.

7 R re str.
Für die Schulterschräge insg 7(7)8(8)-mal in jeder 6. R zun.
Dafür am Ende der HinR aus der letzten Masche 2 M str = 156(156)157(157) M.
6 R re str. Für den Halsausschnitt am Anfang der RückR abk:
1-mal 8(9)10(11) M abk = 148(147)147(146) M.
1-mal 3 M abk = 145(144)144(143) M.
3(3)4(4)-mal 2 M abk = 139(138)136(135) M.
9-mal 1 M abk = 130(129)127(126) M.

6(6)10(10) R re str.
In der HinR Knopflöcher str: 5(4)2(1)re – *2re zus – 2 neue anschl – 2re verschr zus – 13re*. Von * bis * wdh. Enden mit 2re zus – 2 neue anschl – 2re verschr zus – 2re.

7 R re str.
Alle M abk.

ÄRMEL

Den Ärmel von oben nach unten str.

16(16)20(20) M mit A und Nd Nr. 3 anschl.
1 R re str = RückR.
3-mal an jeder Seite in Verlängerung der R 2 M anschl = 28(28)32(32) M.

10(11)11(13)-mal an jeder Seite aus der letzten Masche 2 M str = 48(50)54(58) M.

*2 R ohne Zun str.
2 R mit Zun in der letzten M str*.
Von * bis * insg 9(10)11(12)-mal str = 66(70)76(82) M.

5-mal an jeder Seite aus der letzten Masche 2 M str = 76(80)86(92) M.

1(1)2(2)-mal an jeder Seite in Verlängerung der R 2 neue M anschl = 80(84)94(100) M.
1-mal an jeder Seite in Verlängerung der R 3 neue M anschl = 86(90)100(106) M. Die Armkugel ist fertig.

8(4)18(4) R re str.
Am Anfang und Ende der nächsten R 2re zus str = 84(88)98(104) M.
Diese Abn in jeder 14.(14.)10.(10.) R wdh, bis es noch 54(56)58(60) M sind.

Weiter str, bis der Ärmel nach der Armkugel 42 cm misst. In einer HinR alle M abk.

Den 2. Ärmel genauso str.

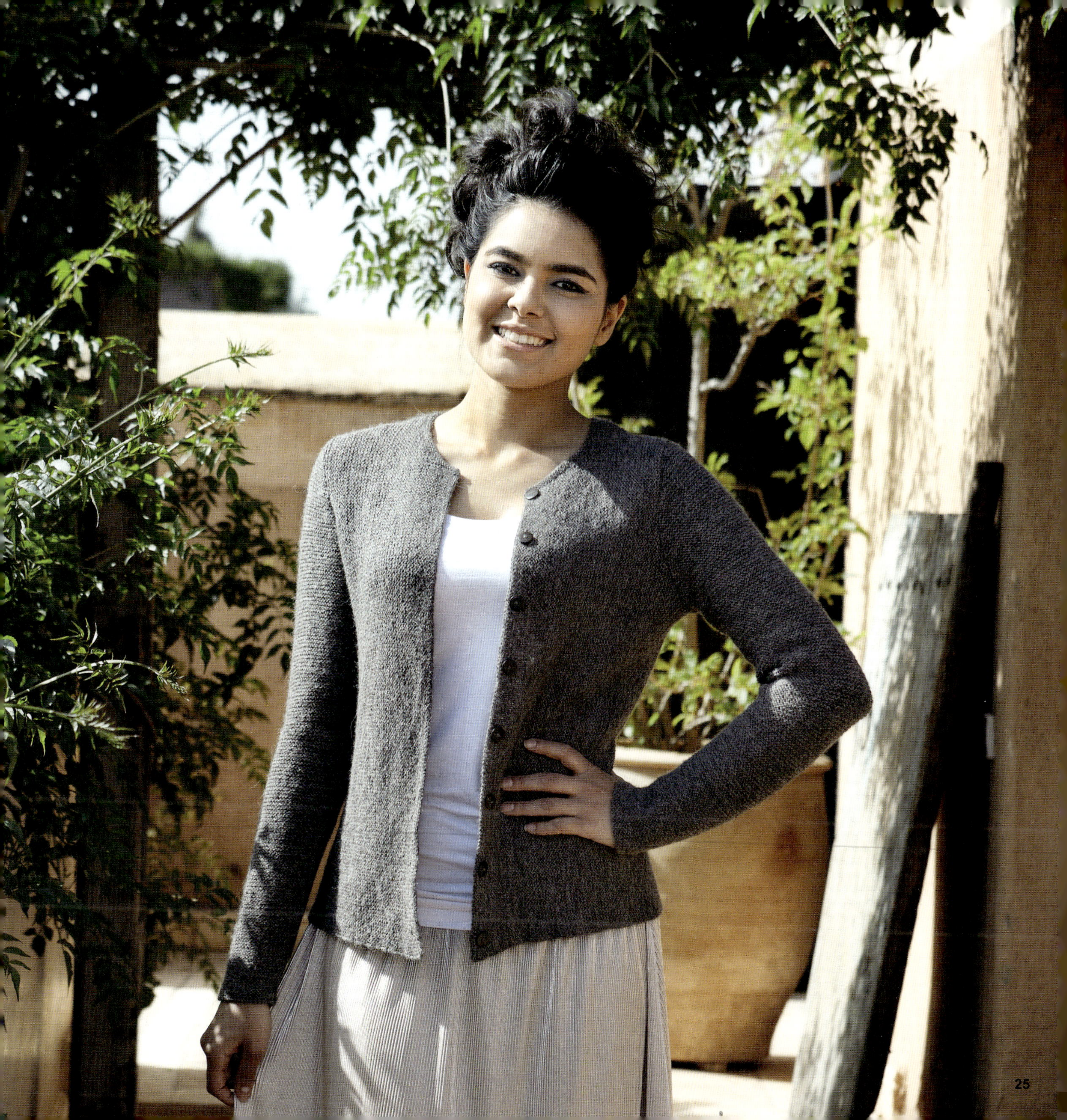

HALSRAND

Die Schulternähte zus nähen.
M mit A und Nd Nr. 2½ entlang des Halsausschnitts heraus str.
Am rechten Vorderteil beg.
8(8)10(10) M aus dem geraden Stück str – 27(29)31(33) M bis zur Schulternaht heraus str – 40(40)45(45) M am Nacken bis zur 2. Schulternaht heraus str – 27(29)31(33) M aus den abgeketteten M am Vorderteil str – 8(8)10(10) M aus dem geraden Stück str = 110(114)127(131) M.

3 R re str.
In einer HinR alle M abk.

FERTIGSTELLUNG

Die Ärmel von außen zusammennähen.
Die Ärmel vor dem Einnähen mit Nadeln in den Armausschnitt heften. Von außen einnähen.
Die Fäden vernähen.
Die Knöpfe annähen.

DIAGRAMM

- Isager Highland Farbe Stone
- Isager Highland Farbe Sky
- Isager Alpaca 2 Farbe 3s
- Isager Tvinni Farbe 61s
- Isager Highland Farbe Sand
- Isager Tvinni Farbe 58
- Isager Alpaca 2 Farbe 4s

Bahn 1: Jedes Kästchen = 2 R, mit 1 Ausnahme: Anschlag + 1. R = 1. Kästchen

Bahn 2: Jedes Kästchen = 2 R, mit 1 Ausnahme: Herausstricken + 1. R = 1. Kästchen

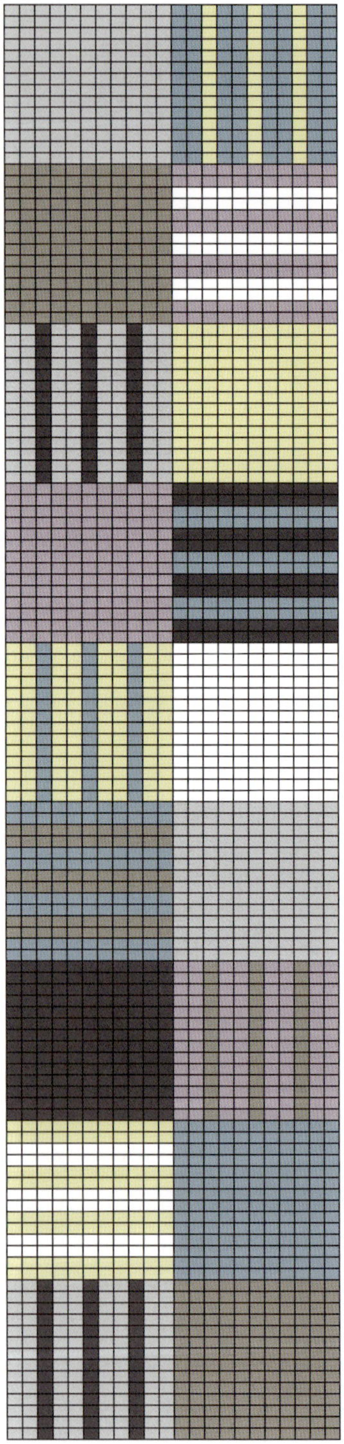

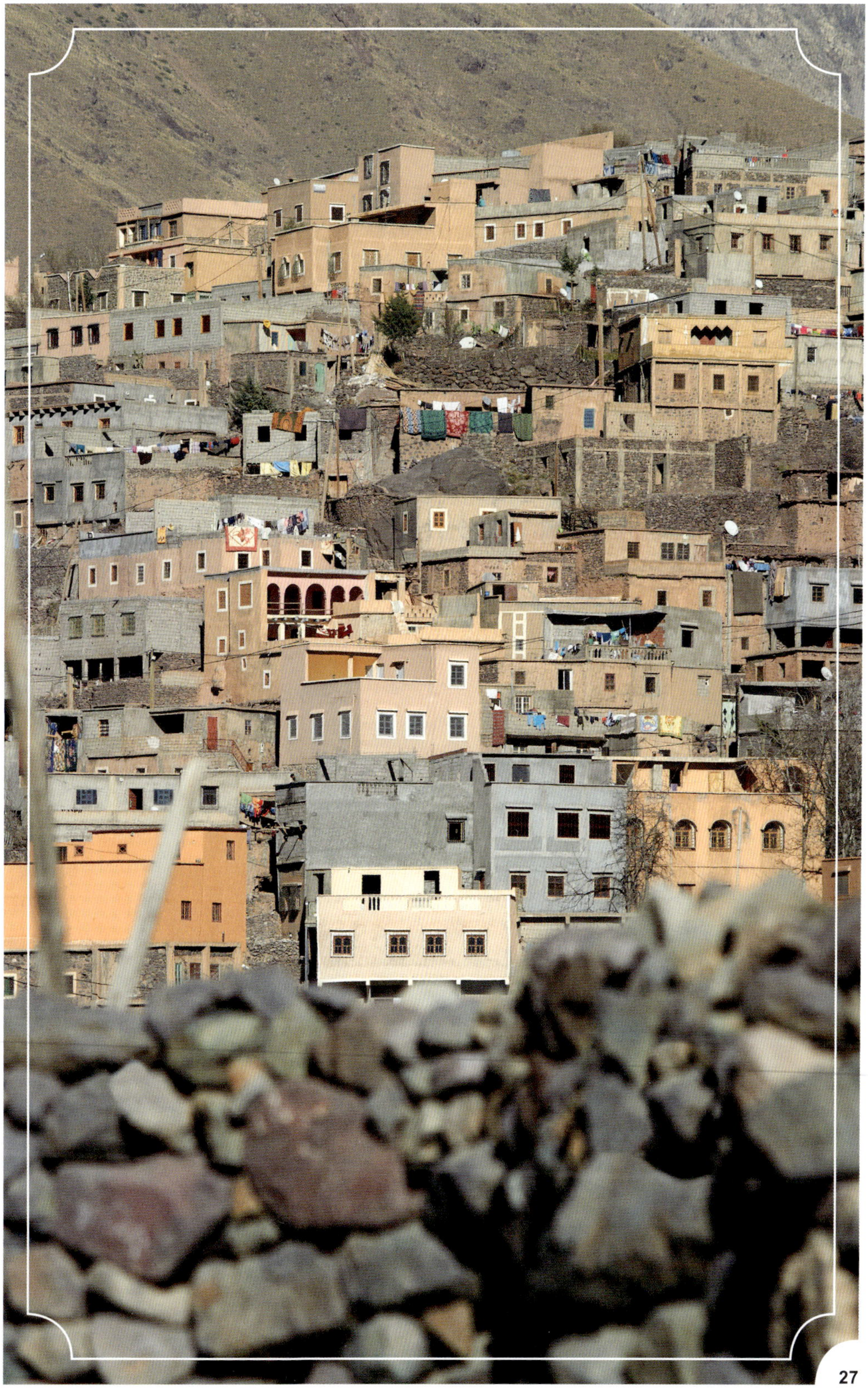

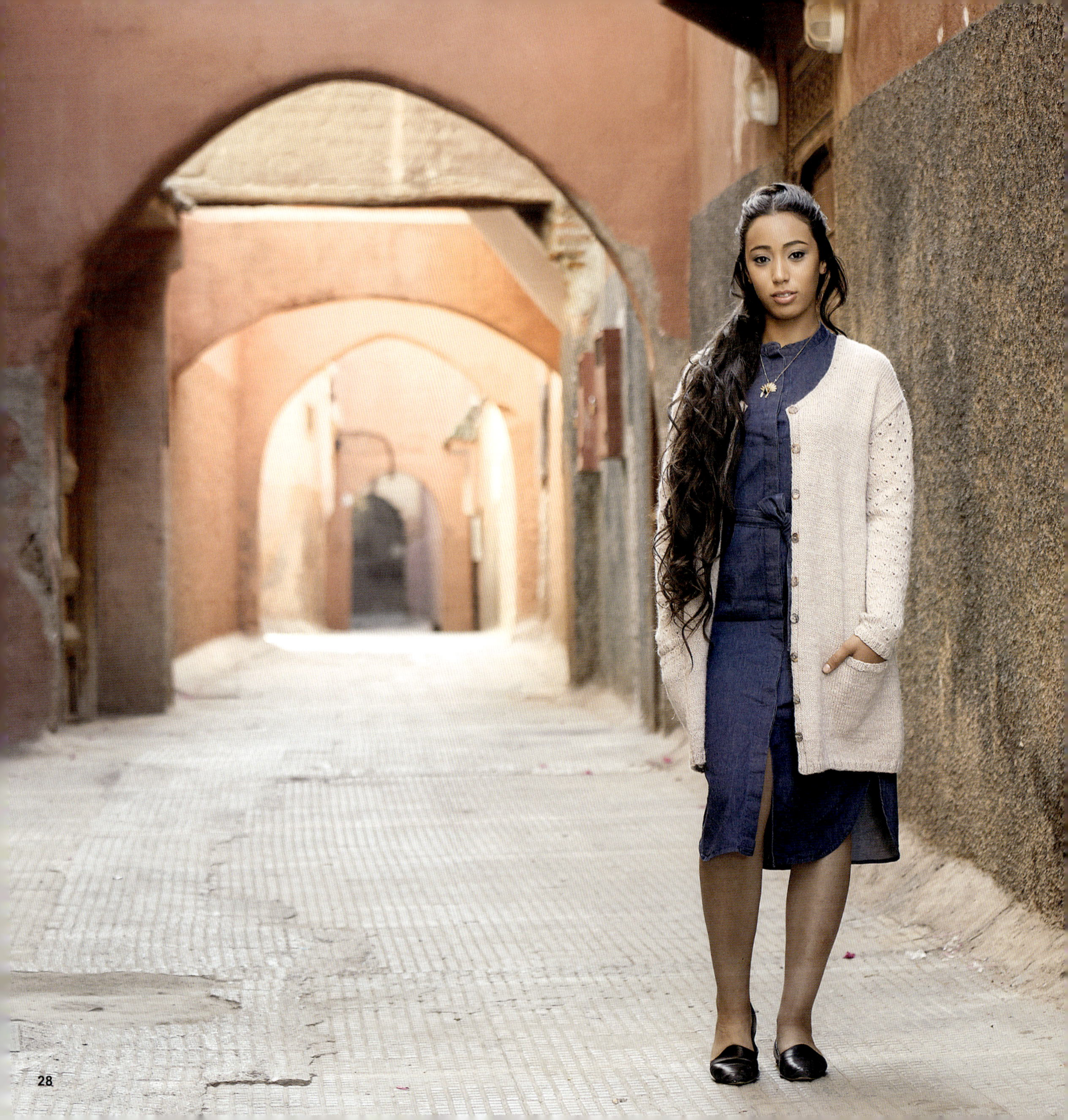

Stadtmauer

Gr.: S (M) L (XL)

Rückenbreite: 50 (55) 58 (61) cm
Länge: 74 (75) 76 (77) cm
Innere Ärmellänge: 43 cm

Material
A: 300 (350) 350 (400) g Isager Merilin Farbe 61
B: 150 (200) 200 (200) g Isager Alpaca 1 Farbe 2s
Mit je einem Faden beider Qualitäten stricken

9 Knöpfe

Empfohlene Rundnadeln Nr. 3½ und 4

Maschenprobe glatt gestrickt mit Nd Nr. 4:
10 cm = 21 M und 28 R

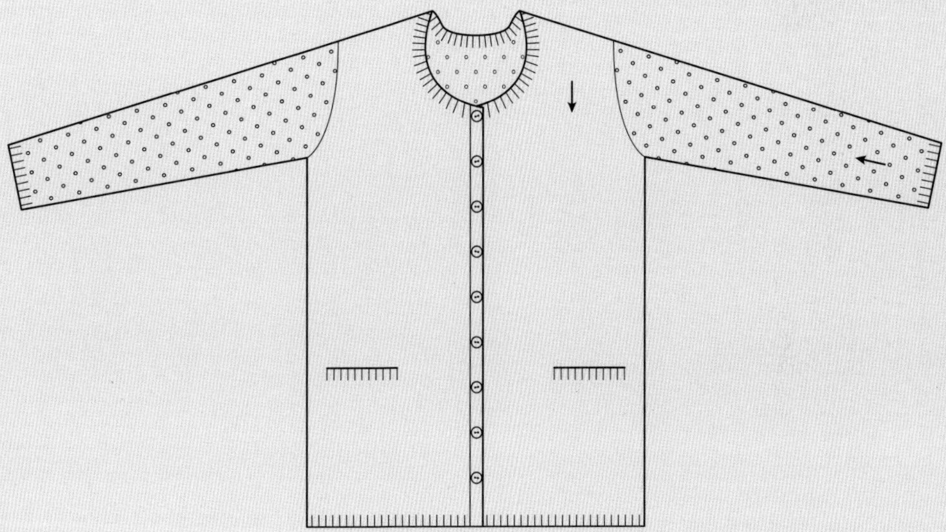

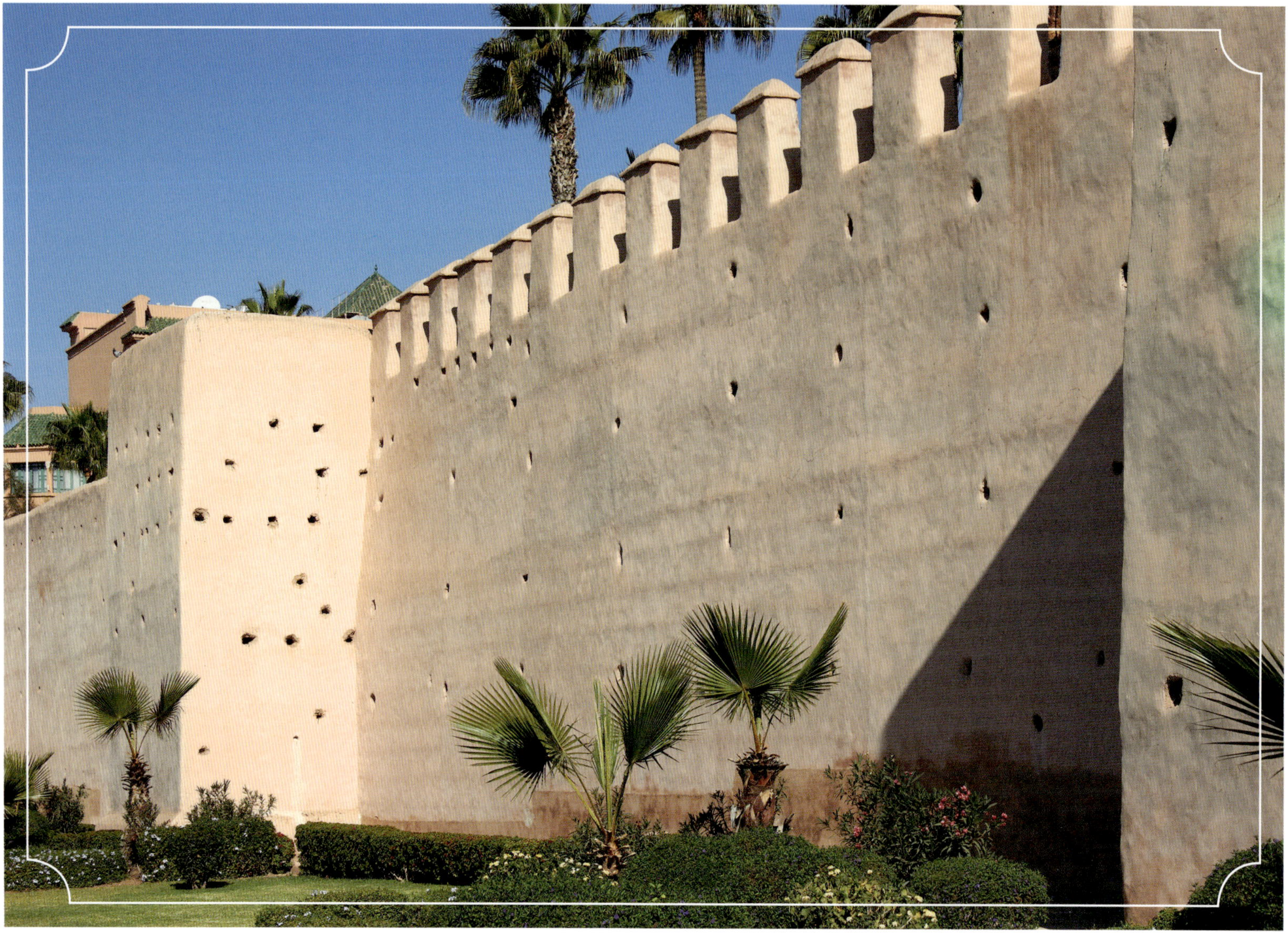

STADTMAUER

Die Löcher in der 16 km langen Stadtmauer –
rund um die Medina in Marrakesch –
entstanden durch das Baugerüst beim Bau der Mauer.
Die Schwalben sind dankbar.

RÜCKEN

Die Jacke von oben nach unten str.
88(96)96(104) M mit A + B und Nd Nr. 4 anschl.
In Reihen hin und her str.

Reihe 1 (RückR): 1re – 86(94)94(102)li – 1re.
Reihe 2: 88(96)96(104)re.
Reihe 3: Wie Reihe 1.
Reihe 4 mit Löchern: 2re – *2re zus – 2 neue anschl – 2re verschr zus – 4re*. Von * bis * wdh. Enden mit 2re zus – 2 neue anschl – 2re verschr zus – 2re.
Reihe 5: Wie Reihe 1.
Reihe 6: Wie Reihe 2.
Reihe 7: Wie Reihe 1.
Reihe 8 mit Löchern: 6re – *2re zus – 2 neue anschl – 2re verschr zus – 4re*. Von * bis * wdh. Enden mit 2re.

Insg 33(33)33(37) R str.

Das Muster weiter str.
Zun für den Armausschnitt str, dafür in allen HinR aus der ersten und letzten Masche 2 M str.
Die Zun insg 6(6)8(8)-mal str = 100(108)112(120) M.

Mit einer RückR enden.

Die Fäden abschneiden. Die M stilllegen.

RECHTES VORDERTEIL

Für das Vorderteil M aus der AnschlagR des Rückens heraus str.
Dafür erst an jeder Seite die äußeren 30(33)33(36) M der AnschlagR markieren.
Die mittleren 28(30)30(32) M sind für den Nacken.

30(33)33(36) M von der Außenseite mit A + B und Nd Nr. 4 aus der rechten Rückenschulter str.

Mit verkürzten Reihen die Schulterschräge str.

Reihe 1 (RückR): 1re – 2li. Wenden.
Reihe 2: Verschr U – 3re.
Reihe 3: 1re – 2li – den U mit der nächsten M li verschr zus str – 2li. Wenden.

Reihe 4: Verschr U – die R re zu Ende str.
Reihe 5: 1re – li bis zum U – den U mit der nächsten M li verschr zus str – 2li. Wenden.

Reihe 4 - 5 wdh, bis alle M auf der Nd mit gestrickt sind.
Bei der letzten Wdh endet Reihe 5 mit 1li – 1re, anstelle von 2li.

14(14)14(16) R über alle M glatt rechts str.

Zun für den Halsausschnitt str, dafür insg 8(7)7(8)-mal aus der letzten Masche der HinR 2 M str = 38(40)40(44) M.

Dann in Verlängerung der HinR insg 1(2)2(2)-mal 2 M anschl = 40(44)44(48) M.
1 R li str.

Weiterhin 2 M in Verlängerung der HinR anschl und GLEICHZEITIG für den Armausschnitt zun. Dafür aus der letzten Masche der RückR 2 M str.
Dies insg 2-mal str = 46(50)50(54) M.

In Verlängerung der HinR 7 M anschl = 53(57)57(61) M.

Über die äußeren 7 M am Halsausschnitt Rippen str:
In den RückR wie folgt str: 1abhFV – 2re – 2li – 2re – 45(49)49(53)li – aus der letzten Masche 2 M str.
In den HinR wie folgt str: 47(51)51(55)re – 2li – 2re – 2li – 1re.

Die Zun in den RückR unter dem Armausschnitt noch 3(3)5(5)-mal str = 57(61)63(67) M.
Die Fäden abschneiden. Die M stilllegen.

LINKES VORDERTEIL

M von der Außenseite mit A + B und Nd Nr. 4 aus der AnschlagR der linken Rückenschulter str.
Insg 30(33)33(36) M ab der Markierung bis zum Außenrand str.
RückR str: 1re – 28(31)31(34)li – 1re str.

Mit verkürzten Reihen die Schulterschräge str.
Reihe 1 (HinR): 3re. Wenden.
Reihe 2: Verschr U – 2li – 1re.
Reihe 3: 3re – den U mit der nächsten M re zus str – 2re. Wenden.

Reihe 4: Verschr U – li bis zur letzten M, 1re.
Reihe 5: Re bis zum U – den U mit der nächsten M re zus str – 2re. Wenden.

Reihe 4 - 5 wdh, bis alle M auf der Nd mit gestrickt sind.

14(14)14(16) R glatt rechts über alle M str.

In den RückR für die Zun am Halsausschnitt insg 8(7)7(8)-mal aus der letzten Masche 2 M str = 38(40)40(44) M.
Dann in Verlängerung der RückR insg 1(2)2(2)-mal 2 M anschl = 40(44)44(48) M.
1 R re str.

Weiterhin 2 M in Verlängerung der RückR anschl und GLEICHZEITIG für den Armausschnitt zun.
Dafür in der HinR aus der letzten Masche 2 M str.
Dies insg 2-mal str = 46(50)50(54) M.

In Verlängerung der RückR 7 M anschl = 53(57)57(61) M.

Über die äußeren 7 M am Halsausschnitt Rippen str:
In den HinR wie folgt str: 1abhFV – 2li – 2re – 2li – 45(49)49(53)re – aus der letzten Masche 2 M str.
In den RückR diese letzten 7 M wie folgt str: 2re – 2li – 3 re

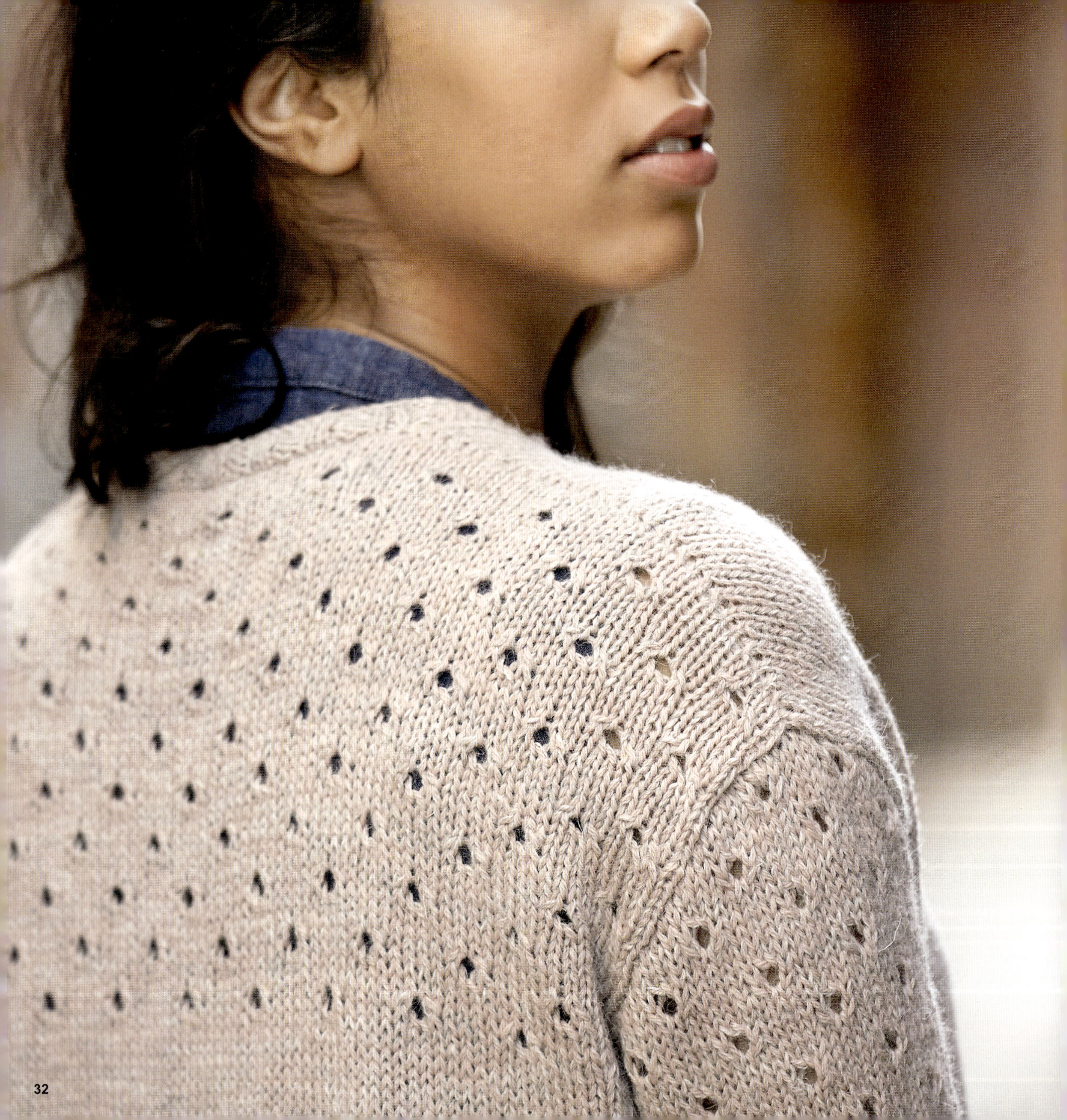

In den HinR die Zun unter dem Armausschnitt noch 3(3)5(5)-mal str = 57(61)63(67) M.
1 R li str.

KÖRPER

Nun alle Teile zusammensetzen.
Den Rücken und das rechte Vorderteil wieder auf die Nadel heben.

Am Rücken keine weiteren Löcher str.
Die äußeren 7 M am Vorderrand weiterhin in Ripppen str.
Über das linke Vorderteil str: 1abhFV – 2li – 2re – 2li – 50(54)56(60)re – 5(7)9(9) M in Verlängerung anschl – die 100(108)112(120) RückenM re str – 5(7)9(9) M in Verlängerung anschl – über das rechte Vorderteil str: 50(54)56(60)re –2li – 2re – 2li – 1re.

Insg sind es nun 224(244)256(272) M.
Glatt rechts und mit Rippen über die ersten und letzten 7 M wie bisher str.

7(7)3(3) R str.
Knopfloch str (HinR): Wie bisher bis zu den letzten 7 M str: 1li – 2li zus – 2 neue anschl – 2li zus – 1li – 1re.
Das Knopfloch insg 8-mal in jeder 18. R str.

Weiter str, bis die Arbeit unterhalb des Armausschnitts 33 cm misst.
Nach einer RückR enden.

Weiterhin am Anfang und Ende der R Rippen str.
Nächste HinR: 26(30)32(34) M str – eine Markierung für die Tasche setzen.
Weitere 26 M str – wenden.

LINKE INNENTASCHE

15 cm glatt rechts über diese 26 M str = Innentasche.
Die M abk. Den Faden abschneiden.

LINKER TASCHENRAND

26 M mit A + B und Nd Nr. 4 anschl.
Reihe 1 (RückR): *2re – 2li*. Von * bis * wdh. Enden mit 2re.
Reihe 2: 1re – 1li – *2re – 2li*. Von * bis * wdh. Enden mit 2re – 1li – 1re.
Reihe 3: Wie Reihe 1.
Reihe 4: Wie Reihe 2 – weiter über die KörperM str: 120(132)140(152)re.
Eine Markierung setzen.

RECHTE INNENTASCHE

Weitere 26 M str – wenden.
15 cm glatt rechts über diese 26 M str = Innentasche.
Die M abk.
Den Faden abschneiden.

RECHTER TASCHENRAND

Wie am linken Taschenrand 3 R in Rippen str.
In der 4. R weiter über die letzten 26(30)32(34) KörperM str.

Nun über alle M str, sodass die Taschenränder mitgestrickt werden. Über die Taschenränder nun glatt rechts weiter str.

Weiter str, bis die Arbeit unterhalb der Taschenränder 20 cm misst.
Nach einer HinR enden.

In Rippen str.
Reihe 1 (RückR): 1abhFV – *2re – 2li*. Von * bis * wdh. Enden mit 3re.
Reihe 2: 1abhFV – *2li – 2re*. Von * bis * wdh. Enden mit 2li – 1re.
Reihe 1 - 2 wdh.
Im Rippenmuster abk.

ÄRMEL

42(42)50(50) M mit A +B und Nd Nr. 4 anschl.
In Reihen hin und her str.

Reihe 1 (RückR): 1re – 1li – *2re – 2li*. Von * bis *wdh. Enden mit 2re – 1li – 1re.
Reihe 2: *2re – 2li*. Von * bis *wdh. Enden mit 2re.
Reihe 1 - 2 wdh.

Danach in Runden str.
4 Rd re str.

Zun und Löcher str: 1re – 1 neue M re str – 2re – *2re zus – 2 neue anschl – 2re verschr zus – 4re*. Von * bis * wdh.
Enden mit 2re zus – 2 neue M anschl – 2re verschr zus – 2re – 1 neue re – 1re = 44(44)52(52) M.
3 Rd re str.

Löcher str: *2re zus – 2 neue anschl – 2re verschr zus – 4re*. Von * bis * wdh.
Enden mit 2re zus – 2 neue anschl – 2re verschr zus.
3 Rd re str.

Zun und Löcher str: 1re – 1 neue re – 3re – *2re zus – 2 neue anschl – 2re verschr zus – 4re*. Von * bis * wdh.
Enden mit 2re zus – 2 neue anschl – 2re verschr zus – 3re – 1 neue re – 1re = 46(46)54(54) M.
3 Rd re str.
Löcher str: 1re – *2re zus – 2 neue anschl – 2re verschr zus – 4re*. Von * bis * wdh.
Enden mit 2re zus – 2 neue anschl – 2re verschr zus – 1re.
3 Rd re str.

Weiterhin mit Löchern und Zun str.
Die Zun in jeder 8.(8.)8.(6.) Rd str, bis es 68(68)76(82) M sind.

Weiter str, bis der Ärmel ca. 43 cm misst.
Für den Armausschnitt abk: 2 M abk – die Rd zu Ende str. Wenden und wieder 2 M abk = 64(64)72(78) M.

In Reihen hin und her str.
Weiterhin am Anfang jeder R 2 M abk, bis noch 16(16)16(18) M übrig sind.
Die letzten M abk.

Den zweiten Ärmel genauso str.

HALSRAND

Mit A + B und Nd Nr. 3½ rund um den Halsausschnitt str.
Am rechten Vorderteil beg:
Aus den äußeren 7 M des rechten Vorderteils 7 M heraus str. 45(48)48(51) M bis zum Rücken heraus str. 28(30)30(32) M aus der AnschlagR am Rücken str. 45(48)48(51) M aus dem linken Vorderteil bis zu den letzten 7 M str. 7 M aus dem Rippenrand des Vorderteils str.
Es sind insg 132(140)140(156) M.

Reihe 1 (RückR): 1abhFV – *2re – 2li*. Von * bis * wdh. Enden mit 3re.
Reihe 2 mit Knopfloch: 1abhFV – 1li – 2li zus – 2 neue anschl – 2li zus – 1li – *2re – 2li*. Von * bis * wdh. Enden mit 1re.
Reihe 3: Wie Reihe 1.
Reihe 4: 1abhFV – *2li – 2re*. Von * bis * wdh. Enden mit 2li – 1re.
Im Rippenmuster abk.

FERTIGSTELLUNG

Die Ärmelränder zusammennähen und die Ärmel einnähen. Die Innentaschen auf die Innenseite der Jacke nähen. Die Seiten der Taschenränder an der Außenseite der Jacke festnähen. Die Fäden vernähen.

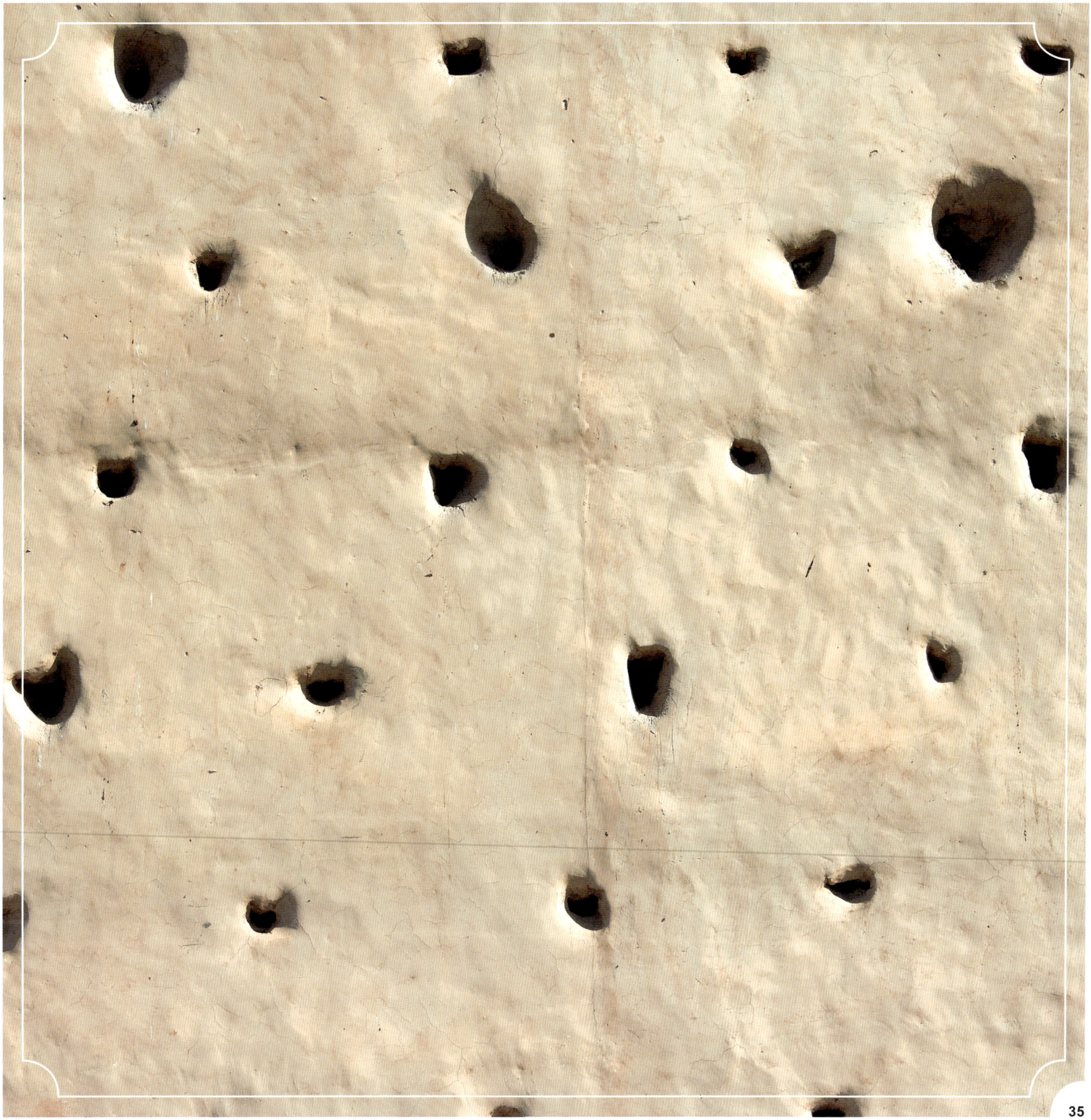

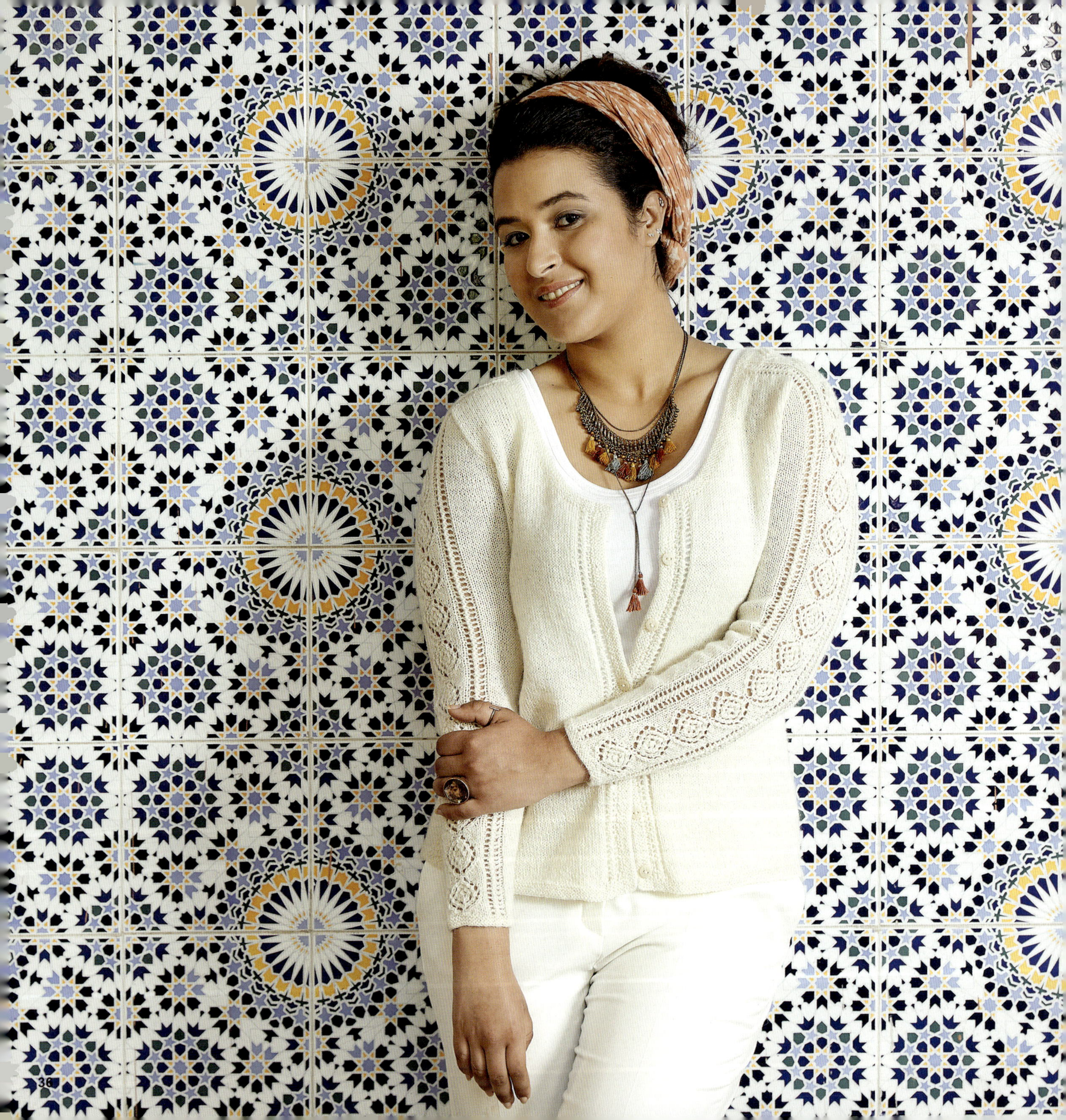

Filigran

Gr.: S (M) L (XL)

Halbe Oberweite: 46 (50) 54 (59) cm
Länge: 60cm
Innere Ärmellänge: 43 cm

Material
250 (250) 250 (300) g Isager Alpaca 2
Farbe 0

7 Knöpfe

Empfohlene Rundnadeln Nr. 2½ und 3,
Strumpfnadeln Nr. 3

Maschenprobe glatt gestrickt mit Nd Nr. 3:
10 cm = 28 M und 36 R

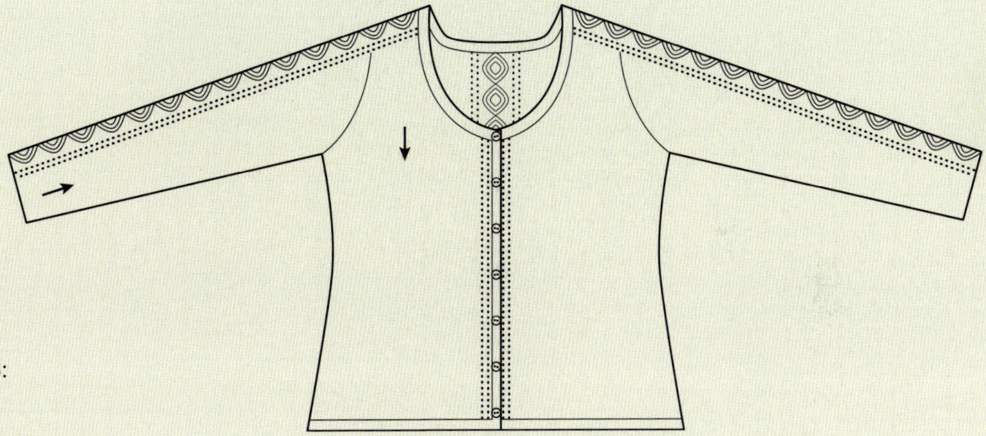

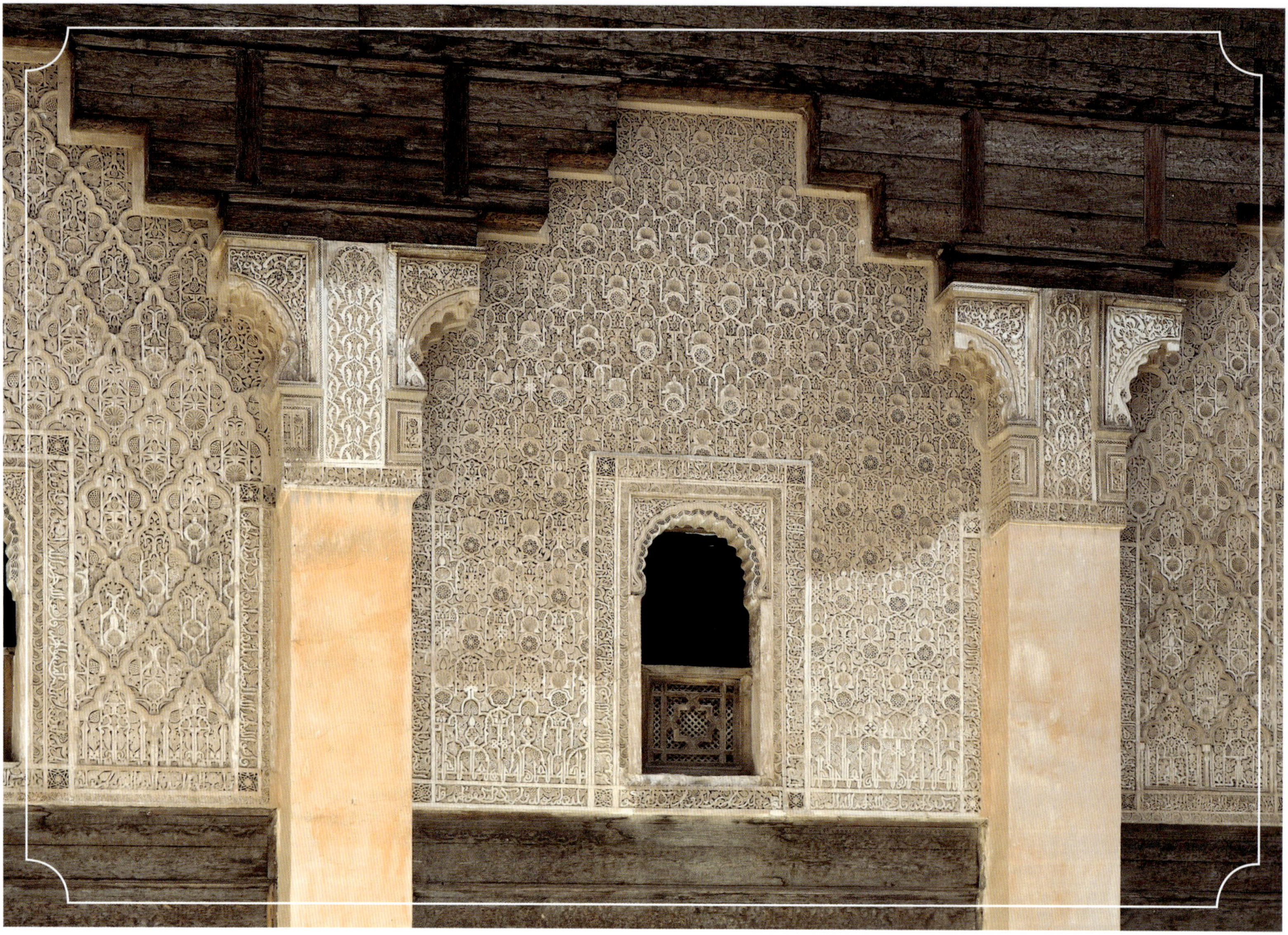

FILIGRAN

Mit Schnitzereien und Schnörkeln reich ausgeschmückte Fassaden, Fenster und Türen sind ein Symbol für den Überfluss. Erst wenn der Bauch voll ist, ist Platz für Kreativität. Marrakesch ist voll von Verzierungen dieser Art, obwohl die Mägen in Marokko nicht immer voll waren.

ÄRMEL

49(53)55(59) M mit Nd Nr. 2½ anschl.
5 R re hin und her str.
Die erste R ist eine RückR.

Zu Strumpfnd Nr. 3 wechseln und von der Außenseite in Rd str.
Rd 1: 12(14)15(17)re – 1li – 3re – 1li – 15re – 1li – 3re – 1li – 12(14)15(17)re.
Rd 2: 12(14)15(17)re – laut Diagramm str – 12(14)15(17)re.

Weiterhin die mittleren M laut Diagramm str, bis insg 4 Rd gestrickt sind.
Jede zweite Rd wie Rd 1 str.

Zun str: 1re – 1 neue re – bis zur letzten M der Rd str – 1 neue re – 1re = 51(55)57(61) M.

Diese Zun in jeder 8.(8.)7.(7.) Rd wdh, bis es 87(91)99(103) M sind.
Das Diagramm 9-mal str.
Danach noch 9 Rd laut Diagramm str.
Der Ärmel misst ca. 43 cm.

Im Muster weiter str.
Den Ärmel für die Armkugel teilen. Dafür am Anfang der Rd 3(4)4(4) M abk. Die R zu Ende str. Wenden. Auch am Anfang der RückR 3(4)4(4) M abk – die R zu Ende str = 81(83)91(95) M.

In Reihen hin und her str.
Weiterhin in der Ärmelmitte laut Diagramm str und gleichzeitig an den Rändern abk.

Beidseitig am Anfang der R 1-mal 3 M abk = 75(77)85(89) M.
Beidseitig 2(2)2(3)-mal 2 M abk = 67(69)77(77) M.
Beidseitig 16(15)19(17)-mal 1 M abk = 35(39)39(43) M.
Beidseitig 2(3)3(4)-mal 2 M abk = 27 M.

Das Diagramm ist insg 12-mal gestrickt + 5(5)13(13) R.
Die Armkugel ist nun fertig. An jeder Seite eine Markierung für das spätere Herausstricken von M setzen.

Bis zur Schulter weitere 28(28)36(36) R über die letzten 27 M str.
Die erste und letzte M in allen R re str

Das Diagramm ist insg 14(14)15(15)-mal gestrickt.

Nach einer RückR enden.
Den Faden abschneiden. Die M stilllegen.

Den zweiten Ärmel genauso str.

RÜCKEN

Die Ärmel so hinlegen, dass die Schultern einander zugewandt sind.
Von der Außenseite mit Nd Nr. 3 aus der Schulter des linken Ärmels 22(22)28(28) neue M ab der Markierung bis zu den stillgelegten M heraus str.

Für den Nacken 47 neue M in Verlängerung dieser M anschl.

Von der Außenseite aus der Schulter des rechten Ärmels 22(22)28(28) neue M ab den stillgelegten M bis zur Markierung heraus str.
Insg sind es 91(91)103(103) M.
Reihe 1 (RückR): 1re – 32(32)38(38)li – Diagramm – 32(32)38(38)li – 1re.
Reihe 2: 33(33)39(39)re – Diagramm – 33(33)39(39)re.

In der Rückenmitte das Diagramm bis zum unteren Rand str.
Reihe 1 - 2 wdh, bis insg 27(27)31(31) R gestrickt sind.

Dann in den HinR Zun für den Armausschnitt str: 2 M aus der ersten M str – bis zur letzten M im Muster str – 2 M aus der letzten Masche str.
Diese Zun beidseitig insg 9(10)10(9)-mal str = 109(111)123(121) M.
Mit einer RückR enden.

Nun beidseitig 2(2)2(3)-mal 2 neue M in Verlängerung der R anschl = 117(119)131(133) M.

Beidseitig noch 1(2)2(2)-mal 3 M anschl = 123(131)143(145) M.

Gr. (XL):
Beidseitig noch 1-mal 4 M anschl = (153) M.

Alle Gr.: Den Faden abschneiden. Die RückenM stilllegen.

RECHTES VORDERTEIL

22(22)28(28) neue M von der Außenseite mit Nd Nr. 3 aus der Schulter des rechten Ärmels von der Markierung bis zu den stillgelegten M heraus str.

17(19)23(23) R glatt re str, dabei die erste und letzte M in allen R re str.
Für den Halsausschnitt in den HinR Zun str: Re bis zur letzten M str – 2 M aus letzter Masche str.
Die Zun am Ende der HinR insg 5(4)4(4)-mal str = 27(26)32(32) M.

Diese Zun fortsetzen und nun gleichzeitig 9(10)9(10)-mal am Anfang der HinR für den Armausschnitt zun, dafür 2 M aus der ersten M str = 45(46)52(50) M.

Am Ende der nächsten RückR 2 neue M anschl = 47(48)54(52) M.
Am Ende der nächsten HinR 10(10)10(13) neue M anschl = 57(58)64(65) M.

Die RückR wie folgt str: 2re – 3li – 1re – li zu Ende str – 2 neue anschl = 59(60)66(67) M.
In der HinR die letzten 6 M wie folgt str: 1li – U – 3re zus – U – 1li – 1re.

Gr. (XL): Am Ende der RückR noch 1-mal 2 M anschl = 69 M.

Alle Gr.:
Die RM am Vorderrand in allen R re str.
Die nächsten 5 M wie die ersten 5 DiagrammM str.

Dies bis zum Schluss der Jacke wdh.
Am Ende der RückR insg 1(2)2(2)-mal 3 M anschl = 62(66)72(75) M.

Gr. (XL):
Am Ende der RückR noch 1-mal 4 M anschl = (79) M.

Alle Gr.:
2 R im Muster str.
Den Faden abschneiden. Die VorderteilM stilllegen.

LINKES VORDERTEIL

22(22)28(28) neue M von der Außenseite mit Nd Nr. 3 aus der Schulter des linken Ärmels von den stillgelegten M bis zur Markierung heraus str.
17(19)23(23) R glatt re wie am rechten Vorderteil str.
In den HinR Zun für den Halsausschnitt str: 2 M aus der ersten Masche str – re zu Ende str.
Diese Zun am Anfang der HinR insg 5(4)4(4)-mal str = 27(26)32(32) M.

Diese Zun fortsetzen und nun gleichzeitig 9(10)9(10)-mal am Ende der HinR für den Armausschnitt 2 M aus der letzten Masche str = 45(46)52(50) M.

Am Ende der nächsten RückR 10(10)10(13) M anschl = 55(56)62(63) M.
In der HinR die ersten 6 M wie folgt str: 1re – 1li – U – 3re zus – U – 1li – re zu Ende str und 2 neue M anschl.
In der RückR die letzten 6 M wie folgt str: 1re – 3li – 2re.

Die äußersten 6 M am Vorderrand wie am rechten Vorderteil str.
1(1)1(2)-mal am Ende der HinR 2 M anschl = 59(60)66(69) M.

1(2)2(2)-mal am Ende der HinR 3 M anschl = 62(66)72(75) M.

Gr. (XL):
1-mal am Ende der HinR 4 M anschl = (79) M.

Alle Gr.:
1 RückR str.
Den Faden nicht abschneiden und mit dem Körper fortsetzen.

KÖRPER

Vorderteile und Rücken zusammenfügen.
Im Muster weiter str.
Die 62(66)72(79) M des linken Vorderteils str – 6(8)8(10) neue M in Verlängerung anschl – 123(131)143(153) RückenM str – 6(8)8(10) neue M anschl – 62(66)72(79) M des rechten Vorderteils str = 259(279)303(331) M.

17(15)15(15) R im Muster str.

Im Muster weiter str.
1. Abn an den Seiten str: 62(67)73(81) M – 2re verschr zus – 1re – Seitennaht markieren – 1re – 2re zus – 123(133)145(157) M – 2re verschr zus – 1re – Seitennaht markieren – 1re – 2re zus – 62(67)73(81) M = 255(275)299(327) M.

13(13)13(11) R str.
2. Abn an den Seiten und 1. Abn in der Rückenmitte:
61(66)72(80) M – 2re verschr zus – 2re – 2re zus – 45(50)56(62) M – 2re verschr zus – 27 M – 2re zus – 45(50)56(62) M – 2re verschr zus – 2re – 2re zus – 61(66)72(80) M = 249(269)293(321) M.

Diese Abn noch 2-mal in jeder 14.(14.)12.(12.) R an den Seiten, 1 M vor und 1 M nach den Markierungen, und beidseitig der 27 DiagrammM str = 237(257)281(309) M.

Nach der letzten Abn noch 11 R str.
1. Zun an den Seiten und der Rückenmitte:
60(65)71(79) M – 1 neue re – 2re – 1 neue re – 43(48)54(60) M – 1 neue re – 27 M – 1 neue re – 43(48)54(60) M – 1 neue re – 2re – 1 neue re – 60(65)71(79) M = 243(263)287(315) M.

Diese Zun an den Seiten und am Rücken noch 5-mal in jeder 10. R str = 273(293)317(345) M.

Ohne Zun weiter str, bis das Diagramm in der Rückenmitte 12-mal gestrickt ist.
Nach einer RückR enden.

Zu Nd Nr. 2½ wechseln.
Über alle M 8 R re str.
In einer HinR abk.

HALSRAND

Die SchulterM wieder auf eine Nd heben.
Mit einer Rundnadel Nr. 2½ rund um den Halsausschnitt M heraus str.

44(46)49(50) M aus dem rechten Vorderteil bis zur Schulter str – 27 re über die Schulter str – 47 M aus dem Nacken str – 27 re über die Schulter str – 44(46)49(50) M aus dem linken Vorderteil str = 189(193)199(201) M.

7 R re hin und her str.
In einer HinR abk.
Den Faden nicht abschneiden, sondern damit den vorderen Rand str.

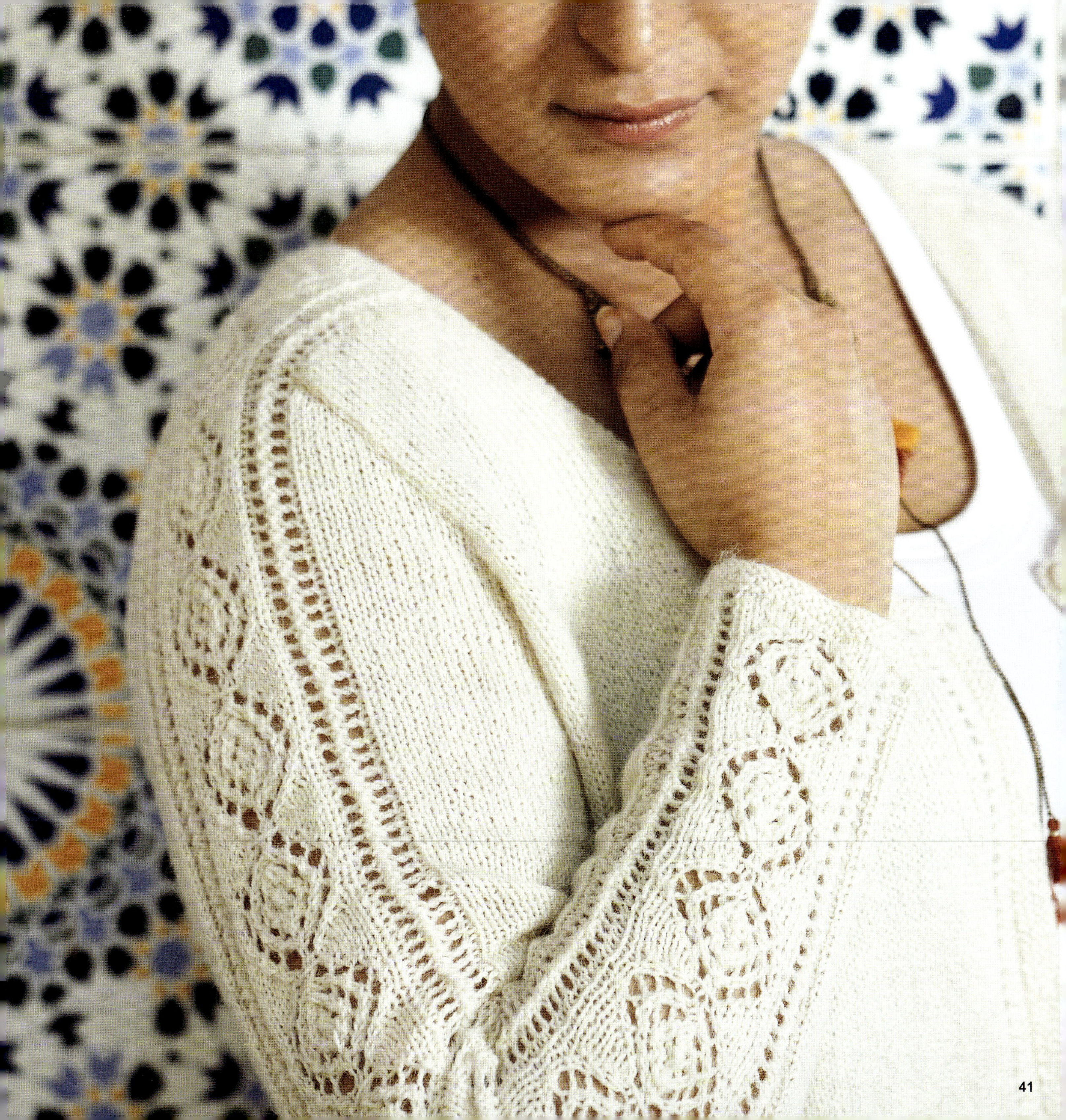

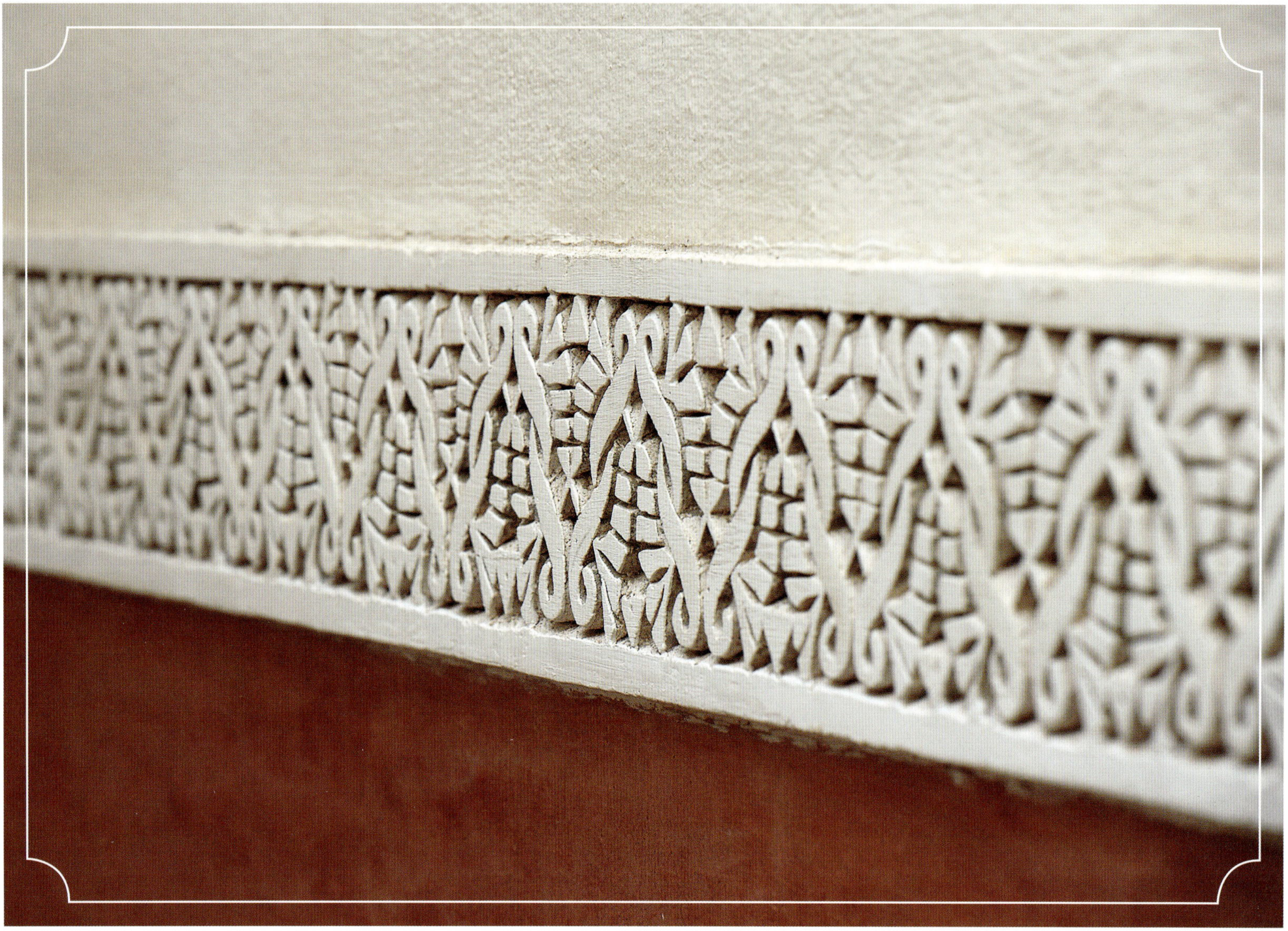

VORDERE RÄNDER

118(118)114(116) M mit Nd Nr. 2½ aus dem linken Vorderteil heraus str.
7 R re str.
In einer HinR abk.

118(118)114(116) M auch aus dem rechten Vorderteil heraus str.
2 R re str.
In einer RückR Knopflöcher str:
2(2)1(2)re – *2re zus – 2 neue anschl – 2re verschr zus – 14re*. Von * bis * wdh.
Enden mit 2re zus – 2 neue anschl – 2re verschr zus – 4(4)1(2)re.

4 R re str.
In einer HinR abk.

FERTIGSTELLUNG

Die Ärmel in die Armausschnitte nähen.
Die Knöpfe annähen.
Die Fäden vernähen.

DIAGRAMM

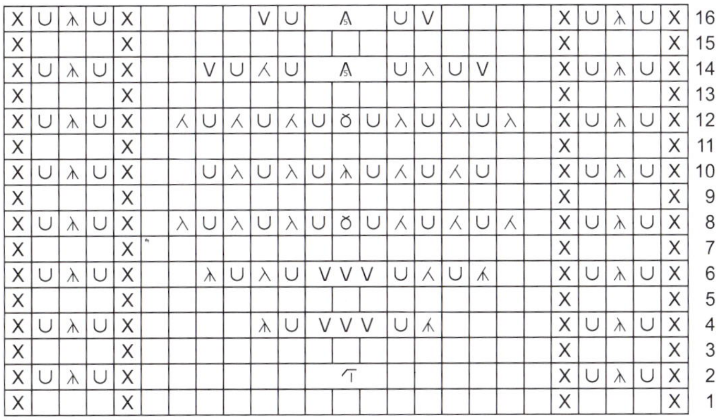

- ☐ re in HinR – li in RückR
- X li in HinR – re in RückR
- ŏ re verschr
- ⋏ 2re zus
- λ 2re verschr zus
- ⋏ 1 M abh – 2re zus – die 1. M über die 2 zus gestrickten M heben = 3re verschr zus
- ⋏ 3re zus
- ⌒ 3 M von der linken auf die rechte Nd heben, mit dem Faden vor den M
- U Umschlag
- V 2 M aus 1 Masche str
- V V V 3 M aus 1 M str, dafür den vorderen, den hinteren und wieder den vorderen Maschenbogen str
- Λ 2 M abh – 3re zus – die ersten 2 M über die 3 zus gestrickten M heben = 5re verschr zus

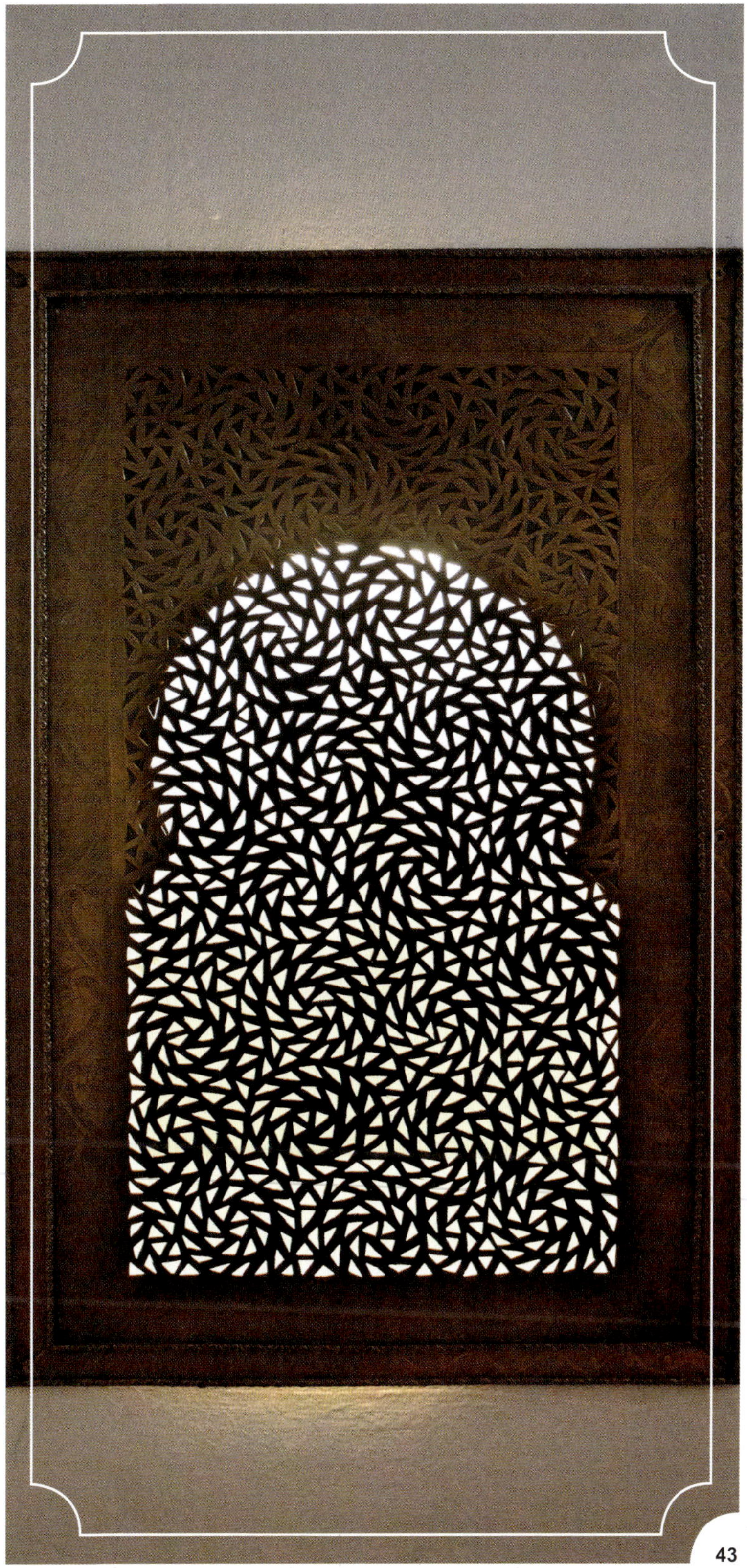

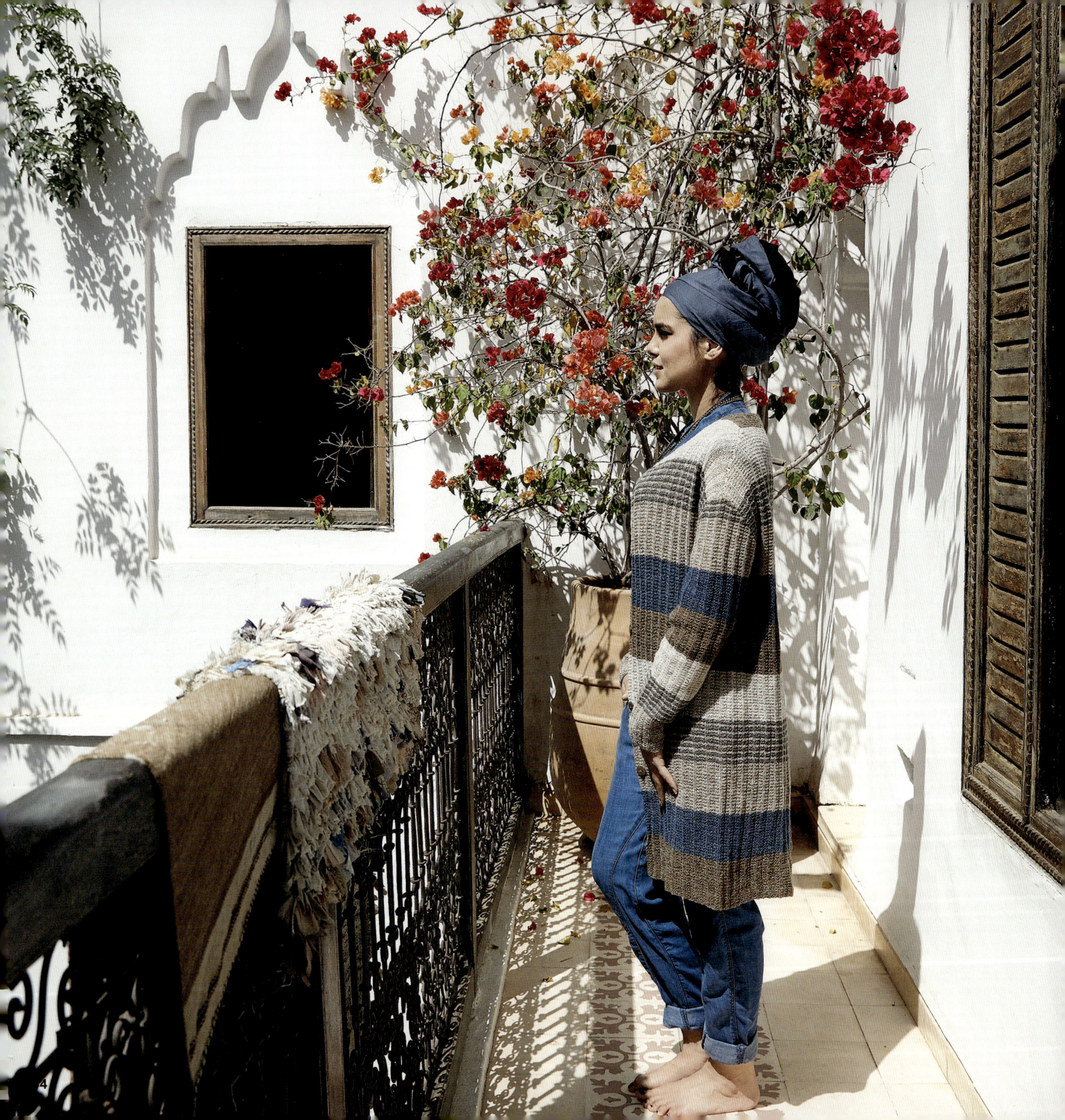

Berber

Gr.: S (M) L (XL)

Rückenbreite: 47 (51) 56 (60) cm
Länge: 80 (81) 81 (82) cm
Innere Ärmellänge: 41 cm

Material
A: 100 g Isager Tvinni Farbe 6s
B: 100 (150) 150 (150) g Isager Tvinni Farbe 7s
C: 100 g Isager Tvinni Farbe 8s
D: 50 g Isager Tvinni Farbe 23s
E: 100 g Isager Highland Farbe Denim

5 Knöpfe

Empfohlene Rundnadel Nr. 3½

Maschenprobe kraus rechts gestrickt:
10 cm = 26 M und 52 R

Maschenprobe im Muster gestrickt:
10 cm = 28 M und 40 R

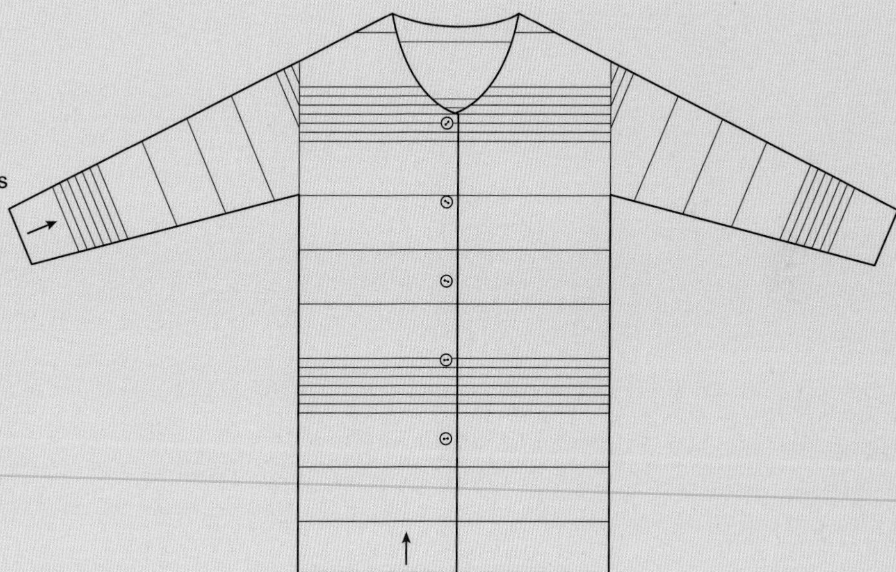

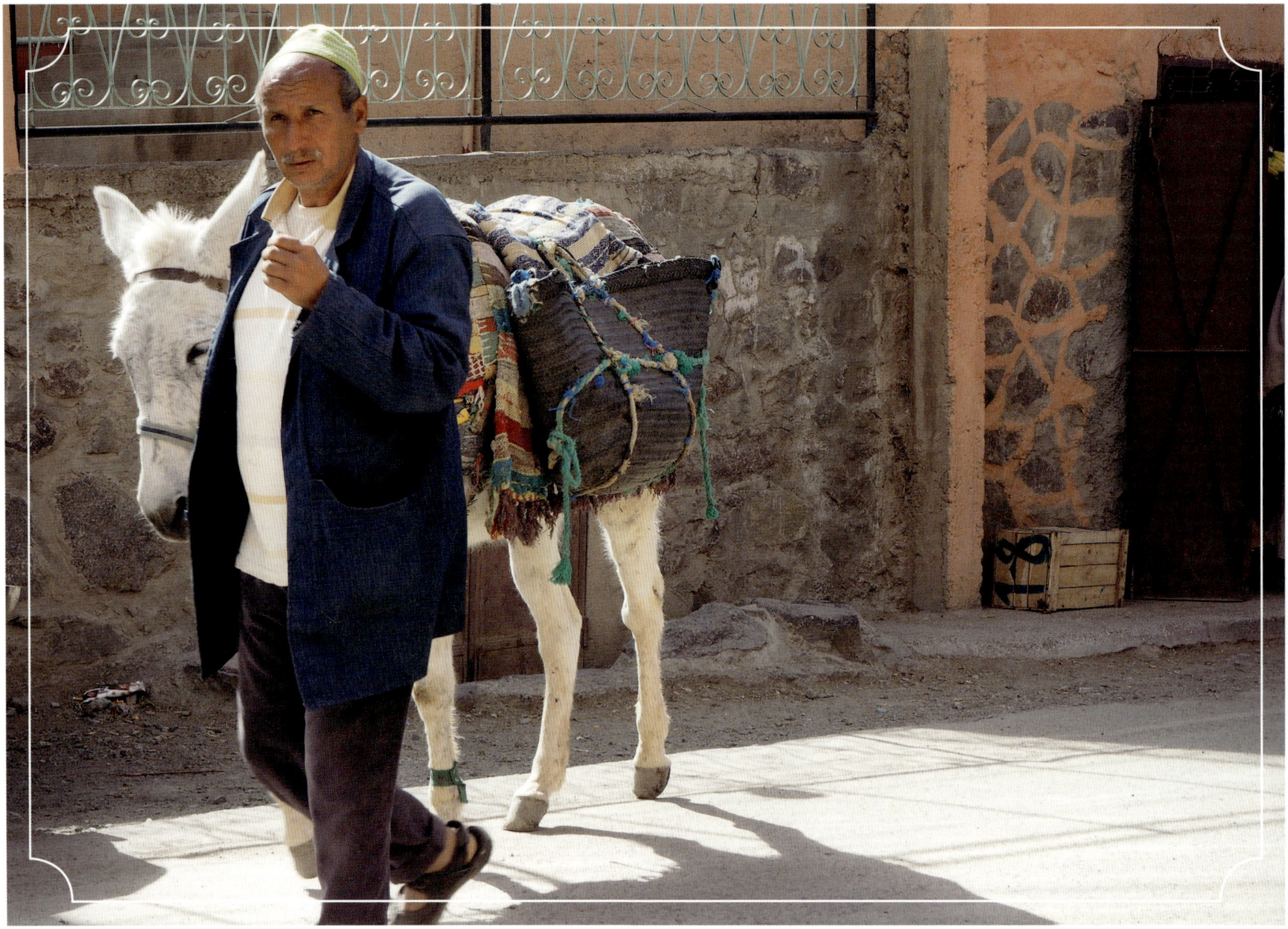

BERBER

Ein junger Mann, in den Bergen aufgewachsen, rettet mich, als ich von den Einwohnern eines Bergdorfes als „Berber“ sprach. „Das ist ein Name, den die Franzosen uns gegeben haben“ ,sagt er. „Wir sprechen von uns selber nicht von Berbern, sondern von Mitgliedern der Stammesgruppe, in die wir geboren wurden. Und so bekomme ich eine längere Erklärung darüber.“ welche Stämme es in den marokkanischen Bergen gibt. Es ist gut, seine Wurzeln zu kennen und sich zu trauen, zu ihnen zu stehen.

KÖRPER

1. STREIFEN
277(301)325(349) M mit C und Nd Nr. 3½ anschl.
In Reihen hin und her str.

MUSTER:
Reihe 1 (RückR): 1abhFV – *5re – 1li*. Von * bis * wdh. Enden mit 6re.
Reihe 2: 1abhFV – 2re – *1li – 5re*. Von * bis * wdh.
Enden mit 1li – 3re.

Reihe 1 - 2 wdh, bis insg 33 R gestrickt sind = 8 cm. Enden nach einer Reihe 1.
C abschneiden.

Das Muster über den gesamten Körper fortsetzen.

2. STREIFEN
Zu E wechseln und 32 R str.
E abschneiden.

3. STREIFEN
Zu B wechseln und 16 R str.
1. Knopfloch str: 1abhFV – 2re – 2li zus – 2 neue anschl – 2re zus – im Muster die R zu Ende str.
Weiter str, bis insg 32 R mit B gestrickt sind.
B nicht abschneiden.

4. STREIFEN
2 R mit D str.
2 R mit B str.
Weiterhin abwechselnd 2 R mit D und B str, bis 7 D-Streifen gestrickt sind.
B und D abschneiden.

5. STREIFEN
Zu A wechseln.
In der ersten R das 2. Knopfloch wie zuvor str.
Nach 32 R mit A den Faden abschneiden.

6. STREIFEN
Zu C wechseln und 16 R str.
Das 3. Knopfloch str.
Nach 32 R mit C den Faden abschneiden.

7. STREIFEN
Zu E wechseln und 31(31)23(15) R str.
In der nächsten RückR das Strickstück für die Armausschnitte teilen:
72(78)84(90) M str – 1 M abk – 131(143)155(167) M str (die 1. M ist bereits auf der Nd) – 1M abk – 72(78)84(90) M str (die 1. M ist bereits auf der Nd).
Gr. S(M): E abschneiden.

Vorderteile und Rücken nun einzeln fertig str. Das Muster dabei fortsetzen.

RECHTES VORDERTEIL

Gr. L(XL):
Weitere (8)16 R mit E str.
Die äußerste M am Armausschnitt in allen R re str.
E abschneiden.

Alle Gr.:
8. STREIFEN
Zu B wechseln.
In der ersten R das 4. Knopfloch wie zuvor str.
Insg 32 R mit B str.
B nicht abschneiden.

9. STREIFEN
2 R mit D str.
2 R mit B str.
Insg 4 Streifen mit D str.
In der ersten R des nächsten B-Streifens das 5. Knopfloch str.
Die Streifen fortsetzen, bis 6 D-Streifen gestrickt sind.
D abschneiden.
1 R mit B str.
In der nächsten RückR die letzten 8(8)14(14) M abk = 64(70)70(76) M.
B abschneiden.

Den letzten Streifen mit D str: 2re zus – 62(68)68(74) M.
1 R str.
D abschneiden.

10. STREIFEN
Zu A wechseln.
Am Anfang jeder HinR 2 M zus str, bis 15 R gestrickt sind = 55(61)61(67) M.
Der Armausschnitt misst ca. 18(18)20(22) cm.

In der nächsten RückR nun die ersten 3 M abk.
Weiterhin am Anfang jeder HinR 2re zus str und am Anfang jeder RückR 3 M abk.
Nach 32 R mit Farbe A den Faden abschneiden.

Zu C wechseln.
Mit den Abn und dem Abketten fortsetzen.
Nach insg 22 Abn am Anfang der HinR den Halsausschnitt gerade hoch str, aber noch 1(3)3(5) weitere Male am Anfang der RückR 3 M abk.

LINKES VORDERTEIL

Gr. L(XL):
Weitere (8)16 R mit E str.
An der Ärmelseite beg.

Alle Gr.:
Den 8. STREIFEN mit B str.

Nach 32 R mit B den 9. STREIFEN abwechselnd mit D und B str, bis 6 D-Streifen gestrickt sind.
1 R mit B str.
In der RückR die ersten 8(8)14(14) M abk – 64(70)70(76) M str (die 1. M ist bereits auf der Nd).
B abschneiden.

Den letzten D-Streifen str: 62(68)68(74) M – 2re zus.
1 R str.
D abschneiden.

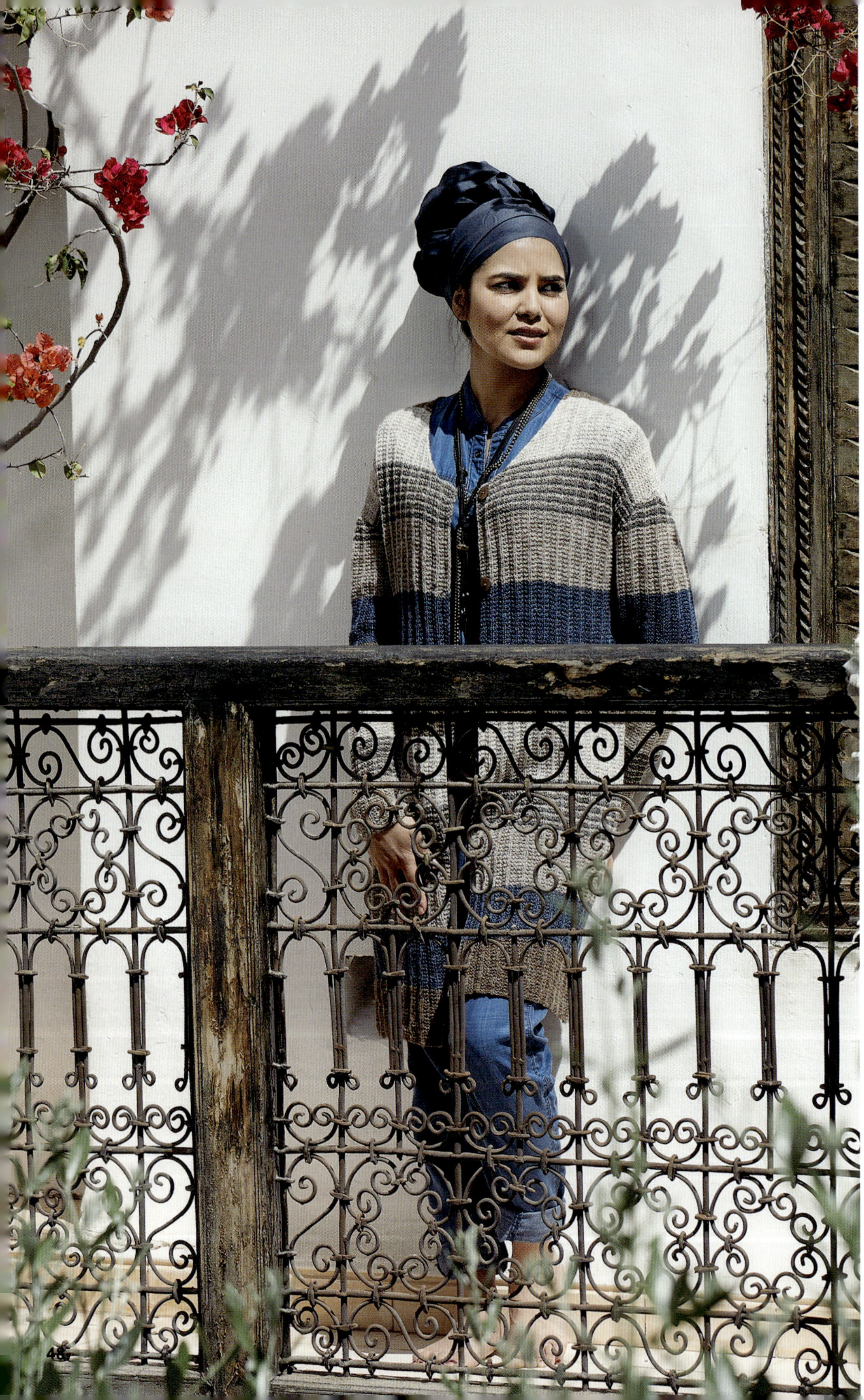

10. STREIFEN
Zu A wechseln.
Am Ende jeder HinR 2 M zus str, bis 16 R gestrickt sind = 55(61)61(67) M.
Nun am Anfang der HinR die ersten 3 M abk.
Weiterhin am Anfang jeder HinR 3 M abk und am Ende der HinR 2 re zus str.
Nach insg 32 R mit Farbe A den Faden abschneiden.

Zu C wechseln.
Mit den Abn und dem Abketten fortsetzen.
Nach insg 22 Abn am Ende der HinR den Halsausschnitt gerade hoch str, aber noch 1(3)3(5) weitere Male am Anfang der HinR 3 M abk.

RÜCKEN
Gr. L(XL):
Weitere (8)16 R mit E str.
In einer HinR beg.
Die erste und letzte M in allen R re str.
E abschneiden.

Alle Gr.:
Den 8. STREIFEN mit B str. Die erste und letzte M in allen R re str. Nach 32 R mit B den 9. STREIFEN abwechselnd mit D und B str, bis insg 7 D-Streifen gestrickt sind.
B und D abschneiden.

10. STREIFEN
Zu A wechseln.
15 R str.
Beidseitig am Anfang jeder R 14(16)16(18)-mal 3 M abk.
GLEICHZEITIG nach 32 R mit Farbe A den Faden abschneiden.
Zu C wechseln und weiter abk, bis noch 47(47)59(59) M übrig sind.

Alle M locker abk.

ÄRMEL
49(49)55(61) M mit Nd Nr. 3½ und B anschl.
In Reihen hin und her str.

MUSTER:
Reihe 1 (RückR): 1re – *5re – 1li*. Von * bis * wdh. Enden mit 6re.
Reihe 2: 3re – *1li – 5re*. Von * bis * wdh. Enden mit 1li – 3re.
Reihe 1 - 2 wdh, bis insg 17 R gestrickt sind. Nach einer Reihe 1 enden.

Zun str: 1re – 1 neue re – re bis zur letzten M – 1 neue re – 1re.
Die neuen M in das Muster einfügen.
Die Zun in jeder 6. R wdh, bis es 97(97)103(109) M sind.

Weiter str, bis insg 33 R mit B gestrickt sind.

2. STREIFEN
2 R mit D str.
2 R mit B str.
Weiterhin abwechselnd 2 R mit D und B str, bis 7 D-Streifen gestrickt sind.
B und D abschneiden.

3. STREIFEN
Zu A wechseln und nach 32 R den Faden abschneiden.

4. STREIFEN
Zu C wechseln und nach 32 R den Faden abschneiden.

5. STREIFEN
Zu E wechseln und nach 32 R den Faden abschneiden.

6. STREIFEN
Zu B wechseln und 6 R str.
Der Ärmel misst ca 41 cm.

Nun beidseitig für die Armkugel abk und mit B weiter str, bis 32 R gestrickt sind.

Danach abwechselnd Streifen mit B und D str.
Beidseitig am Anfang jeder R 1-mal 4 M abk = 89(89)95(101) M.
Beidseitig 1-mal 3 M abk = 83(83)89(95) M.
Beidseitig 17(17)19(21)-mal 2 M abk = 15(15)13(11) M.
Die letzten M abketten.

Den zweiten Ärmel genauso str.

FERTIGSTELLUNG
Die Schulternähte von der Außenseite mit dem Maschenstich zusammennähen.
Die Ärmelnähte von der Außenseite mit dem Matratzenstich zusammennähen.
Die Ärmel vor dem Einnähen mit Nadeln in den Armausschnitt heften und von der Außenseite zusammennähen.
Die Fäden vernähen und Knöpfe annähen.

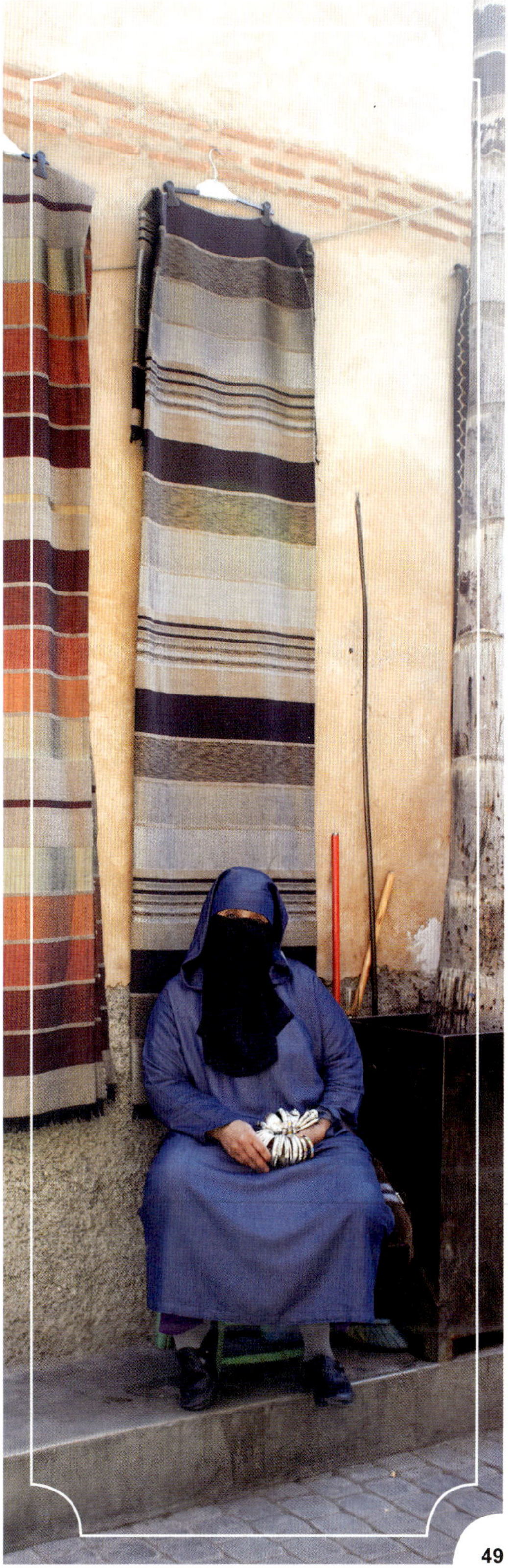

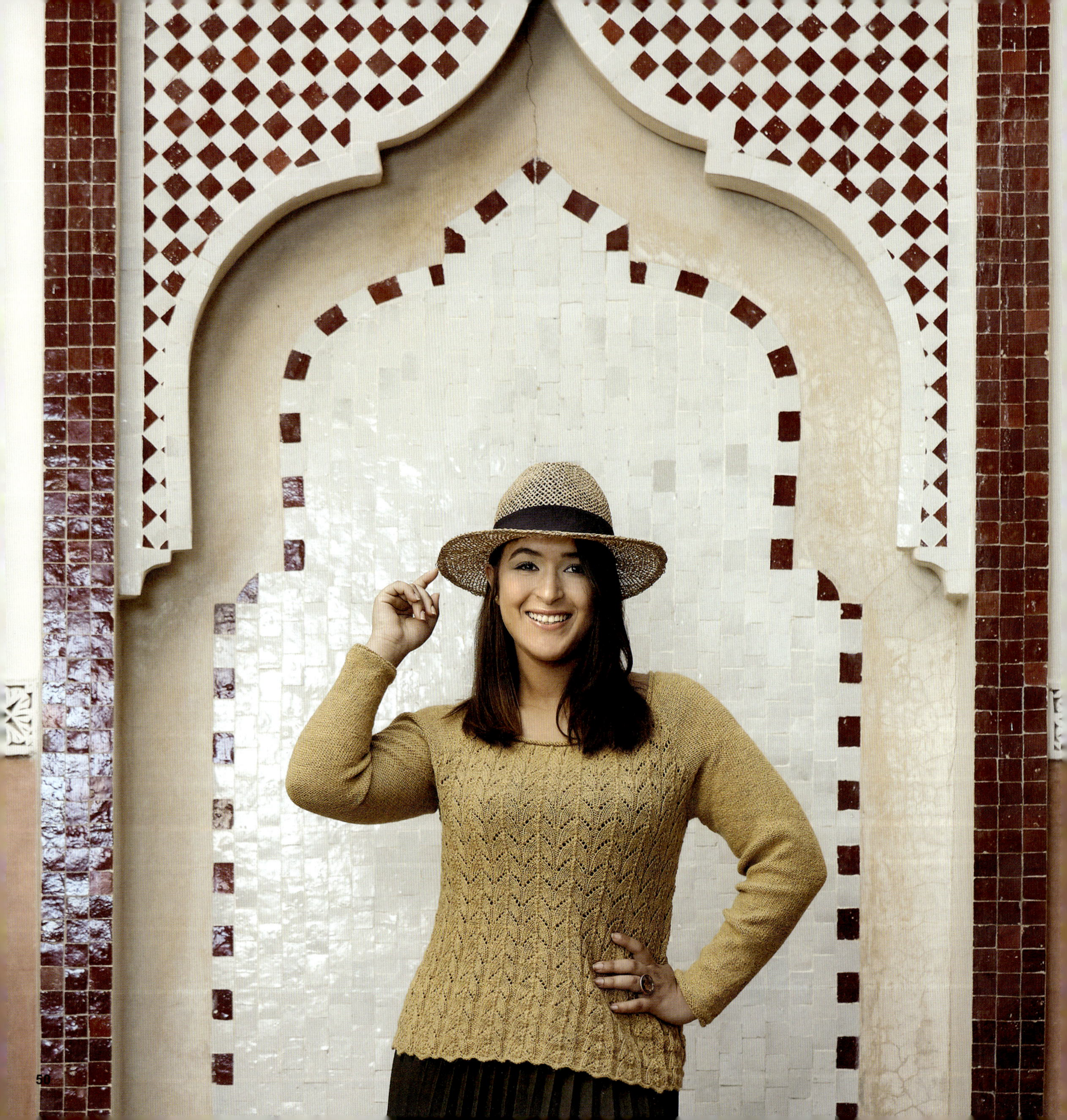

Kurkuma

Gr.: S (M) L (XL)

Halbe Oberweite: 43 (48) 53 (58) cm
Länge: 57 cm
Innere Ärmellänge: 44 cm

Material
250 (250) 300 (300) g Isager Alpaca 2
Farbe 59

Empfohlene Rundnadeln Nr. 2½ und 3,
Strumpfnadeln Nr. 3

Maschenprobe glatt gestrickt mit Nd Nr. 3:
10 cm = 28 M und 36 R
Maschenprobe im Muster mit Nd Nr. 3:
10 cm = 27 M und 40 R

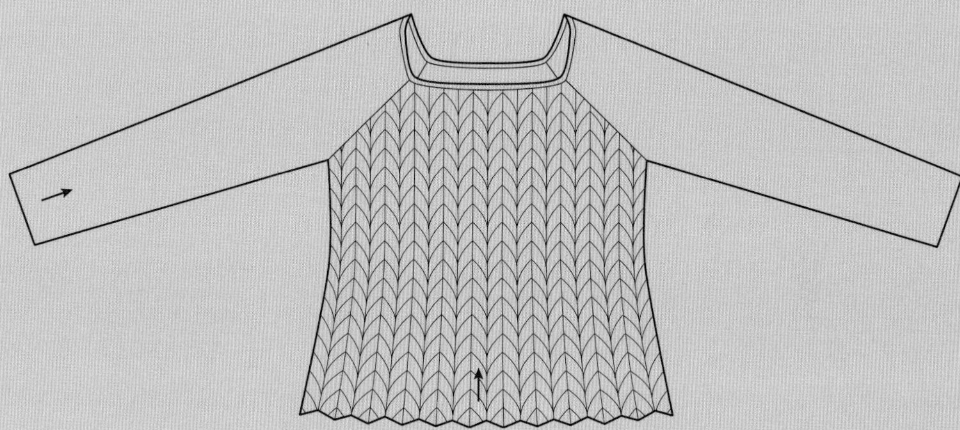

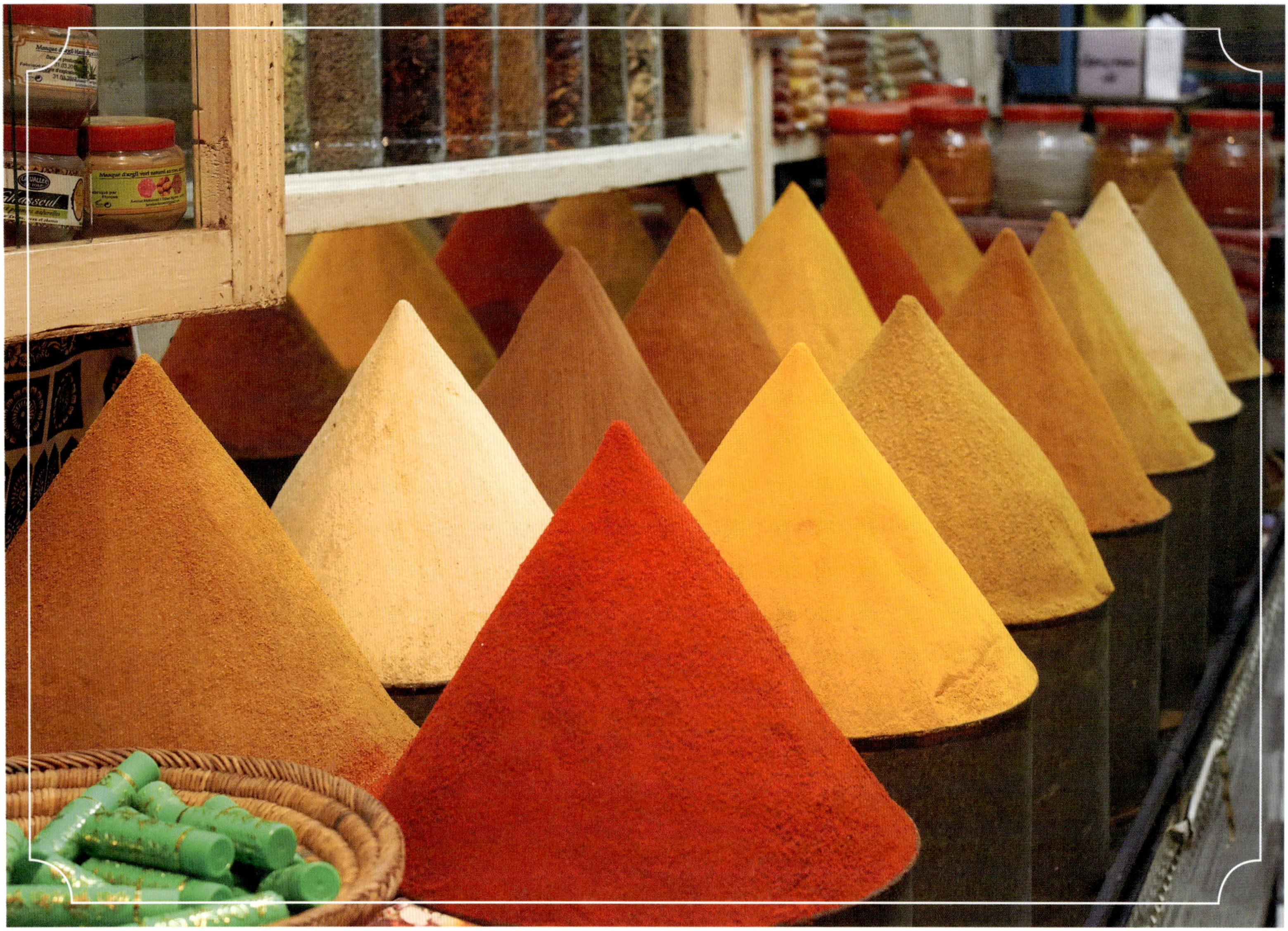

KURKUMA

Kurkuma, Curry, Zimt, Kreuzkümmel, gemahlene Nelke, Koriander, Fenchelsamen, getrocknete Chili, Sternanis und frische Minze. Füge nun etwas Lamm hinzu und lade mich ein.

KÖRPER
270(300)330(360) M mit Nd Nr. 3 anschl.
In Runden str.
Die erste Rd li str.

2li – Diagramm – 2li str. Von * bis * wdh.

Auf diese Weise die 10 DiagrammRd str.
Das Diagramm insg 3-mal str.
Noch einmal DiagrammRd 1 - 9 str.
In der 10. Rd. die 1. Abn str:
2li zus – Diagramm – 2li. Von * bis * wdh = 252(280)308(336) M.

Nach der 1. Abn wie folgt str: *1li – Diagramm – 2li*. Von * bis * wdh.

Insg 19 Rd str.
In der 10. DiagrammRd die 2. Abn str:
1li – Diagramm – 2li zus. Von * bis * wdh = 234(260)286(312) M.

Nach der 2. Abn wie folgt str: *1li – Diagramm – 1li*. Von * bis * wdh.

Insg 19 Rd str.
In der 10. DiagrammRd die 3. Abn str:
1li – *Diagramm – 2li zus*. Von * bis * wdh.
Am Ende der Rd die letzte M mit der ersten M der nächsten Rd zus str.
Es sind nun 216(240)264(288) M auf der Nd.

Nach der 3. Abn wie folgt str: *Diagramm – 1li*. Von * bis * wdh.

Insg 19 Rd str.
In der 10. DiagrammRd Zun str:
1 neue li – Diagramm – 1li.
Von * bis * wdh = 234(260)286(312) M.

Nach den Zun wie folgt str: *1li – Diagramm – 1li*. Von * bis * wdh.

Im Muster weiter str, bis die Arbeit 37(36)36(35) cm ab den Spitzen am unteren Rand misst. Nach einer 9. DiagrammRd enden.

Für die Armausschnitte in der 10. Diagram – Rd abk:
116(116)129(129) M im Muster str – 2(15)15(28) M abk – 115(115)128(128) M im Muster str (die 1. M ist bereits auf der Nd) – 2(15)15(28) M abk. Die letzte abgekettet M geht über die Seitennaht hinaus.
Den Faden nicht abschneiden, sondern den Rücken weiter str.

RÜCKEN
In Reihen hin und her str.
1abhFV = 1 M mit dem Faden vor der M abheben, ohne sie zu str.

Reihe 1 (HinR): 4re (die 1. M ist bereits auf der Nd) – 3re zus – 4re – U – *2li – Diagramm*.
Von * bis * wdh. Enden mit 2li – U – 4re – 3re zus – 4re = 113(113)126(126) M. Wenden.
Reihe 2: 1re – 3li – 1abhFV – 5li – *2re – Diagramm*. Von * bis * wdh. Enden mit 2re – 5li – 1abhFV – 3li – 1re.
Reihe 3: 3re – 3re zus – 3re – U – 1re – *2li – Diagramm*. Von * bis * wdh. Enden mit 2li – 1re – U – 3re – 3re zus – 3re = 111(111)124(124) M.
Reihe 4: 1re – 2li – 1abhFV – 5li – *2re – Diagramm*. Von * bis * wdh. Enden mit 2re – 5li – 1abhFV – 2li – 1re.

Reihe 5: 2re – 3re zus – 2re – U – 2re – *2li – Diagramm*. Von * bis * wdh. Enden mit 2li – 2re – U – 2re – 3re zus – 2re = 109(109)122(122) M.
Reihe 6: 1re – 1li – 1abhFV – 5li – *2re – Diagramm*. Von * bis * wdh. Enden mit 2re – 5li – 1abhFV – 1li – 1re.
Reihe 7: 1re – 3re zus – 1re – U – 3re – *2li – Diagramm*. Von * bis * wdh. Enden mit 2li – 3re – U – 1re – 3re zus – 1re = 107(107)120(120) M.
Reihe 8: 1re – 1abhFV – 5li – *2re – Diagramm*. Von * bis * wdh. Enden mit 2re – 5li – 1abhFV – 1re.
Reihe 9: 3re zus – U – 4re – *2li – Diagramm*. Von * bis * wdh. Enden mit 2li – 4re – U – 3re zus = 105(105)118(118) M.
Reihe 10: 1re – 5li – *2re – Diagramm*. Von * bis * wdh. Enden mit 2re – 5li – 1re.
Reihe 11: 3re zus – 3re – U – *2li – Diagramm*. Von * bis * wdh. Enden mit 2li – U – 3re – 3re zus = 103(103)116(116) M.
Reihe 12: 1re – 4li – *2re – Diagramm*. Von * bis * wdh. Enden mit 2re – 4li – 1re.

Reihe 13: 3re zus – 1re – U – 1re – *2li – Diagramm*. Von * bis * wdh. Enden mit 2li – 1re – U – 1re – 3re zus = 101(101)114(114) M.
Reihe 14: 1re – 3li – *2re – Diagramm*. Von * bis * wdh. Enden mit 2re – 3li – 1re.
Reihe 15: 3re zus – 1re – *2li – Diagramm*. Von * bis * wdh. Enden mit 2li – 1re – 3re zus = 97(97)110(110) M.
Reihe 16: 1re – 1li – *2re – Diagramm*. Von * bis * wdh. Enden mit 2re – 1li – 1re.

Reihe 17: 3re zus – 1li – *Diagramm – 2li*. Von * bis * wdh. Enden mit Diagramm – 1li – 3re zus = 93(93)106(106) M.
Reihe 18: *2re – Diagramm*. Von * bis * wdh. Enden mit 2re.
Reihe 19: 3re zus – 3re – U – 3re zus – U – 4re – *2li – Diagramm*. Von * bis * wdh. Enden mit 2li – 4re – U – 3re zus – U – 3re – 3re zus = 89(89)102(102) M.
Reihe 20: 1re – 4li – 1abhFV – 5li – *2re – Diagramm*. Von * bis * wdh. Enden mit 2re – 5li – 1abhFV – 4li – 1re.

Erneut Reihe 1 - 20 str.
Reihe 1 beg mit 4re.
Nach Reihe 20 sind 63(63)76(76) M auf der Nd.

Erneut Reihe 1 - 20 str.
Nach Reihe 20 sind 37(37)50(50) M auf der Nd.

Den Faden abschneiden.
Die M stilllegen.

VORDERTEIL

Wie den Rücken str.
Reihe 1 mit 4re beg.
Reihe 1 - 20 insg 2-mal str = 63(63)76(76) M.
Den Faden abschneiden. Die M stilllegen.

RECHTER ÄRMEL

46(50)54(58) M mit Strumpfnd Nr. 3 anschl.

Für den Rand 4 Rd re str.

Den Ärmel glatt str, jedoch sind die li M auf der Außenseite. Um das Stricken von linken M zu vermeiden, den Ärmel rechts str und zum Schluss nach außen wenden.

Die Arbeit wenden und von der Ärmelinnenseite weiter str: 14 Rd re str.

Zun str: 1re – 1 neue re – bis zur letzten M re str – 1 neue re – 1re = 48(52)56(60) M.

Die Zun in jeder 7.(6.)6.(5.) Rd wdh, bis es 86(98)80(90) M sind.

Gr. L(XL):
Danach die Zun in jeder 7.(6.) Rd wdh, bis es 98(110) M sind.

Alle Gr.:
Weiter str, bis der Ärmel 44 cm misst.

Den Ärmel nun für den Armausschnitt teilen: 2(4)4(6) M abk – die Rd re zu Ende str. Wenden und erneut 2(4)4(6) M abk – die Rd li zu Ende str = 82(90)90(98) M.

Ab hier in Reihen hin und her glatt re str, dabei die erste und letzte M in allen R re str.

2 Reihen glatt rechts str.
Am Anfang und Ende der R 2re zus str.
Diese Abn in jeder 3. R wdh, bis noch 52(56)56(60) M übrig sind.

ABKETTEN

Weiterhin glatt rechts str.
Am Anfang der nächsten R abk (auf der Seite mit den Linksmaschen). Diese Seite des Ärmels wird später an das Vorderteil genäht. An der anderen Ärmelseite weiterhin in jeder 3. R wie zuvor abn.

Gr. S:
6-mal 5 M abk.
4-mal 4 M abk.

Gr. (M)L:
10-mal 5 M abk.

Gr. (XL):
4-mal 6 M abk.
6-mal 5 M abk.

LINKER ÄRMEL

Bis zum ABKETTEN wie den rechten Ärmel str.

Nach der letzten Abn noch 1 R glatt str und an der entgegengesetzten Seite zum rechten Ärmel abk (die Seite mit den Rechtsmaschen).
Den Faden nicht abschneiden.

FERTIGSTELLUNG

Die Ärmel vor dem Einnähen mit Nadeln in den Armausschnitt heften und von der Außenseite mit dem Matratzenstich einnähen. Die Fäden vernähen.

HALSRAND

Vorderteil und Rücken wieder auf die Nd heben.
Mit Nd Nr. 2½ str.

Gr. S(M):
38(42) M aus dem Abkettrand des linken Ärmels heraus str.
Mit Abn über das Vorderteil str: 4re – *3re zus – 10re*. Von * bis * wdh. Enden mit 3re zus – 4re = 53 M.
38(42) M aus dem Abkettrand des rechten Ärmels str.
Mit Abn über den Rücken str: 4re – *3re zus – 10re*. Von * bis * wdh. Enden mir 3re zus – 4re = 31 M.

Gr. L(XL):
40(44) M aus dem Abkettrand des linken Ärmels heraus str.
Mit Abn über das Vorderteil str: *4re – 3re zus – 4re – 2re zus*. Von * bis * wdh. Enden mit 4re – 3re zus – 4re = 59 M.
40(44) M aus dem Abkettrand des rechten Ärmels str.
Mit Abn über den Rücken str: *4re – 3re zus – 4re – 2re zus*. Von * bis * wdh. Enden mit 4re – 3re zus – 4re = 39 M.

Alle Gr.:
Insg sind nun 160(168)178(186) M auf der Nd.
In Runden str.
8 Rd re str.
Nicht zu locker abk. Die Fäden vernähen.

DIAGRAMM

					I						Rd 10
				∩	λ	∩					Rd 9
					I						Rd 8
			∩		λ		∩				Rd 7
					I						Rd 6
		∩			λ			∩			Rd 5
					I						Rd 4
	∩				λ				∩		Rd 3
					I						Rd 2
∩					λ					∩	Rd 1

☐ In den HinR re – in den RückR li

I 1abhFH – 1 M abh ohne sie zu str, mit dem Faden hinter der Arbeit

λ 3re zus, dafür die 1. M auf die rechte Nd heben – 2re zus – die 1. M über die 2 zus gestrickten M heben

∩ Umschlag

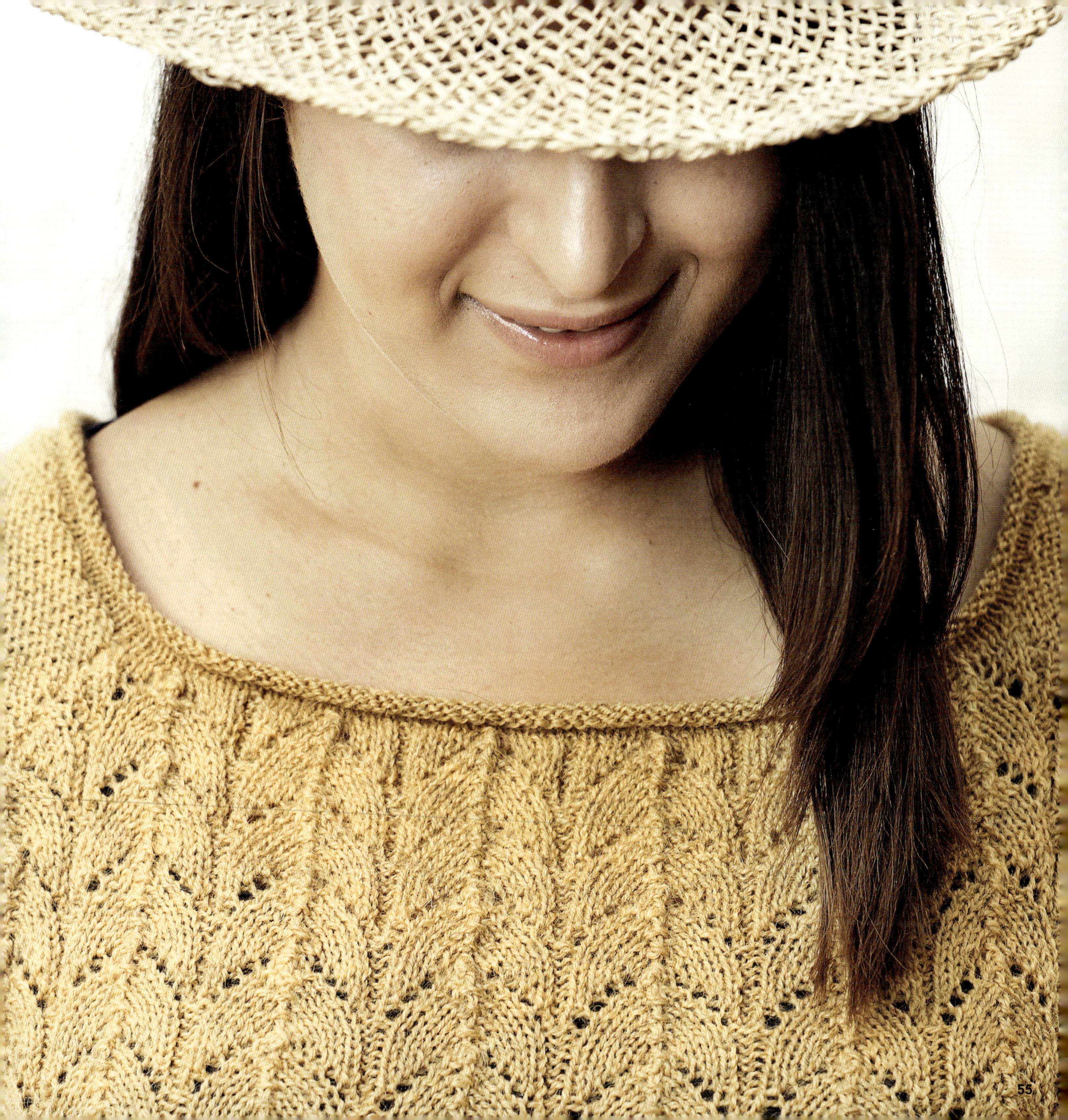

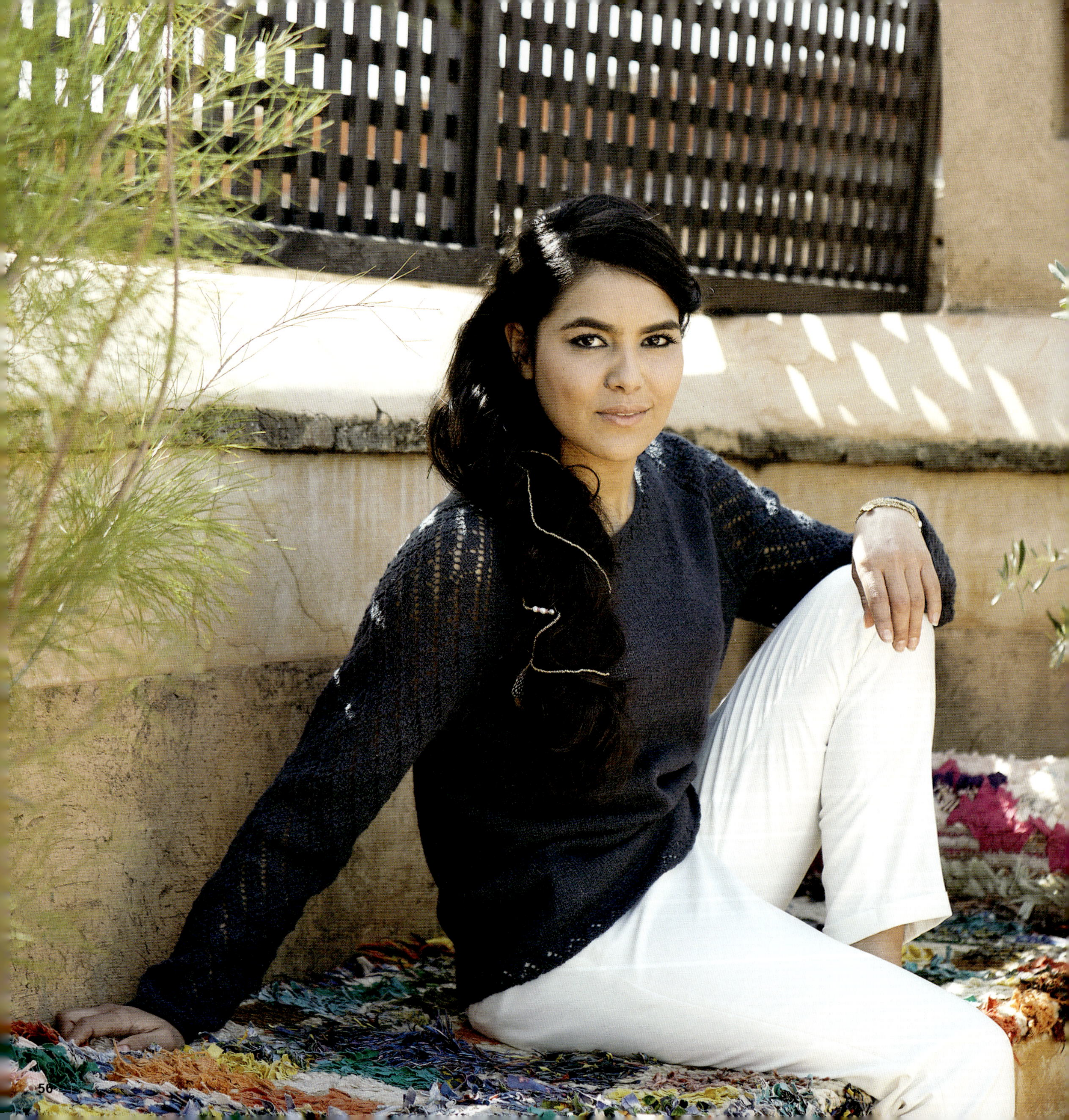

Lampen

Gr: S (M) L (XL)

Halbe Oberweite: 46 (50) 55 (60) cm
Länge: 60 cm
Ärmellänge: 42 cm

Material
250 (250) 300 (300) g Isager Tvinni
Farbe 47

Empfohlene Rund- und Strumpfnadeln
Nr. 2½ und 3

Maschenprobe glatt gestrickt mit Nd Nr. 3:
10 cm = 28 M und 36 R

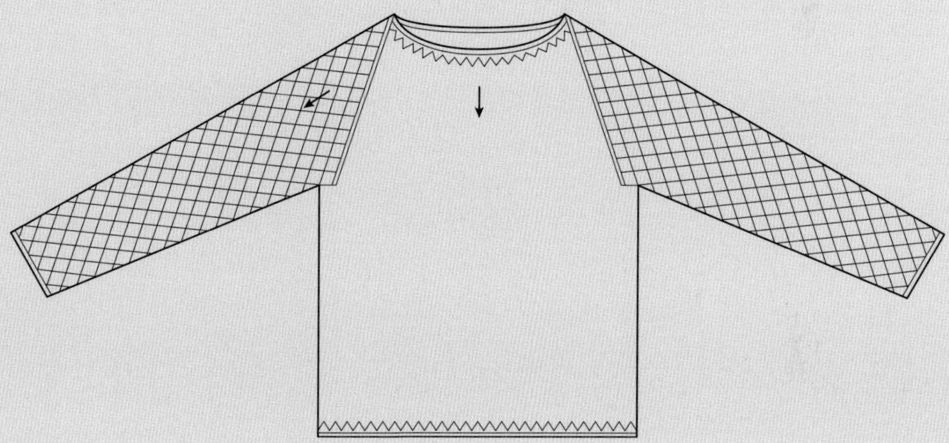

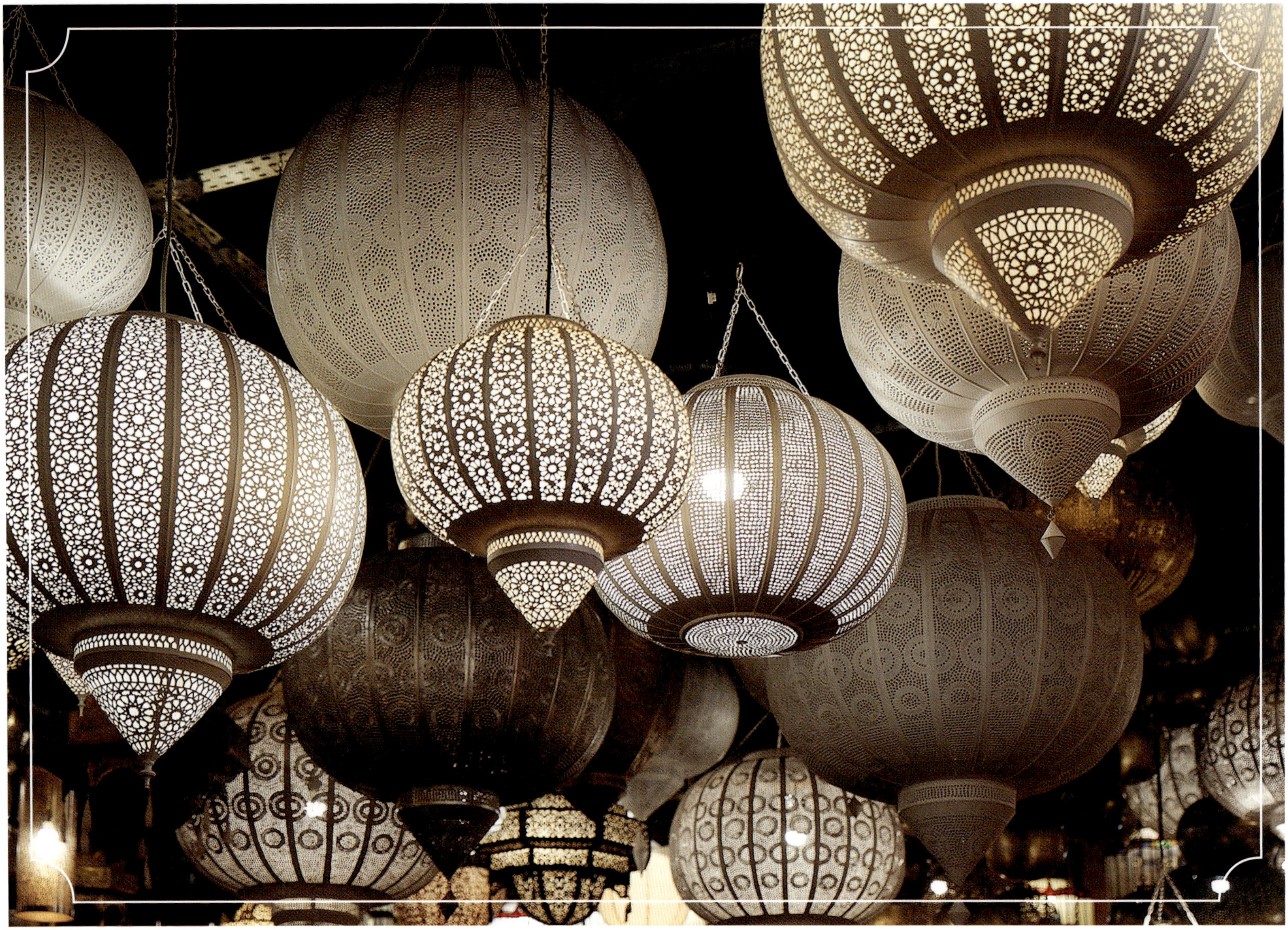

LAMPEN

Die marokkanischen Lampen haben etwas Märchenhaftes an sich. Sobald das Licht angemacht wird, bilden sich die schönsten Muster auf Wänden und Decken. Diese Lampen herzustellen ist ein altes, stolzes Handwerk.

PASSE
80(84)90(96) M mit Nd Nr. 3 anschl.

Reihe 1 (RückR): 1re – 1li – 1. DiagrammR – 66(70)76(82)li – 1. DiagrammR – 2li – in Verlängerung der Reihe 2 neue anschl = 82(86)92(98) M.
Reihe 2: 4re – 2. DiagrammR – 66(70)76(82) re – 2. DiagrammR – 2re – 2 neue anschl = 88(92)98(104) M.
Reihe 3: 1re – 3li – 3. DiagrammR – 66(70)76(82)li – 3. DiagrammR – 4li — 2 neue anschl = 90(94)100(106) M.
Reihe 4 mit Zun am Körper: 5re – 1 neue re – 1re – 4. DiagrammR – 1re – 1 neue re – 64(68)74(80)re – 1 neue re – 1re – 4. DiagrammR – 1re – 1 neue re – 3re – 2 neue anschl = 100(104)110(116) M.

Weiterhin 2 neue M in Verlängerung der R anschl.
Die Zun am Körper in jeder 4. R wdh.
Die Ärmel weiterhin laut Diagramm str, bis 17 R gestrickt sind = 162(166)172(178) M.

Die 18. DiagrammR str – am Ende der R für den vorderen Halsausschnitt 28(32)38(44) M anschl.
Dann zur Runde schließen und bis 1 M vor den Ärmel str.
Insg sind es = 194(202)214(226) M.

Markierung setzen.

Weiter in Runden und laut Diagramm str.
Die DiagrammR 7 – 18 und die Zun am Körper wdh, bis insg 20(20)18(18) Zun gestrickt sind = 382(390)378(390) M.

Laut Diagramm weiter str, jedoch noch insg 2(5)9(12) Körperzunahmen nun in jeder 2. Rd str = 398(430)450(486) M.

Direkt nach der letzten Zun enden.
Jeder Ärmel hat nun 89(95)95(101) M.
Vorderteil und Rücken haben je 110(120)130(142) M.
Die Arbeit misst vom Nacken abwärts ca. 22(25)25(27) cm.

TEILUNG
Die M in Ärmel und Körper teilen.

Die äußersten 3 M an beiden Ärmelseiten dem Körper hinzufügen: Die letzte M des Vorderteils str – die ersten 3 M des linken Ärmels str – 83(89)89(95) M des linken Ärmels stilllegen – in Verlängerung des Vorderteils 13(13)19(19) neue M anschl.
Die letzten 3 M des linken Ärmels str – 110(120)130(142) RückenM str – die ersten 3 M des rechten Ärmels str – 83(89)89(95) M des rechten Ärmels stilllegen – in Verlängerung des Rückens 13(13)19(19) neue M anschl – 120(130)143(155) M str = Mitte unter dem linken Ärmel.
Markierung setzen.

KÖRPER
Glatt rechts über die 258(278)310(334) KörperM str, bis ab Nacken ca. 58 cm gestrickt sind.

Gr. (M):
Abn str: *2re zus – 137re*. Von * bis * wdh = 276 M.

Gr. L(XL):
Abn str: *2re zus – 75(81)re – 2re zus – 76(82)re*.Von * bis * wdh = 306(330) M.

Alle Gr.:
Zu Nd Nr. 2½ wechseln.
Laut ÄrmeldiagrammR 2 – 7 str.
1 Rd li str.
In einer RückR abk.

ÄRMEL
Die ÄrmelM auf eine 40 cm Rundnd Nr. 3 heben.
83(89)89(95) ÄrmelM re str – 13(13)19(19) neue M aus den angeschlagenen KörperM heraus str = 96(102)108(114) M.
1re – eine Markierung setzen. Die Markierung folgt der Arbeit mit nach oben, sodass der Rd-Beginn an der selben Stelle bleibt.

Die 96(102)108(114) ÄrmelM laut Ärmeldiagramm str.
Mit der 2. DiagrammR beg.

Laut Diagramm weiter str.
Am Ende der 3. DiagrammR die letzte M nicht str – sie wird für den Beginn der 4. DiagrammR benötigt.
Am Anfang der 10. DiagrammR ist es notwendig mit 1 re zu beg, diese M wird am Ende der Rd benötigt.

Das Diagramm insg 2-mal str.
In der nächsten Rd die 1. Abn an den mittleren 9 M unter dem Ärmel wie folgt str:
Bis 12(12)15(15) M vor die Markierung str: 3re zus – 3re zus – 3re verschr zus – 3(3)6(6)re = 90(96)102(108) M.

23 Rd laut Diagramm str.
2. Abn: Re bis 9(9)12(12) M vor die Markierung str: 3re zus – 3re zus – 3re verschr zus – 0(0)3(3)re = 84(90)96(102) M.

Gr. L(XL):
23 Rd laut Diagramm str.
3. Abn: Re bis 9(9) M vor die Markierung str: 3re zus – 3re zus – 3re verschr zus = 90(96) M.

Alle Gr.:
23 Rd laut Diagramm str.
3.(3.)4.(4.) Abn: Re bis 6 M vor die Markierung str: 3re zus – 3re zus – 3re verschr zus.
Die letzten 3 M gehen in den nächsten Rd-Beginn über – Markierung hierhin versetzen.
Es sind nun 78(84)84(90) M.
Laut DiagrammR 8 weiter str.

23 Rd laut Diagramm str.
Laut DiagrammR 7 bis 6 M vor die Markierung str – 4.(4.)5.(5.) Abn str.
Markierung versetzen. Es sind nun 72(78)78(84) M.
Ab DiagrammR 2 weiter str.
23 Rd laut Diagramm str.
Laut DiagrammR 1 bis 6 M vor die Markierung str – 5.(5.)6.(6.) Abn str.
Markierung versetzen. Es sind nun 66(72)72(78) M.
Laut DiagrammR 8 weiter str.

Gr. S(M):
23 Rd laut Diagramm str.
Laut DiagrammR 7 bis 6 M vor die Markierung str – 6. Abn str.
Markierung versetzen. Es sind nun 60(66) M.
Laut DiagrammR 2 weiter str.

Alle Gr.:
8 Rd laut Diagramm str.
1 Rd re str.
Der Ärmel misst ca. 42 cm.

Zu Strumpfnd Nr. 2½ wechseln.
1 Rd li str.
Mit linken M abk.

Den zweiten Ärmel genauso str.

HALSRAND

M von der Außenseite mit Nd Nr. 2½ aus dem Halsausschnitt str.
Am Übergang zw Ärmel und Rücken beg – direkt nach dem Ärmelmuster:
66(66)72(78) M aus dem Anschlag am Nacken str.
6 M aus den ÄrmelM str.
72(78)84(90) M aus dem Anschlag des Vorderteils str.
6 M aus den ÄrmelM str. Es sind insg 150(156)168(180) M.

2re str – eine Markierung setzen. Hier ist der Rd-Beginn.

Laut ÄrmeldiagrammR 2 – 7 str.
1 Rd li str.
Mit linken M abk.

FERTIGSTELLUNG

Die Fäden vernähen.

DIAGRAMM

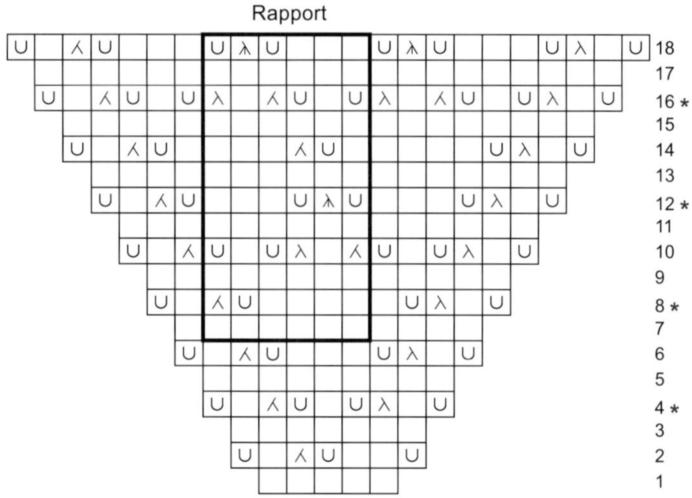

ÄRMELDIAGRAMM

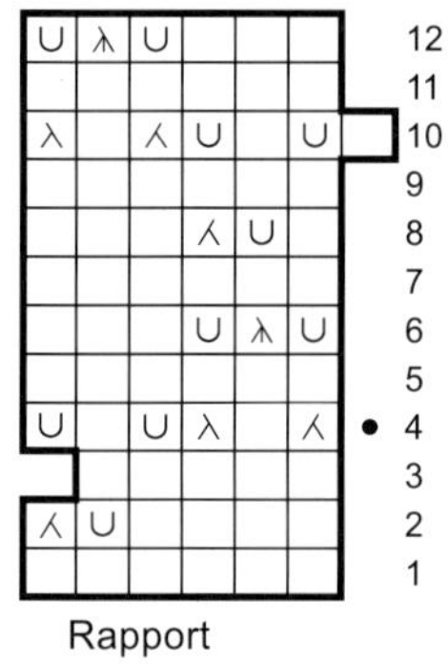

in den HinR re – in den RückR li

2re zus

2re verschr zus

2 M re abh – die nächste M re – die 2 abgehobenen M über die gestrickte M heben = 3re verschr zus

U Umschlag

* Zunahme am Körper

• letzte M der vorherigen Rd wird hier für den Beginn der nächsten Rd benötigt

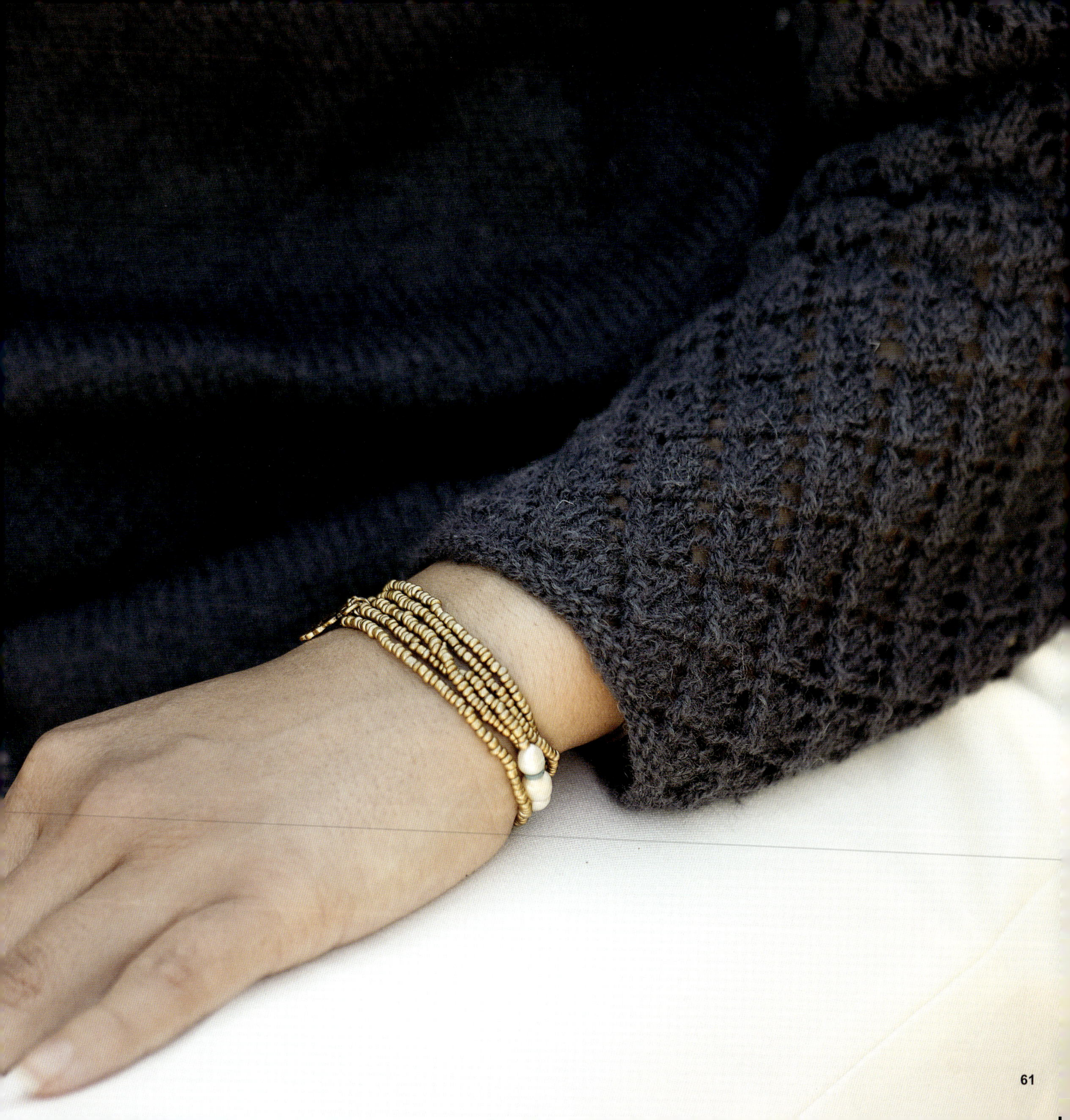

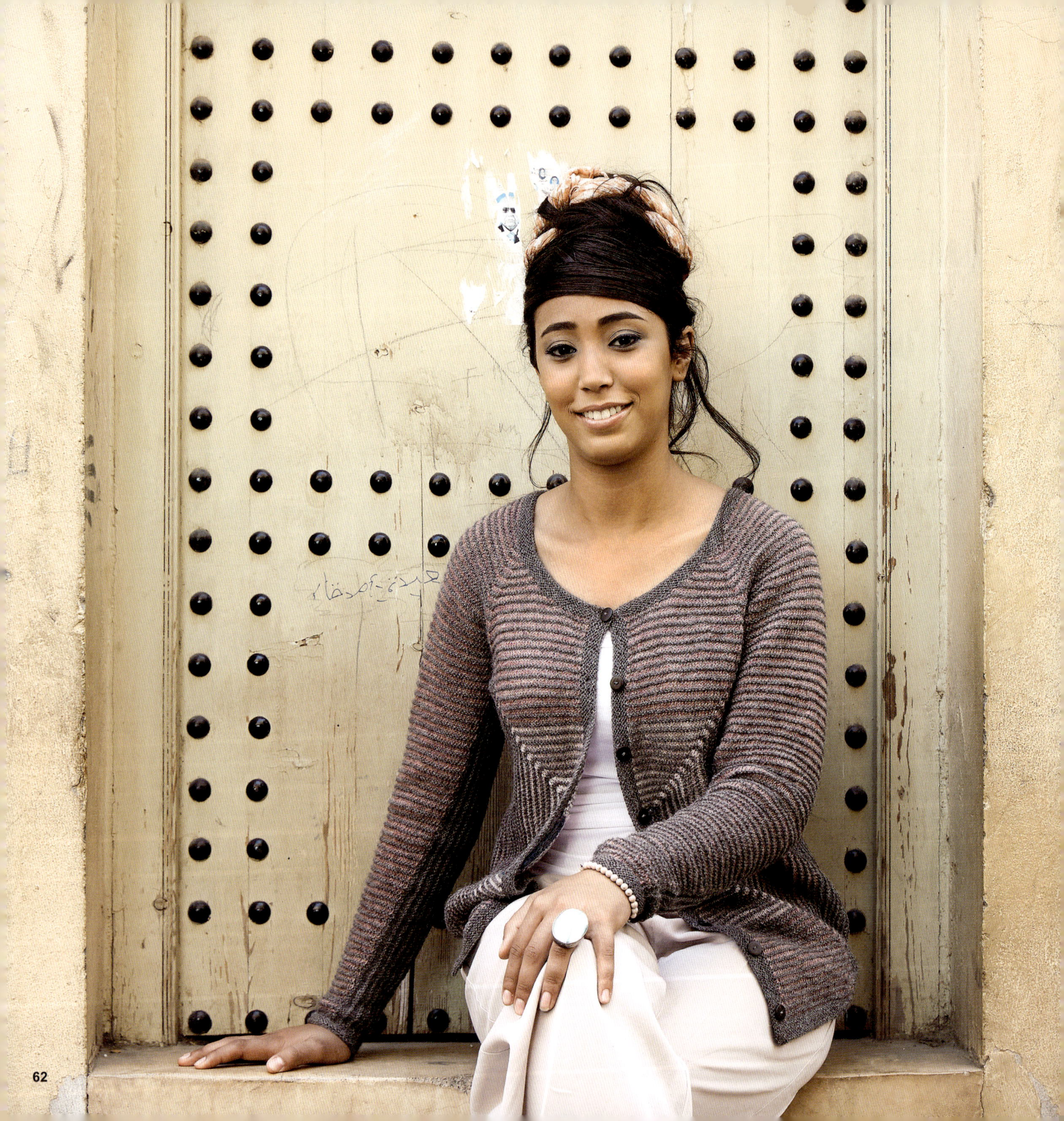

Medina

Gr. S (M) L (XL)

Halbe Oberweite: 46 (50) 55 (59) cm
Länge: 58 (60) 62 (64) cm
Innere Ärmellänge: 46 (46) 45 (45) cm

Material
A: 150 (150) 200 (200) g Isager Alpaca 2 Farbe 4s
B: 10 g Isager Highland Farbe Greece
C: 10 g Isager Tvinni Farbe 61
D: 25 g Isager Alpaca 2 Farbe 61s
E: 100 (100) 150 (150) g Isager Highland Farbe Rose

8 Knöpfe

Empfohlene Rundstricknadeln Nr. 2½ und 3, Strumpfnadeln Nr. 3

Maschenprobe kraus rechts gestrickt mit Nd Nr. 3:
10 cm = 27 M und 54 R
Maschenprobe im Muster mit Nd Nr. 3:
10 cm = 27 M und 48 R

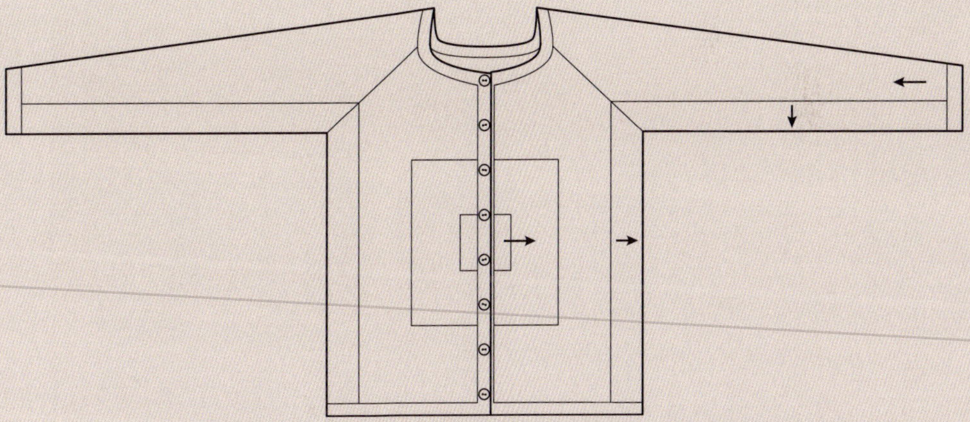

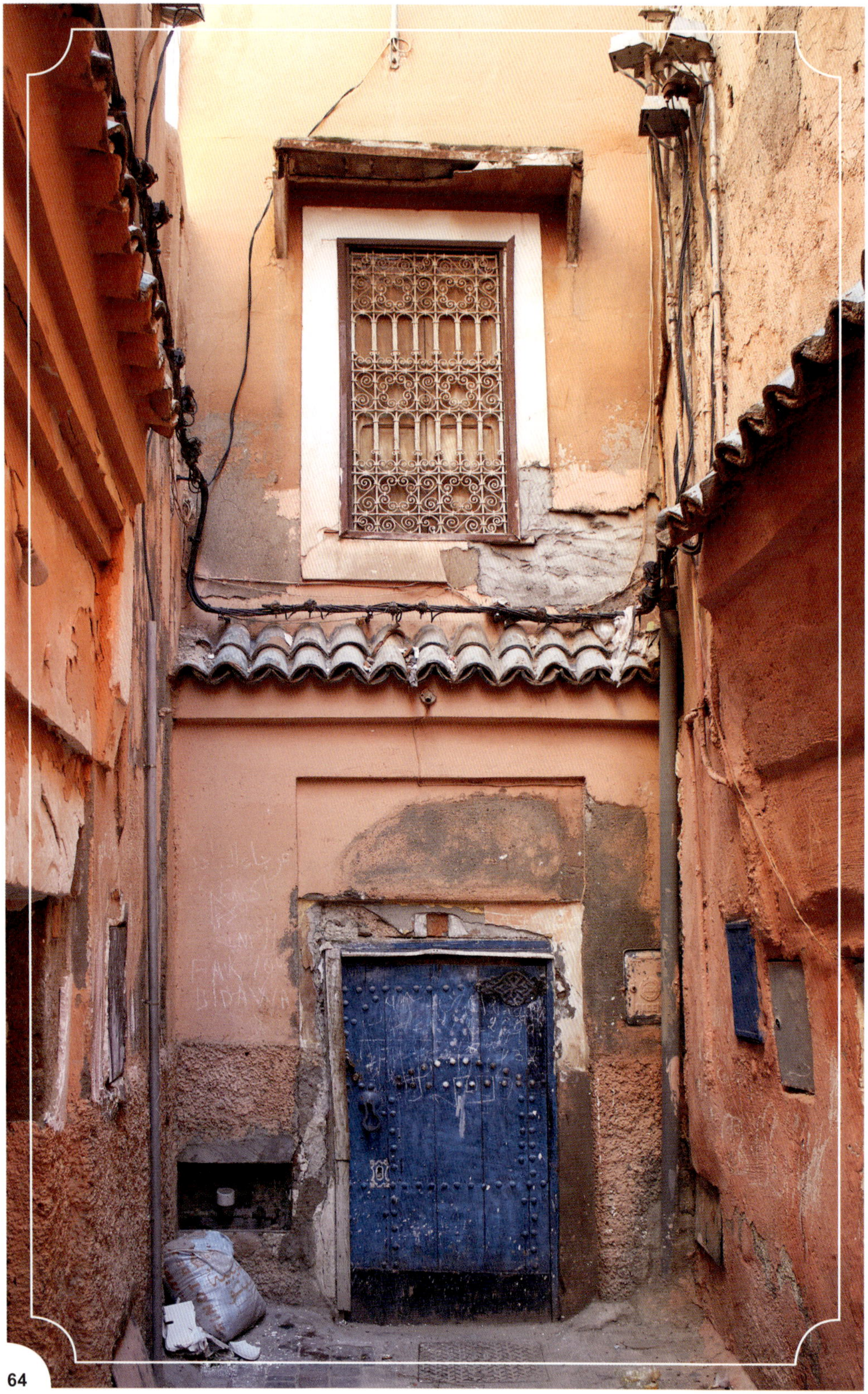

MEDINA

Die Medina ist ein Labyrinth aus Gassen, Tunneln und kleinen Plätzen. Ich habe keine Chance. Immer wieder verlaufe ich mich. Aber im schlimmsten Fall trifft man auf die Stadtmauer – dann weiß ich, dass ich wieder umdrehen und direkt in die Medina zurückgehen kann. Irgendwann werde ich dann wieder am Djeema el-Fna ankommen und wissen, wo ich bin. Organisiertes Chaos auf hohem Niveau.

RÜCKEN

16 M mit A und Nd Nr. 3 anschl.
1 R re str = RückR.
Zu B wechseln: 1 R re – 1 R li str.
Zu A wechseln: 2 R re str.

Zu B wechseln und nun mit Strumpfnd weiter str: 16re – 3 neue M an der schmalen Seite der Arbeit heraus str – 16 M aus dem Anschlag str – 3 neue M aus der 2. schmalen Seite str.
Ab hier in Runden str: 38re.

Mit A str:
Rd 1: *1re – 1 neue re – 14re – 1 neue re – 2re – 1 neue re – 1re – 1 neue re – 1re*. Von * bis * wdh = 46 M.
Rd 2: 46li.
Mit B str:
Rd 3: *1re – 1 neue re – 16re – 1 neue re – 2re – 1 neue re – 3re – 1 neue re – 1re*. Von * bis * wdh = 54 M.
Rd 4: 54re.
B abschneiden.

Mit A str:
Rd 5: *1re – 1 neue re – 18re – 1 neue re – 1re – Markierung setzen – 1re – 1 neue re – 5re – 1 neue re – 1re – Markierung*. Von * bis * wdh = 62 M.
Rd 6: 62li.

Weiter im Muster str und mit den Zun in den ‚Ecken', 1 M vor und 1 M nach der Markierung, fortsetzen. Immer in der 1. R der Streifen (jede 2. R) zun.
Muster: Mit C 2 R re (glatt) str. Mit A 1 R re – 1 R li (kraus re) str.
Nach 5(5)6(6) glatt gestrickten C-Streifen C abschneiden.

C durch D ersetzten.
Im Muster mit den Zun weiter str.
Nach 6(6)7(8) glatten D-Streifen D abschneiden.

D durch E ersetzten.
Im Muster mit den Zun weiter str.

Direkt nach 7(9)10(11) glatten E-Streifen enden.
Es sind nun 342(374)422(454) M auf der Nd.
Die Fäden abschneiden.

Seit Beginn der Runden sind insg 20(22)25(27) glatte Streifen gestrickt.

Um den unteren Rand zu str, ist es notwendig M auf der Nd zu verschieben, ohne sie zu str.
Die zuletzt gestrickten 79(87)99(107) M (= kurze Seite des Rückenrechtecks) auf eine 2. Nd heben.
Über diese M ohne Zun hin und her str.
Mit einer HinR beg.

2 R re mit A und 1 R re – 1 R li mit E str.
Weiter str, bis der Rand 8(6)3(1) glatt gestrickte E-Streifen hat = insg 15(15)13(12) glatt gestrickte E-Streifen.
Direkt nach einem E-Streifen enden.
Die Fäden abschneiden.
Die M für den Rand stilllegen.

Auch die restlichen RückenM stilllegen.
Bei jeder Markierung einen neuen Faden oder eine Hilfsnd zum Stilllegen verwenden.

LINKES VORDERTEIL

16 M mit Nd Nr. 3 und B anschl.
1 R li str = RückR
Zu A wechseln: 2 R re str.

Zu B wechseln:
2 neue M aus der Seite der Arbeit heraus str – 16re – 2 neue M aus der Seite der Arbeit heraus str.
Wenden. In Reihen hin und her str.
RückR: 1re – 18li – 1re.

Mit A str:
Reihe 1: 1re – 1 neue re – 1re – Markierung – 1re – 1 neue re – 14re – 1 neue re – 1re – Markierung – 1re – 1 neue re – 1re = 24 M.
Reihe 2: 24re.

Mit B str:
Reihe 3: 2re – 1 neue re – 2re – 1 neue re – 16re – 1 neue re – 2re – 1 neue re – 2re = 28 M.
Reihe 4: 1re – 26li – 1re.
B abschneiden.

Nun das Muster mit A und C und Zun str, bis 5(5)6(6) glatte C-Streifen gestrickt sind.

Das Muster mit A und D und Zun str, bis 6(6)7(8) glatte D-Streifen gestrickt sind.

Das Muster mit A und E und Zun str, bis 7(9)10(11) glatte E-Streifen gestrickt sind.
Es sind nun 172(188)212(228) M auf der Nd.
Direkt nach einem E-Streifen enden.

Den unteren Rand im Muster ohne Zun über die ersten 40(44)50(54) M str, bis für den Rand 8(6)3(1) glatte E-Streifen gestrickt sind = insg 15(15)13(12) glatte E-Streifen.
Direkt nach dem letzten E-Streifen enden.
Den Faden abschneiden.
Die M für den Rand stilllegen.
Auch die restlichen VorderteilM stilllegen.
Die M bei den Markierungen teilen und auf 2 verschiedene Fäden oder Hilfsnadeln heben.

RECHTES VORDERTEIL

Bis zum Rand wie das linke Vorderteil str.
Den Faden abschneiden.

Um den unteren Rand zu str, ist es notwendig M auf der Nd zu verschieben, ohne sie zu str.
Die letzten 40(44)50(54) M auf eine zweite Nd heben und ab der Markierung den Rand str.
In den HinR ohne Zun über diese 40(44)50(54) M str, bis 8(6)3(1) glatte E-Streifen gestrickt sind = insg 15(15)13(12) glatte E-Streifen.
Den Faden abschneiden. Die M stilllegen. Auch die restlichen VorderteilM wie am linken Vorderteil stilllegen.

ÄRMEL

14(16)20(22) M mit Nd Nr. 3 und E anschl.
1 RückR li str, dabei die erste und letzte M re str.

MUSTER:
2 R mit A str.
1 R re – 1 R li mit E str.

Gr. S:
Das Muster wdh, bis insg 5 E-Streifen gestrickt sind.

Alle Gr.:
ZUNAHME mit A str: 1re – 1 neue re – re bis zur letzten M str – 1 neue re – 1re.
1 R re str.
Das Muster weiter str und Zun in jeder 8. R str, bis es 68(72)74(76) M sind.

Weiter str, bis insg 58(57)55(54) krause Rippen mit A gestrickt sind.
Den letzten E-Streifen str.
Der Ärmel misst ca. 49(48)46(45)cm.
Die Fäden abschneiden.
Die ÄrmelM stilllegen.

Den zweiten Ärmel genauso str.
Die Fäden abschneiden, die M nicht stilllegen.

PASSE
Mit den M der kurzen Seiten des Rückens und der Vorderteile (= gegenüber den Rändern), sowie der Ärmel weiterarbeiten.

Von der Außenseite mit A und Nd Nr. 3 str:
Reihe 1: 40(44)50(54) M des rechten Vorderteils re str – weiter über 68(72)74(76) ÄrmelM str – 79(87)99(107) RückenM str – die 68(72)74(76) M des 2. Ärmels str – 40(44)50(54) M des linken Vorderteils str = 295(319)347(367) M.
Reihe 2: 295(319)347(367)re.

Abnahmen mit E str:
Reihe 3: 37(41)47(51)re – 2re verschr zus – 1re – Markierung – 1re – 2re zus – 62(66)68(70)re – 2re verschr zus – 1re – Markierung – 1re – 2re zus – 73(81)93(101)re – 2re verschr zus – 1re – Markierung – 1re – 2re zus – 62(66)68(70)re – 2re verschr zus – 1re – Markierung – 1re – 2re zus – 37(41)47(51)re = 287(311)339(359) M.
Reihe 4: 1re – 285(309)337(357)li – 1re.

Das Muster mit Abn in jeder HinR str, bis 4 E-Streifen gestrickt sind = 239(263)291(311) M.
Die äußersten 8 M an jeder Seite stilllegen.
Die Fäden abschneiden.

Das Muster mit Abn in jeder HinR weiter str. Am Anfang und Ende der nächsten 8 R 2 M zus str = 175(199)227(247) M.

Das Muster weiter str und nun die Abn für den Halsausschnitt noch 5(7)10(12)-mal nur in den HinR str = 125(129)127(127) M.

Die Abn an den Markierungen zw Ärmeln und Vorderteilen nun durch die Abn am Halsausschnitt ersetzen:
Am Anfang und Ende der nächsten 3 HinR 2re zus str und Abn an den restlichen 4 Stellen wie bisher str = 101(105)103(103) M.
Mit einer RückR enden.

Am Anfang der nächsten HinR 2 M abk, Abn nur am Rücken str, keine Abn am Ende der R str.
Am Anfang der nächsten R 2 M abk - R zu Ende str = 93(97)95(95) M.

Gr. S(M): Die Rückenabnahmen in der HinR und das Abketten am Anfang der nächsten 2 R wdh = 85(89) M.

Alle Gr.:
Die Fäden abschneiden.

HALSRAND
Die äußeren 8 M der Vorderteile wieder mitstricken.

Mit Nd Nr. 2½ und A eine HinR str:
Die ersten 8 M des rechten Vorderteils re str - 22(24)26(28) neue M aus dem Halsausschnitt heraus str - die M, die auf der Nd sind mit Abn str = 81(85)91(91)re - 22(24)26(28) neue M aus dem Halsausschnitt heraus str - die letzten 8 M re str = 141(149)159(163) M.

9 R re str.
In einer HinR alle M abk

RECHTES SEITENTEIL
Das rechte Seitenteil mit A und Nd Nr. 3 str.
Das rechte Vorderteil wieder auf eine Nd heben.

Mit einer HinR am Handgelenk beg und M entlang des rechten Ärmels heraus str: 2 M aus dem ersten E-Streifen str.
Danach aus jeder A-Rippe und jedem glatt gestrickten E-Streifen 1 M str.
Jedoch aus jedem 4. E-Streifen 2 M heraus str.
D.h. aus 4 glatten E-Streifen und 4 A-Rippen ergeben sich = 9 M.
Über den gesamten Ärmel sind das = 132(130)125(123) M.
2 M aus dem Übergang zum Vorderteil str und die 92(100)112(120) VorderteilM str.

M aus dem unteren Rand str:
Gr. S(M)L: 2 M aus der ersten A-Rippe str. Danach je 1 M aus den glatten E-Streifen und aus jeder A-Rippe str. Zum Schluss 2 M aus dem letzten E-Streifen str = 18(14)6 M
Gr. (XL): 4 M aus dem unteren Rand str.

Es sind nun insg 244(246)245(249) M auf der Nd.
Eine RückR re str.

Reihe 1 (HinR): 130(128)123(121)re – 2re verschr zus – 2re – 2re zus – 108(112)116(122)re.
Reihe 2: 1re – 240(242)241(245)li – 1re.
Reihe 3: 129(127)122(120)re – 2re verschr zus – 1re – Markierung – 1re – 2re zus – 107(111)115(121)re.
Reihe 4: 240(242)241(245)re.

Das Muster weiter str und dabei insg 14(12)12(10)-mal in jeder HinR, 1 M vor und 1 M nach der Markierung, Abn str wie oben beschrieben = 216(222)221(229) M.

Weitere 5(9)13(17) R im Muster ohne Abn str.
Den Faden abschneiden. Die M stilllegen.

Nun das Rückenteil des rechten Seitenteils str:
Die M der rechten Rückenseite wieder auf die Nd heben.
Zuerst in einer HinR 18(14)6(4) M aus dem unteren Rand der rechten Rückenseite str:

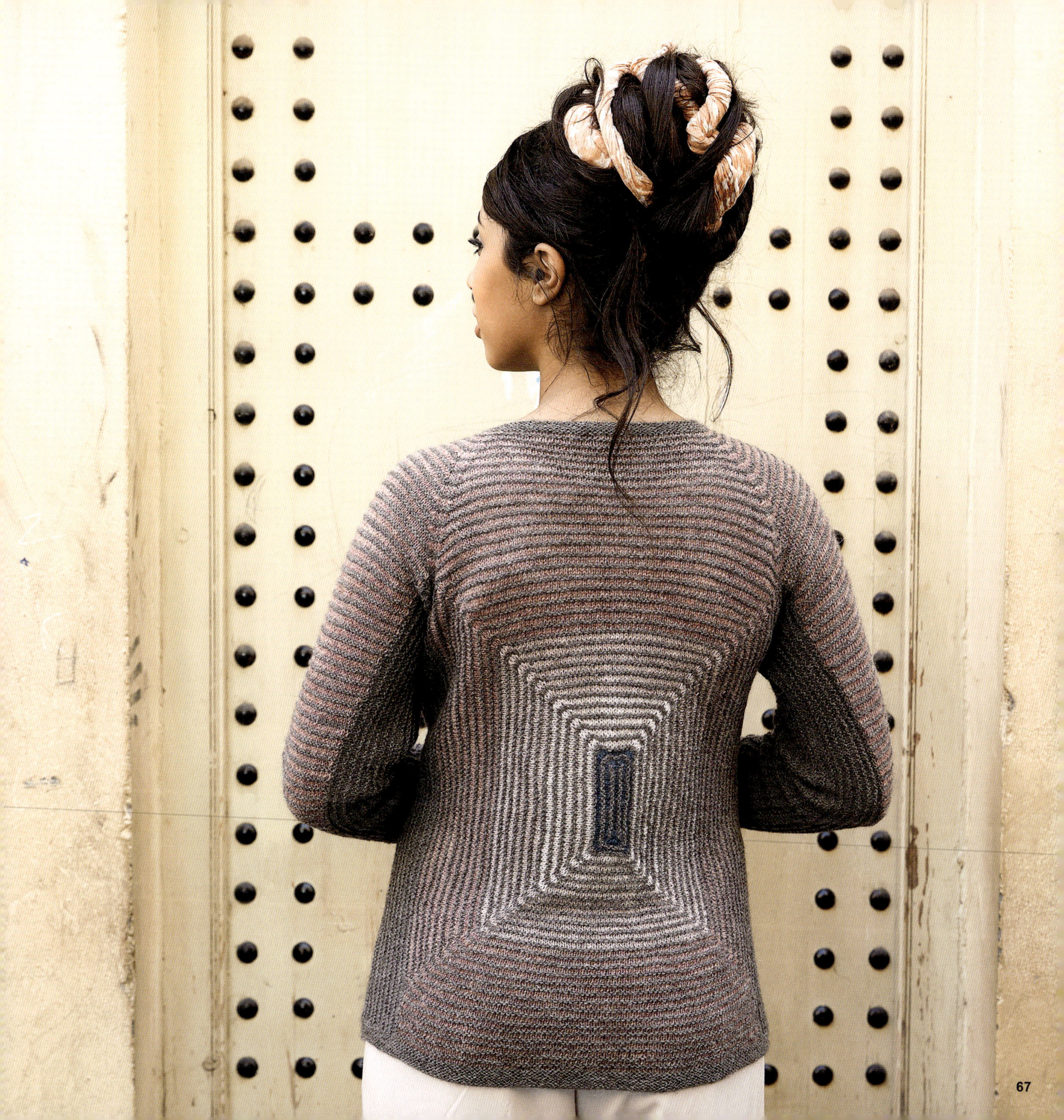

Je 2 M aus dem ersten glatten E-Streifen und der letzten A–Rippe str. Je 1 M aus den E-Streifen und A-Rippen dazwischen str.
Die 92(100)112(120) RückenM str.
1 M aus dem Übergang zum Ärmel str – Markierung setzen – 1 weitere M aus dem Übergang str.
132(130)125(123) M entlang des Ärmels heraus str (wie an der anderen Seite).
Es sind nun insg 244(246)245(249) M auf der Nd.

Wie das erste Seitenteil mit Abn, 1 M vor und 1 M nach der Markierung, fertig str.

Den Faden mit 5 m Länge abschneiden.
Er wird später für das Zusammenstricken der Seitenteile benötigt.

ÄRMELRAND
Unten am Ärmel M von der Außenseite mit A und Nd Nr. 2½ heraus str.
17(17)19(19) M aus dem Ende des Seitenteils str:
1 M aus der letzten R des Seitenteils + 1 M aus je 2 R + 1 ExtraM aus jedem 4. glatten Streifen str.

12(14)18(20) M aus dem Ärmelanschlag str.
17(17)19(19) M aus dem Seitenteil str.
Es sind insg 46(48)56(58) M.
ZUNAHME: 2 M aus der ersten Masche str.
Auch 2 M aus der letzten M str = RM für das Zusammennähen = 48(50)58(60) M.

8 R re str.
In einer HinR abk.

ZUSAMMENSTRICKEN DER SEITENTEILE
Die 2 Seitenteile mit den Außenseiten aneinanderlegen.
Mit einer dritten Nd die gegenüberliegenden M zus str und gleichzeitig mit dem 5 m langen Faden abk.

LINKES SEITENTEIL
Wie das rechte Seitenteil str – aber spiegelverkehrt.

UNTERER RAND
Die M der Vorderteile und des Rückens wieder auf eine Nd heben.

In einer HinR mit Nd Nr. 2½ und A über die Vorderteile und den Rücken re str und neue M aus den Seitenteilen heraus str.
40(44)50(54) M des linken Vorderteils re str.
33(33)37(37) M aus dem Seitenteil str = je 1 M aus 2 R.
79(87)99(107) RückenM str.
33(33)37(37) M aus dem Seitenteil str.
40(44)50(54) M des rechten Vorderteils str.

Es sind insg 225(241)273(289) M.
11 R re str.
In einer HinR alle M abk.

LINKER VORDERRAND
M von der Außenseite des linken Vorderteils mit Nd Nr. 2½ und A heraus str.
5 M aus dem Halsrand str.
Entlang des vorderen Rands bis zur AnschlagR je 1 M aus 2 R str = 47(51)57(61) M.
14 M aus dem Anschlag str.
55 M bis zum unteren Rand heraus str.
7 M aus dem unteren Rand str.

Das sind insg 128(132)138(142) M.
9 R re str.
Alle M abk.

RECHTER VORDERRAND
M von der Außenseite des rechten Vorderteils mit Nd Nr. 2½ und A heraus str.
7 M aus dem unteren Rand str.
55 M bis zur AnschlagsR heraus str.
14 M aus dem Anschlag str.
47(51)57(61) M bis zum Halsrand heraus str.
5 M aus dem Halsrand str.

Es sind insg 128(132)138(142) M.
4 R re str.
In der RückR Knopflöcher str:
2(2)1(2)re – *2re zus – U – 14(15)17(17) re*. Von * bis * wdh. Enden mit 2re zus – U – 12(9)2(5)re.
4 R re str.
Alle M abk.

FERTIGSTELLUNG
Die Fäden vernähen.
Den Schlitz der Ärmelränder zusammennähen.
Die Knöpfe annähen.

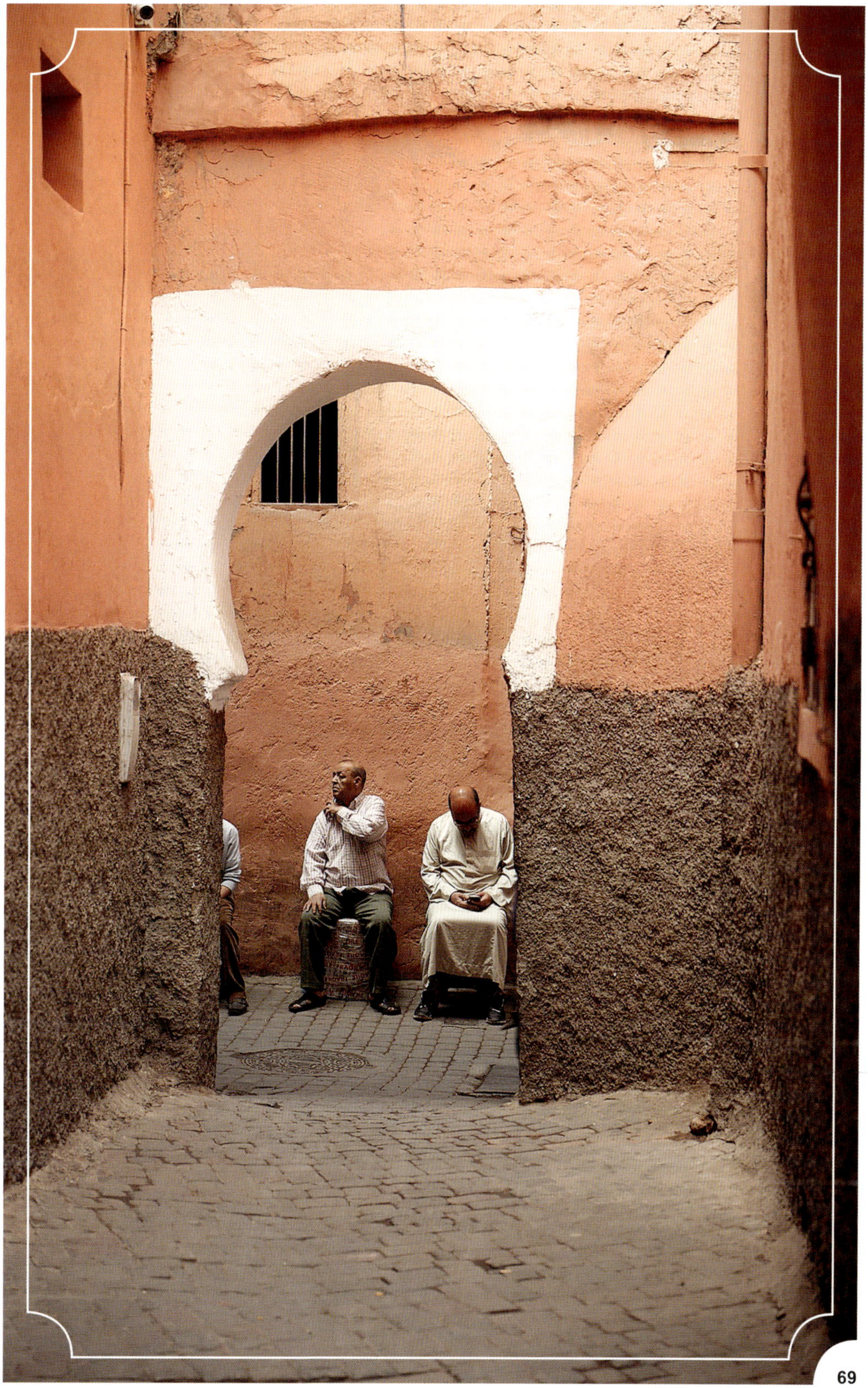

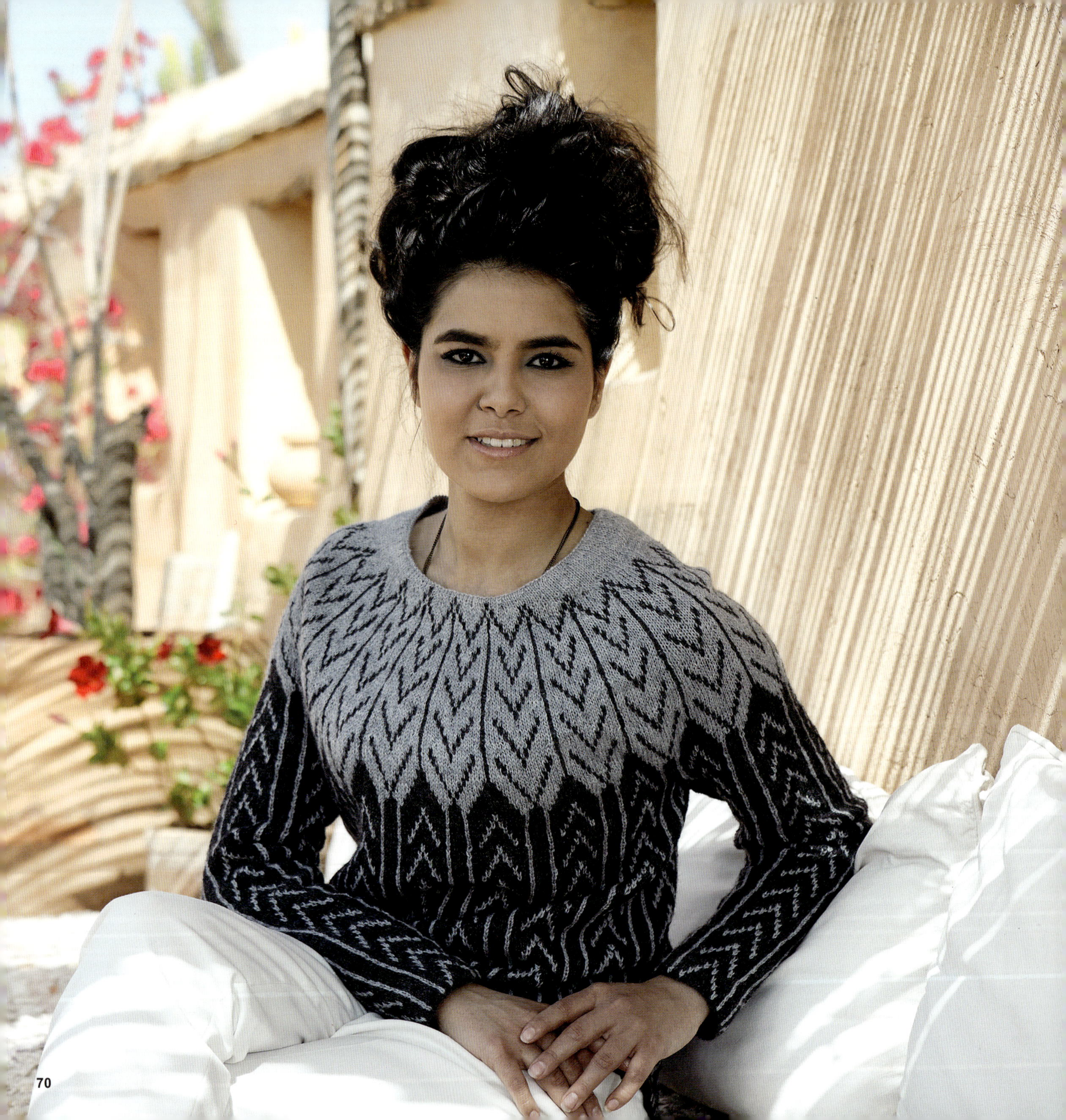

Fez

Gr.: S (M) L (XL)

Halbe Oberweite: 46 (52) 52 (59) cm
Länge: 60 (60) 63 (63) cm
Innere Ärmellänge: 42 cm

Material
A: 200 (200) 200 (250) g Isager Highland Farbe Charcoal
B: 150 (150) 200 (250) g Isager Alpaca 2 Farbe 3s

Empfohlene Strumpfnadeln Nr. 2½ + 3½ und Rundnadeln Nr. 2½, 3 und 3½

Maschenprobe im Muster mit Nd Nr. 3½: 10 cm = 29 M und 33 R

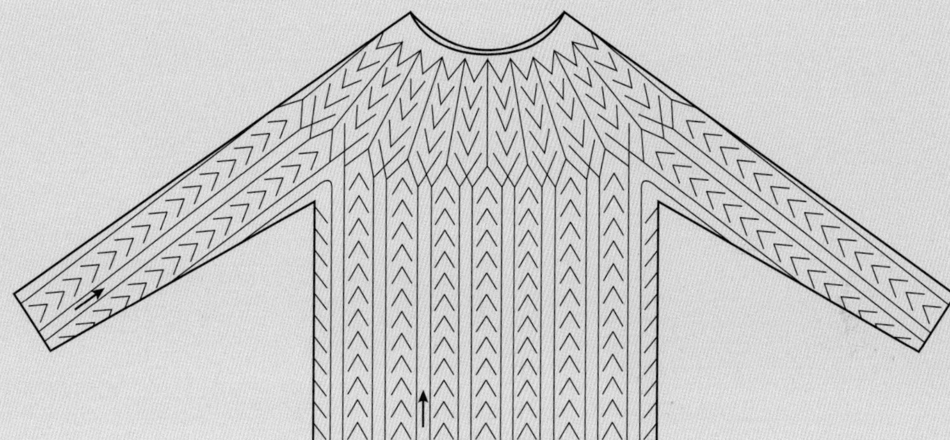

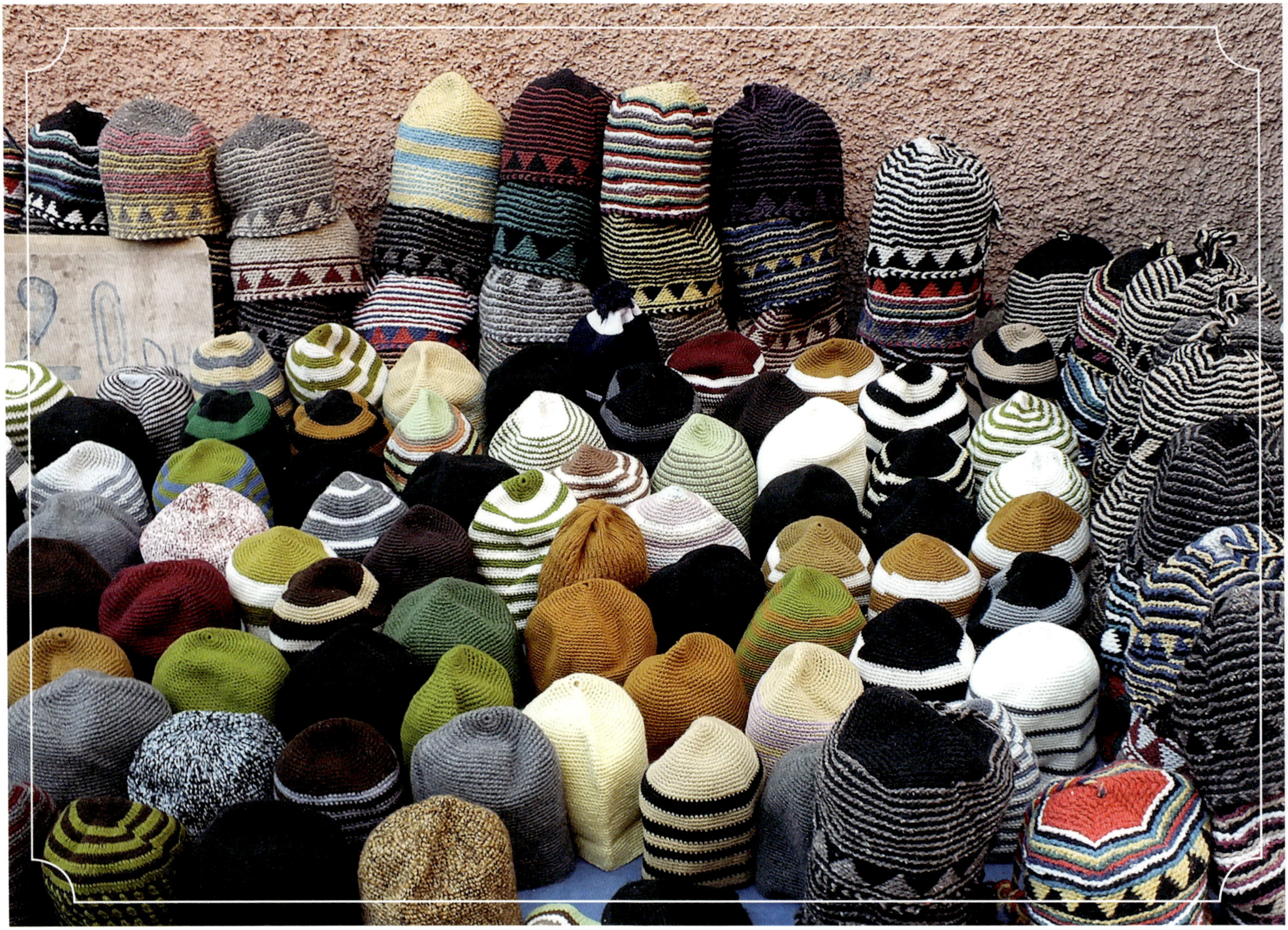

FEZ

Diese gehäkelten Mützen werden haufenweise auf den Märkten in Marrakesch verkauft. Sie lassen sich in unzähligen Ausführungen finden: einfarbig, mehrfarbig gemustert und mit Lochmuster. „Kufi“ ist der korrekte Name dafür.

KÖRPER
252(288)288(324) M mit Nd Nr. 2½ und A anschl.

Beleg: 12 Rd glatt re str.
Zunahme str: *1 neue re – 18re*. Von * bis * wdh = 266(304)304(342) M.
1 Rd li str.

Zu Nd Nr. 3½ wechseln.
Die DiagrammRd 1 – 10 insg 11-mal str.
Die Arbeit misst ab Beleg ca. 33 cm.

In der nächsten Rd laut DiagrammRd 1 str und dabei für die Armausschnitte abk: 19 M abk – 114(133)133(152) M str (die 1. M ist bereits auf der Nd) – 19 M abk – 114(133)133(152) M str (die 1. M ist bereits auf der Nd).
Die Fäden abschneiden.
Den Körper zur Seite legen und die Ärmel str.

ÄRMEL
51 M mit Nd Nr. 2½ und A anschl.

Beleg: 12 Rd glatt re str.
Zun str: *1 neue re – 8re – 1 neue re – 9re*. Von * bis * wdh = 57 M.
1 Rd li str.

Zu Strumpfnd Nr. 3½ wechseln.
Laut Diagramm str. Bei den Pfeilen je nach Größe beg.

Ings 6(6)4(4) Rd str.
Zun str: 1re – 1 neue re – laut Diagramm str, bis nur noch 0(0)1(1) M auf der Nd sind – 1 neue re – 0(0)1(1)re.
Die neuen M mit in das Diagramm einfügen.
Die 1(1)2(2) M zw den Zun den gesamten Ärmel in der Grundfarbe str.

Die DiagrammRd 1 - 10 wdh.
Zun in jeder 7.(7.)5.(5.) Rd wdh, bis insg 95(95)113(113) M auf der Nd sind.

Weiter str, bis die DiagrammRd 1 - 10 insg 14-mal gestrickt sind.
Die Arbeit misst ab Beleg ca. 42 cm.

In der nächsten Rd laut DiagrammRd 1 str und dabei für die Armausschnitte abk: 10(10)9(9) M abk – 76(76)95(95) M laut Diagramm str (die 1. M ist bereits auf der Nd) – 9 M abk.
Die Fäden abschneiden.
Den zweiten Ärmel genauso str.

RUNDPASSE
Körper- und ÄrmelM zusammenfügen und dabei laut 2. DiagrammRd weiter str: 76(76)95(95) ÄrmelM – 114(133)133(152) VorderteilM – 76(76)95(95) ÄrmelM – 114(133)133(152) RückenM = 380(418)456(494) M.

3. - 10. DiagrammRd str.

Gr. S(M):
11. DiagrammRd str.
Gr. L(XL):
1. - 10. DiagrammRd erneut str.
11. Diagrammrunde str.

Alle Gr.:
Nachdem das gesamte Diagramm gestrickt ist, sind 160(176)192(208) M auf der Nd.
A abschneiden und nur mit B weiter str.

Mit verkürzten Reihen den Halsausschnitt formen.
Darauf achten, die gleiche Maschenprobe wie beim Musterstricken beizubehalten
Zu Nd Nr. 3 wechseln.

Reihe 1 (HinR): 17(17)25(25)re str. Wenden.
Reihe 2 (RückR): U über re Nd legen. 81(89)105(113)li str. Wenden.
Reihe 3: U - 81(89)105(113)re – den U mit der nächsten M re zus str – 3re. Wenden.
Reihe 4: U - 85(93)109(117)li – den U mit der nächsten M li verschr zus str – 3li. Wenden.

Weiterhin bis zum vorherigen U str, diesen mit der nächsten M zus str, weitere 3 M str und wenden, bis zwischen den Umschlägen in der vorderen Mitte 23 M sind.
Nach der letzten Wende eine HinR str: 137(153)169(185)re – den U mit der nächsten M re zus str – 21re – die nächste M mit dem U re verschr zus str – 92(104)112(124) re = der Rundenbeginn ist zw Rücken und linkem Ärmel.

BELEG
Zu Nd Nr. 2½ wechseln.

Abn str: *2re zus – 6(4)3(2)re*. Von * bis * wdh.
Gr. (M)L: Enden mit 2re zus = 140(146)153(156) M.

1 Rd li str.
8 Rd re str.
Zu Nd Nr. 3 wechseln.
4 Rd re str.
In einer HinR locker abk.

FERTIGSTELLUNG
Die Belege von Körper, Ärmeln und Halsrand auf die Innenseite umlegen und annähen.
Am Armausschnitt die Ärmel an den Körper nähen.
Die Fäden vernähen.

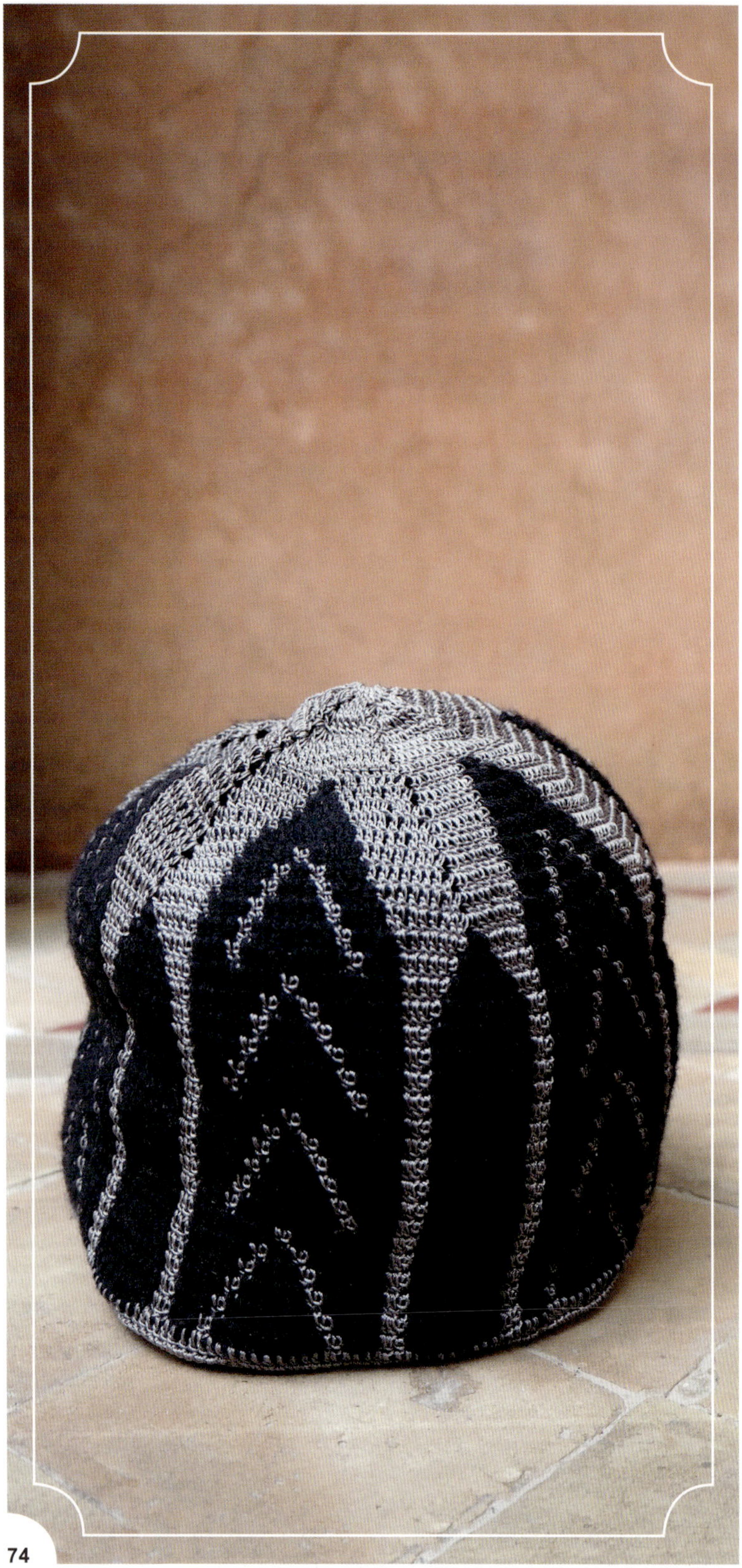

DIAGRAMM

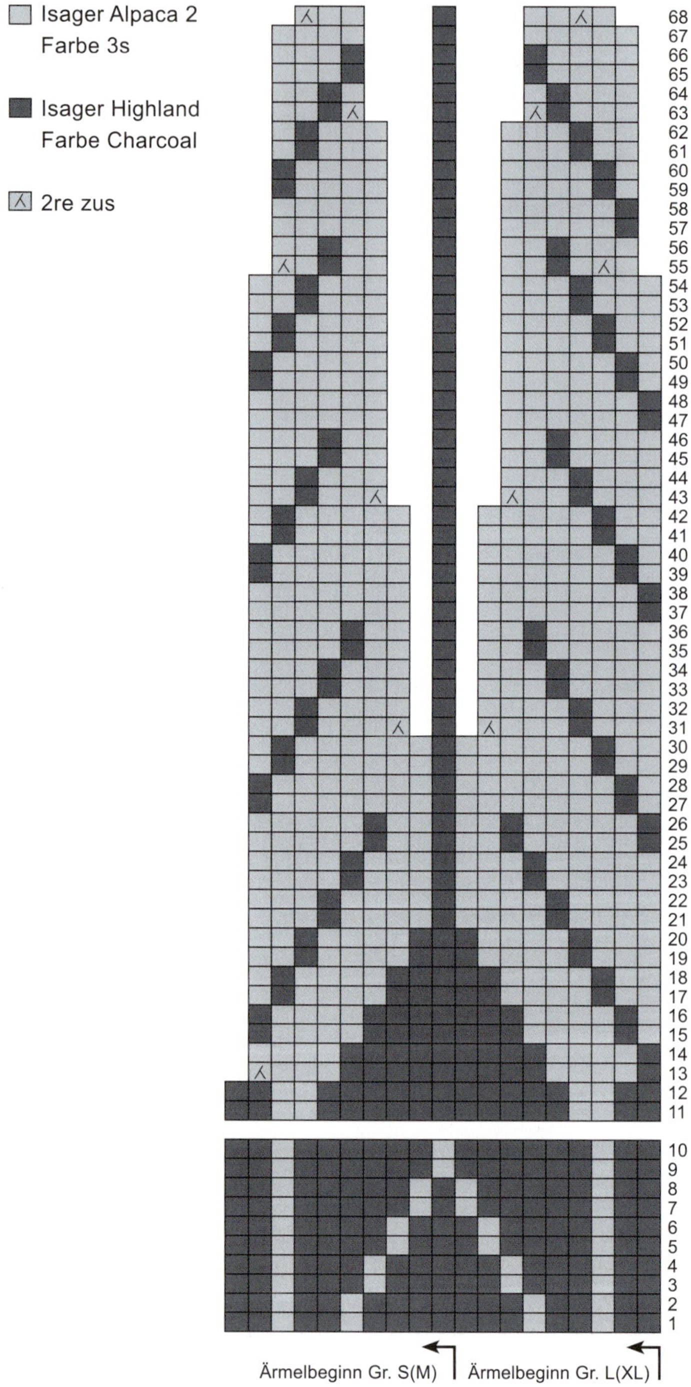
Isager Alpaca 2
Farbe 3s
Isager Highland
Farbe Charcoal
2re zus
68
67
66
65
64
63
62
61
60
59
58
57
56
55
54
53
52
51
50
49
48
47
46
45
44
43
42
41
40
39
38
37
36
35
34
33
32
31
30
29
28
27
26
25
24
23
22
21
20
19
18
17
16
15
14
13
12
11
10
9
8
7
6
5
4
3
2
1
Ärmelbeginn Gr. S(M)
Ärmelbeginn Gr. L(XL)

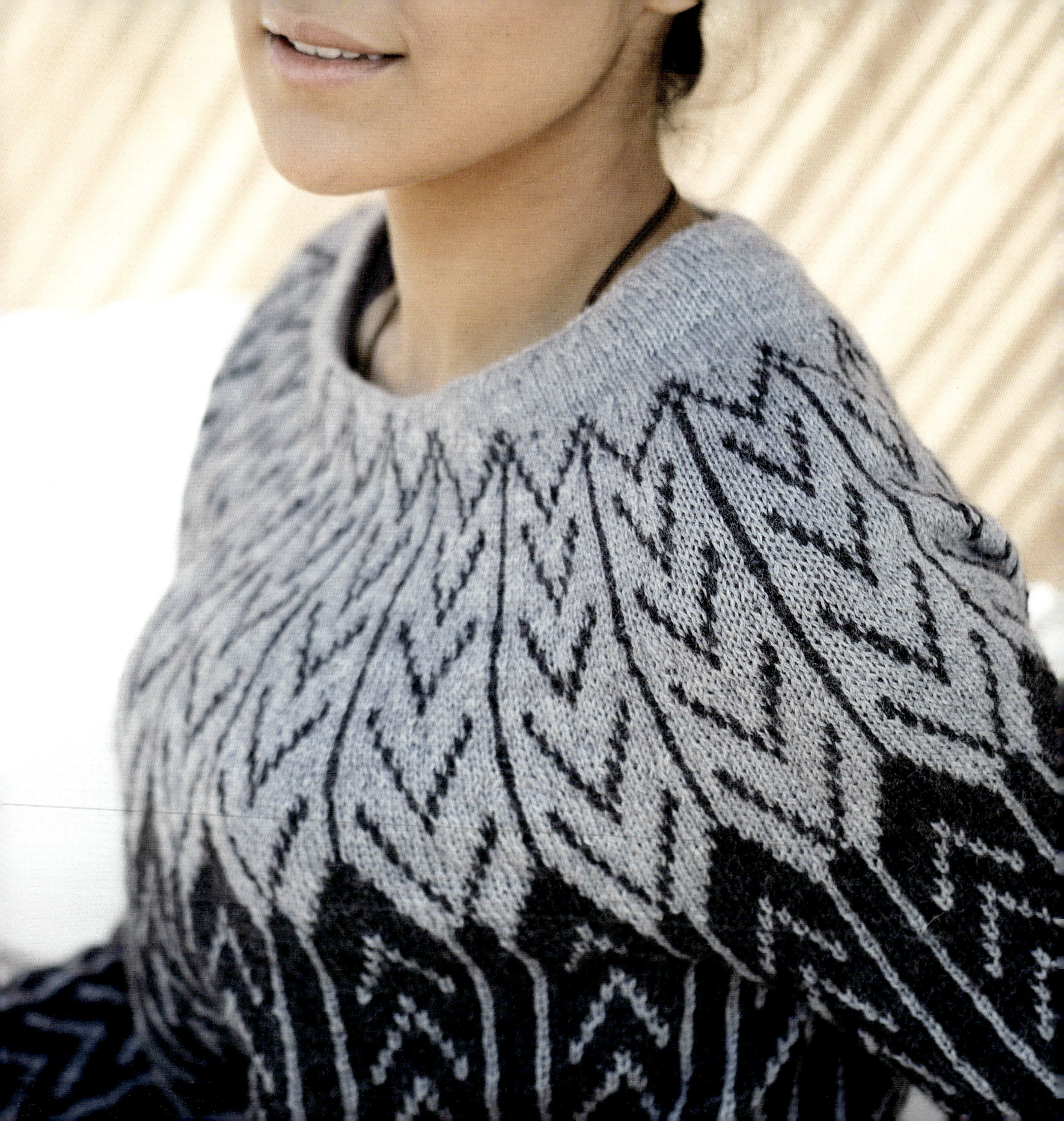

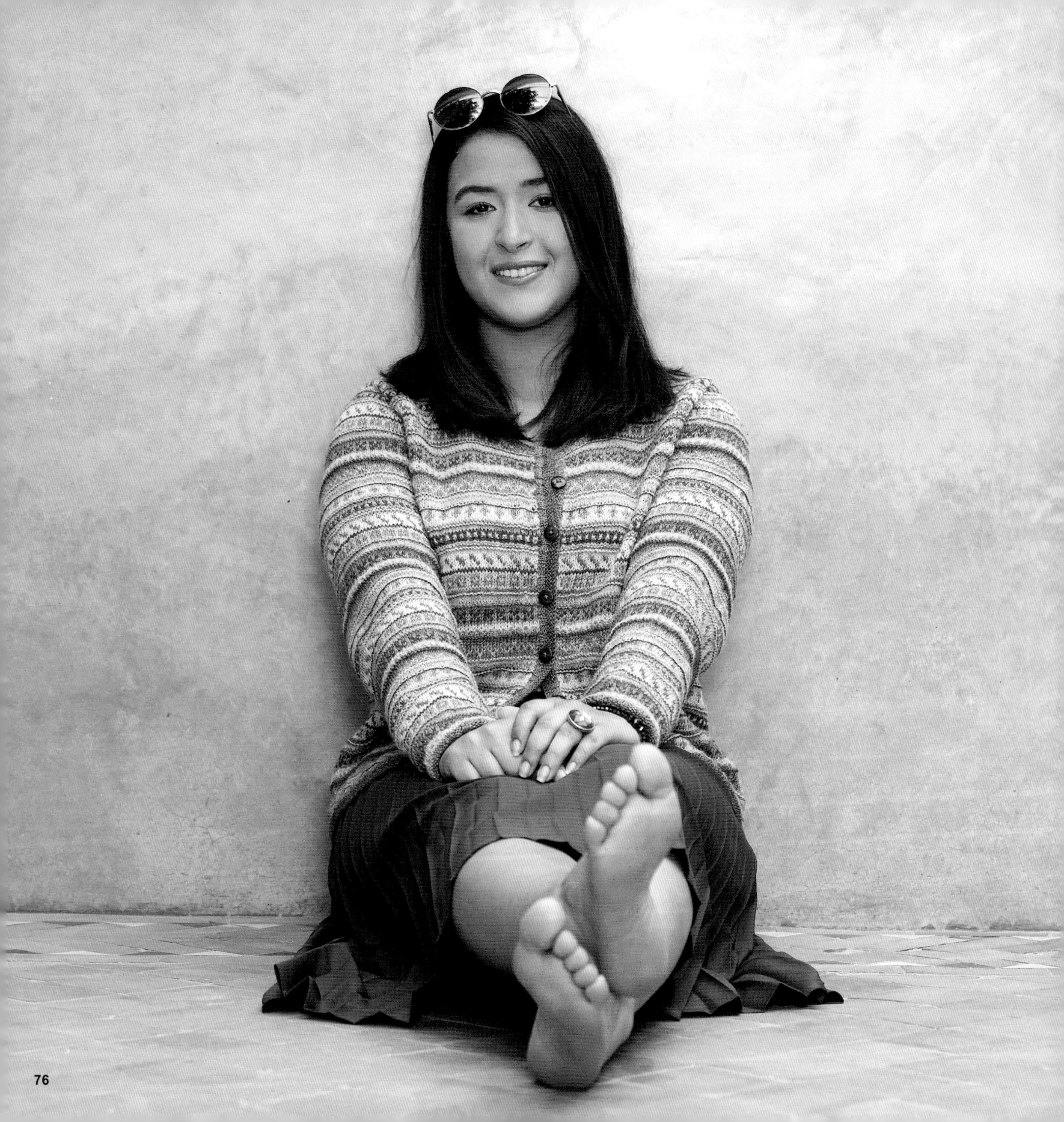

Mosaik

Gr.: S (M) L (XL)

Halbe Oberweite: 46 (50) 54 (58) cm
Länge: 58 (58) 59 (60) cm
Innere Ärmellänge: 42 cm

Material
A: 50 g Isager Highland Farbe Ocean
B: 50 (100) 100 (100) g Isager Highland Farbe Stone
C: 50 g Isager Alpaca 2 Farbe 46s
D: 50 g Isager Highland Farbe Ice Blue
E: 50 g Isager Highland Farbe Sky
F: 50 g Isager Tvinni Farbe 60s
G: 50 g Isager Tvinni Farbe 10s
H: 50 g Isager Highland Farbe Sand

8 (8) 9 (9) Knöpfe

Empfohlene Rund- und Strumpfnadeln Nr. 2½ und 3

Maschenprobe glatt gestrickt mit Nd Nr. 3
10 cm = 28 M und 36 R

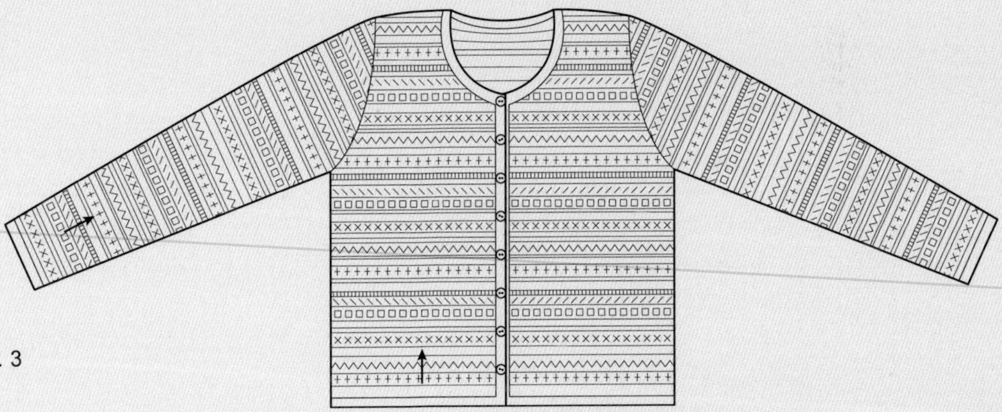

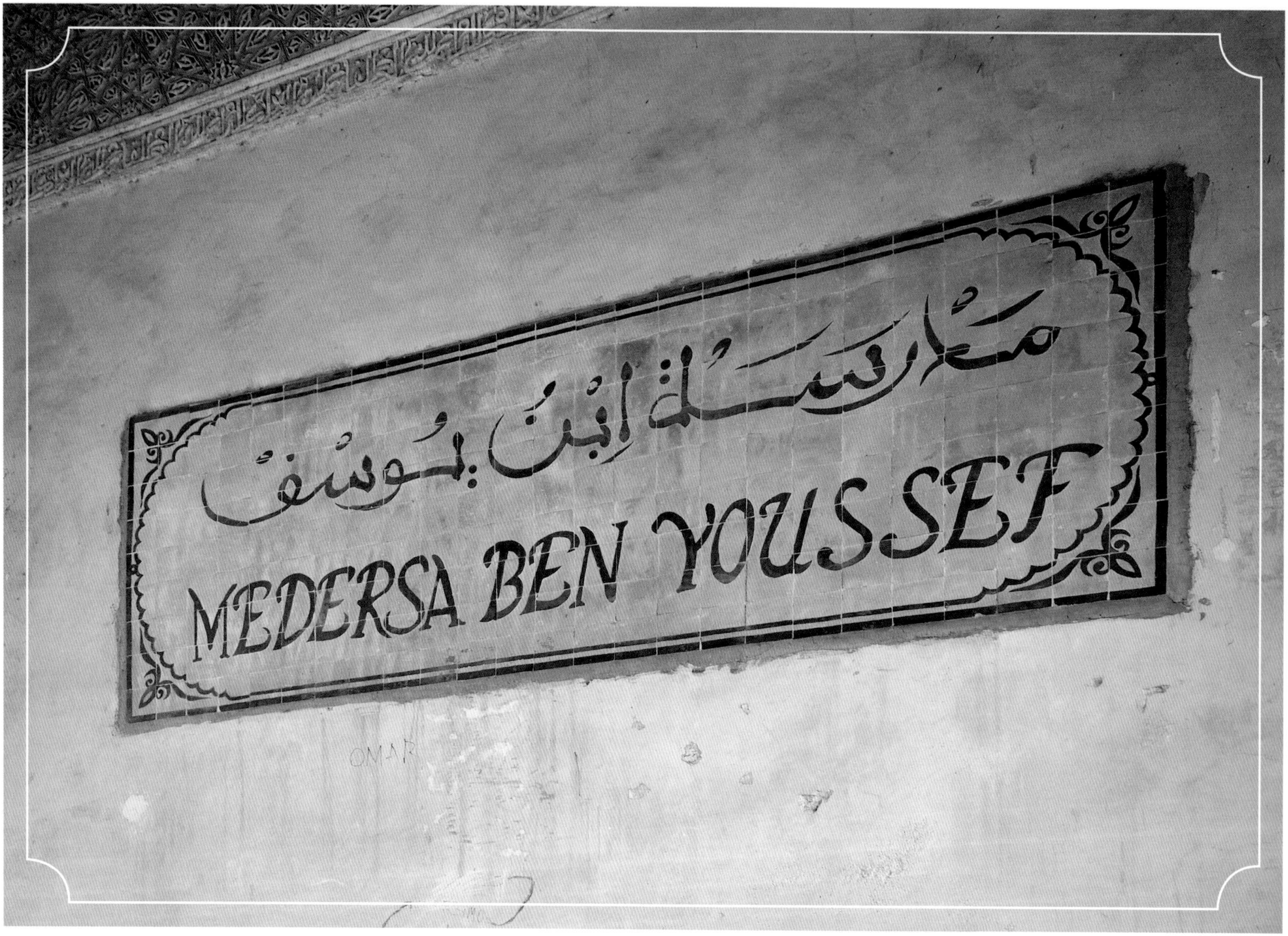

MOSAIK

*Mosaike herzustellen ist eine alte Handwerkstradition, die in Marokko bewahrt wird.
Die 450 Jahre alte Koranschule Medersa Ben Youssef in Marrakesch beherbergt die fantastischsten Mosaike auf Wänden und Fußböden.
Muster und Farben, die zusammen die schönsten Mosaike bilden.*

KÖRPER

Es ist von Vorteil die Fadenenden bereits zwischendurch zu verweben.

235(257)275(297) M mit Nd Nr. 2½ und A anschl.
5 R re str. Die erste R ist eine RückR.
Den Faden abschneiden.

Mit B Rippen str.
Reihe 1 (HinR): 1(2)1(2)re – *3li – 2re*. Von * bis * wdh. Enden mit 3li – 1(2)1(2)re.
Reihe 2: 1re – 0(1)0(1)li – *3re – 2li*. Von * bis * wdh. Enden mit 3re – 0(1)0(1)li – 1re.
Reihe 1 - 2 noch einmal str.
Den Faden abschneiden.

1 R re mit C str.
In der RückR Zun str: 3(3)2(2)re – *1 neue re – 10re*. Von * bis * wdh. Enden mit 1 neue re – 2(4)3(5)re = 259(283)303(327) M.
Den Faden abschneiden.

Zu Nd Nr. 3 wechseln.
Nun beginnt das Muster.

Mit D und E laut Diagramm 1 str.
Mit einer HinR beg.
Die Fäden abschneiden.

1 RückR re mit F str. Den Faden abschneiden.
3 R glatt re mit G str. Den Faden abschneiden.
2 R re mit H str. Mit einer RückR beg.
Den Faden abschneiden.

1 RückR re mit B str.
Mit B und C laut Diagramm 2 str.
Mit einer HinR beg.
Die Fäden abschneiden.

2 R re mit A str. Mit einer HinR beg.
Den Faden abschneiden.

2 R glatt re mit H str.
Den Faden NICHT abschneiden.

Ein Hebemaschenmuster mit G str:
Reihe 1 (HinR): *1re – 1abhFH*. Von * bis * wdh. Enden mit 1re.
Reihe 2: *1re – 1abhFV*. Von * bis * wdh. Enden mit 1re.
Den Faden abschneiden.

1 R re mit H str. Den Faden abschneiden.

1 RückR li mit E str.
Mit E und F laut Diagramm 3 str.
Mit einer HinR beg.
Die Fäden abschneiden.

1 RückR re mit B str. Den Faden abschneiden.
3 R glatt mit C str. Den Faden abschneiden.

2 R re mit A str. Mit einer RückR beg.
Den Faden abschneiden.

1 RückR li mit H str.
Mit H und B laut Diagramm 4 str.
Mit einer HinR beg.
Die Fäden abschneiden.

Eine HinR re mit F str. Den Faden abschneiden.

Eine RückR li mit D str.
Mit D und A laut Diagramm 5 str.
Mit einer HinR beg.
Die Fäden abschneiden.

2 R re mit E str. Mit einer RückR beg.
Den Faden abschneiden.
Eine RückR re mit G str. Den Faden abschneiden.

2 R glatt mit F str. Den Faden NICHT abschneiden.

Hebemaschenmuster mit C str:
Reihe 1 (RückR): *1re – 1abhFH*. Von * bis * wdh. Enden mit 1re.
Reihe 2: *1re – 1abhFV*. Von * bis * wdh. Enden mit 1re.
Den Faden abschneiden.

1 R re mit F str. Den Faden abschneiden.

2 R glatt mit H str. Mit einer RückR li beg.
Den Faden abschneiden.
Eine RückR re mit A str. Den Faden abschneiden.
2 R re mit C str. Den Faden abschneiden.

Das Muster noch einmal str.
Mit D und E laut Diagramm 1 beg.

Wenn das gesamte Muster zum zweiten Mal gestrickt ist, noch einmal wie folgt str:
Mit D und E laut Diagramm 1 str. Den Faden abschneiden.
Eine RückR re mit F str. Den Faden abschneiden.
3 R glatt mit G str. Den Faden abschneiden.
2 R re mit H str. Den Faden abschneiden.

Der Körper misst ca. 36 cm.

Für die Armausschnitte mit B abk (RückR): 61(66)70(74)re – 7(9)11(15)re abk – 123(133)141(149)re (die 1. M ist bereits auf der Nd) – 7(9)11(15)re abk – die letzten 61(66)70(74) M re str (die 1. M ist bereits auf der Nd).

RECHTES VORDERTEIL

Im Muster weiter str und dabei am Anfang der RückR für den Armausschnitt abk:
4 M abk = 57(62)66(70) M.
2-mal 3 M abk = 51(56)60(64) M.
2(3)4(4)-mal 2 M abk = 47(50)52(56) M.
3(4)4(5)-mal 1 M abk = 44(46)48(51) M.

Ohne abzuketten 6(4)6(4) R im Muster str.
Der Armausschnitt misst 6(6½)7½(7½) cm.

Für den Halsausschnitt am Anfang der HinR abk:
4 M abk = 40(42)44(47) M.
3 M abk = 37(39)41(44) M.
3-mal 2 M abk = 31(33)35(38) M.
4(4)6(7)-mal 1 M abk = 27(29)29(31) M.

Gr. S:
Ohne abzuketten weiter str, bis Diagramm 2

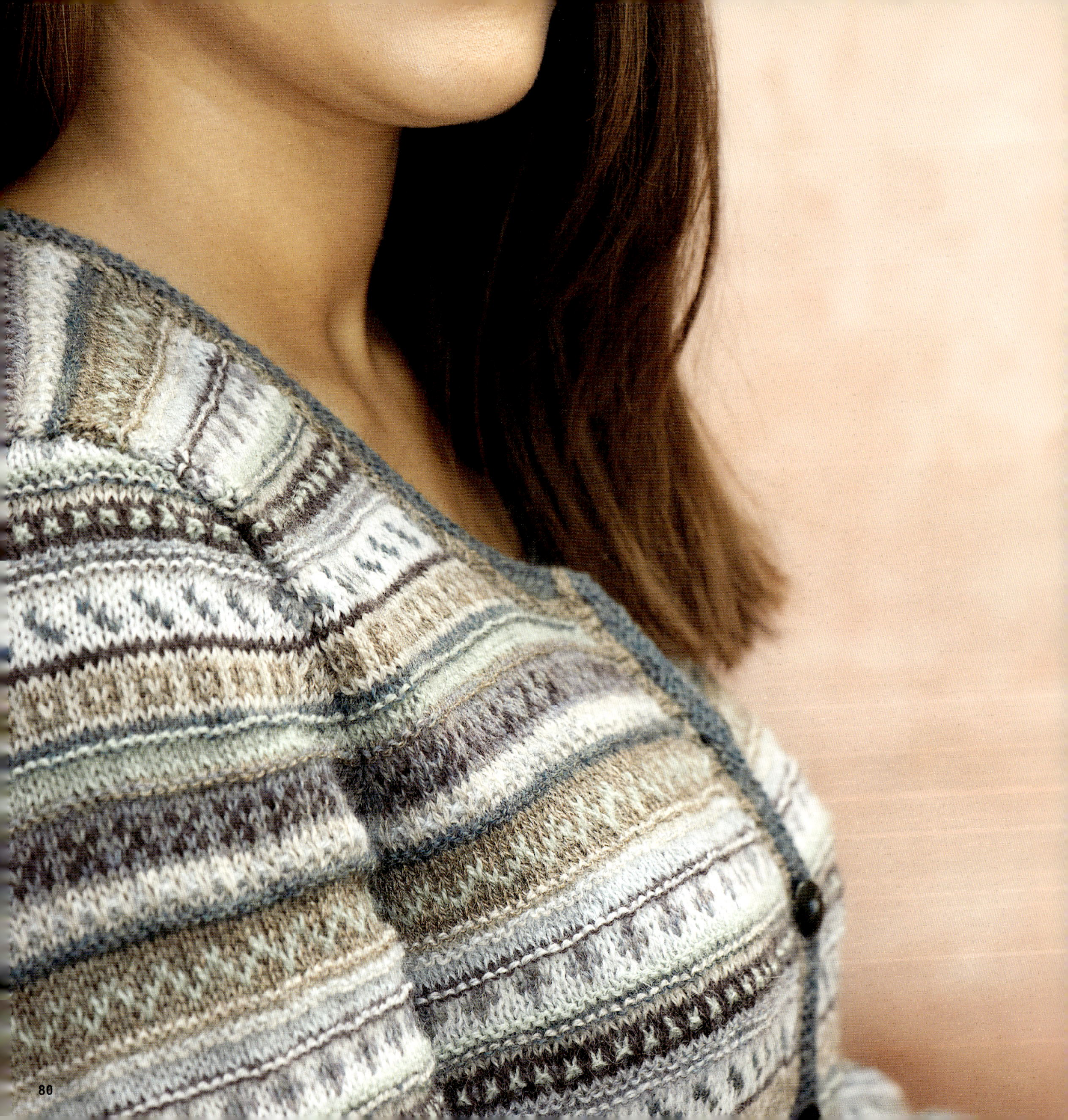

fertig gestrickt ist.
2 R re mit A str.

Gr. (M)L:
Ohne abzuketten weiter str, bis das Hebemaschenmuster mit H und G fertig gestrickt ist.
2 R re mit H str.

Gr. (XL):
Ohne abzuketten weiter str, bis Diagramm 3 fertig gestrickt ist.

Alle Gr.:
Der Armausschnitt misst ca. 18(19)19(21)cm.
Die Maschen stilllegen.

LINKES VORDERTEIL
Im Muster weiter str.
In einer HinR mit dem Abketten für den Armausschnitt beg.
Wie am rechten Vorderteil abk.

Ohne abzuketten 6(4)6(2) R im Muster str.

Für den Halsausschnitt mit dem Abketten in der RückR beg.
Wie das rechte Vorderteil fertig str.

RÜCKEN
Im Muster weiter str.
Mit einer HinR beg und am Anfang jeder R für die Armausschnitte abk:
Beidseitig am Anfang der R 3 M abk = 117(127)135(143) M.
Beidseitig am Anfang der R 3(4)5(5)-mal 2 M abk = 105(111)115(123) M.
Beidseitig am Anfang der R 9(10)10(11)-mal 1 M abk = 87(91)95(101) M.

Im Muster weiter str, bis der Rücken die gleiche Länge hat wie die Vorderteile.
Die mittleren 33(33)37(39) M stilllegen.
Es sind an beiden Seiten nun 27(29)29(31) M für die Schultern. Jede Schulter für sich fertig str.

Jede Schulter mit 5 R im Muster beenden.
Den letzten Faden nicht abschneiden.

Der Armausschnitt misst ca. 19(21)21(22)cm.

Die VorderteilM wieder auf eine Nd heben.
Beide Vorderteile und die entsprechenden Rückenschultern mit den Außenseiten aneinanderlegen.
Mit einer dritten Nd die gegenüberliegenden M zus str und gleichzeitig dabei abk.

ÄRMEL
50(55)55(60) M mit Nd Nr. 2½ und A anschl.
5 R re hin und her str. Den Faden abschneiden.

Nun mit Strumpfnd Nr. 2½ in Runden str.
4 Rd Rippen mit B str: 1re – *3li – 2re*. Von * bis * wdh. Enden mit 3li – 1re.
Den Faden abschneiden.

Mit C str.
Zun str: 5(3)3(2)re – *1 neue re – 8re*. Von * bis * wdh. Enden mit 1 neue re – 5(4)4(2)re = 56(62)62(68) M.
1 Rd li str.
Den Faden abschneiden.

Zu Strumpfnd Nr. 3 wechseln.
Das Muster an den Ärmeln wird etwas anders als am Körper gestrickt.

2 Rd re mit H str. Den Faden NICHT abschneiden.

Hebemaschenmuster mit G str:
Runde 1: *1re – 1abhFH*. Von * bis * wdh.
Runde 2: *1li – 1abhFH*. Von * bis * wdh.
Den Faden abschneiden.

1 Rd re mit H str. Den Faden abschneiden.

1. Zun mit E: 1re – 1 neue re – bis zur letzten M re str – 1 neue re – 1re = 58(64)64(70) M.
Mit E und F Diagramm 3 str.
Die Fäden abschneiden.

1 Rd li mit B str. Den Faden abschneiden.

2. Zun mit C: 1 Rd re mit Zun wie zuvor str.
2 Rd re str. Den Faden abschneiden.

Mit A str: 1 Rd li – 1Rd re. Den Faden abschneiden.

1 Rd re mit H str.
3. Zun in der 1. R des Diagramms 4 mit H und B str.
Die Fäden abschneiden.

1 Rd re mit F str. Den Faden abschneiden.

1 Rd re mit D str.
4. Zun in der ersten R des Diagramms 5 mit D und A str.
Die Fäden abschneiden.

Mit E str: 1 Rd li – 1 Rd re. Den Faden abschneiden.

1 Rd li mit G str. Den Faden abschneiden.

5. Zun mit F: 1 Rd re mit Zun.
1 Rd re str. Den Faden nicht abschneiden.
Hebemaschenmuster mit C str:
Runde 1: *1re – 1abhFH*. Von * bis * wdh.
Runde 2: *1li – 1abhFH*. Von * bis * wdh.
Den Faden abschneiden.

1 Rd re mit F str. Den Faden abschneiden.
2 Rd re mit H str. Den Faden abschneiden.
1 Rd li mit A str. Den Faden abschneiden.
Mit C str: 1 Rd re – 1 Rd li. Den Faden abschneiden.

6. Zun in der ersten R des Diagramms 1 mit D und E str.
Die Fäden abschneiden.

1 Rd li mit F str. Den Faden abschneiden.

7. Zun mit G: 1 Rd re mit Zun str.
2 Rd re str. Den Faden abschneiden.

Mit H str: 1 Rd li – 1 Rd re. Den Faden abschneiden.

1 Rd li mit B str.

8. Zun in der ersten R des Diagramms 2 mit B und C str.
Die Fäden abschneiden.

9. Zun mit A: 1 Rd re mit Zun str.
1 Rd li str. Den Faden abschneiden.
Das Muster ist nun 1-mal gestrickt = 74(80)80(86) M.

Das Muster noch einmal str.
Mit 2 Rd H beg.
Die Zun in den gleichen Rd wie beim ersten Durchgang str = 92(98)98(104) M.

Gr. S(M):
Das Muster noch einmal str, aber nur mit der ersten Zun = 94(100) M.
Danach ohne Zun gerade weiter str. Direkt vor Diagramm 1 enden.
Der Ärmel misst ca. 42 cm.

Gr. L(XL):
Das Muster noch einmal str, aber nur mit den ersten 3 Zun = 104(110) M.
Danach ohne Zun gerade weiter str. Direkt vor Diagramm 1 enden.
Der Ärmel misst ca. 42 cm.

Alle Gr.:
Die ersten 2 R von Diagramm 1 mit D und E str, dabei den Ärmel für die Armkugel teilen: Am Anfang der Rd 3 M abk. Die Rd re zu Ende str und wenden.
In der RückR auch 3 M abk – die R li zu Ende str = 88(94)98(104) M.

Im Muster weiter str.
Dem Muster am Körper folgen, da nun auch der Ärmel in R hin und her gestrickt wird.
Beidseitig am Anfang der R 1(1)2(2)-mal 2 M abk = 84(90)90(96) M.

Insg 22(25)25(28)-mal am Anfang und Ende der HinR 2 re zus str = 40 M.
1 RückR str.

Beidseitig am Anfang der R 3-mal 2 M abk = 28 M.

Beidseitig am Anfang der R 2-mal 3 M abk = 16 M.
Die letzten M abk.
Den zweiten Ärmel genauso str.

HALSRAND
Die mittleren 33(33)37(39) RückenM auf die Nd heben.

Von der Außenseite 42(45)48(49) M mit einer Rundnd 2½ und B aus dem Halsausschnitt des rechten Vorderteils heraus str.
5 M aus der Schulter am Rücken str.
33(33)37(39) RückenM re str.
5 M aus der Schulter am Rücken str.
42(45)48(49) M aus dem Halsausschnitt des linken Vorderteils str = 127(133)143(147) M.

Gr. S(XL):
Reihe 1 (RückR): 1re – 1li – *3re – 2li*. Von * bis * wdh. Enden mit 3re – 1li – 1re.
Reihe 2: 2re – *3li – 2re*. Von * bis * wdh.
Reihe 1 noch einmal str. Den Faden abschneiden.

Gr. (M)L:
Reihe 1 (RückR): 3re – *2li – 3re*. Von * bis * wdh.
Reihe 2: 1re – 2li – *2re – 3li*. Von * bis * wdh. Enden mit 2re – 2li – 1re.
Reihe 1 noch einmal str. Den Faden abschneiden.

Alle Gr.:
5 R re mit A str.
In einer RückR rechts abk.

LINKER VORDERRAND
120(120)125(125) M von der Außenseite mit einer Rundnd 2½ und B aus dem linken Vorderteil + der Seite des Halsrands str.

Mit B in Rippen str.
Reihe 1 (RückR): 4re – *2li – 3re*. Von * bis * wdh. Enden mit 1re.
Reihe 2: 1re – *3li – 2re*. Von * bis * wdh. Enden mit 3li – 1re.
Reihe 1 noch einmal str.

5 R re mit A str.
In einer RückR rechts abk.

RECHTER VORDERRAND
120(120)125(125) M von der Außenseite mit einer Rundnd 2½ und B aus dem rechten Vorderteil + der Seite des Halsrands str.
3 R Rippen wie am linken Vorderrand str.
B abschneiden.

Knopflöcher mit A str: 11(11)2(2)re – *U – 2re verschr zus – 13re*. Von * bis * wdh. Enden mit U – 2re verschr zus – 2(2)1(1)re.
4 R re str.
In einer RückR rechts abk.

FERTIGSTELLUNG.
Die Ärmel vor dem Einnähen mit Nadeln in den Armausschnitt heften.
Von außen mit dem Matratzenstich einnähen.
Die Fäden vernähen.
Die Knöpfe annähen.

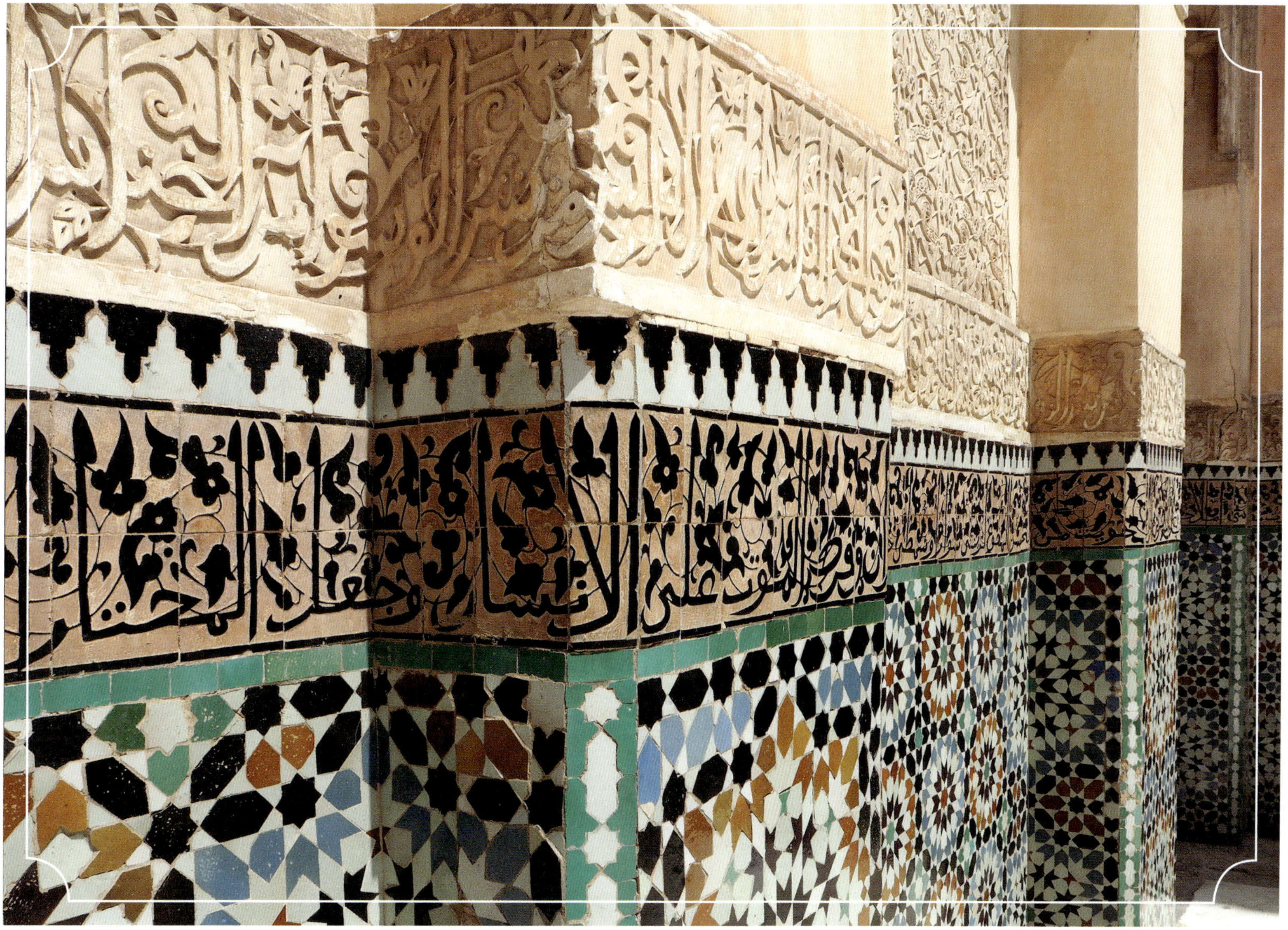

DIAGRAMM 1

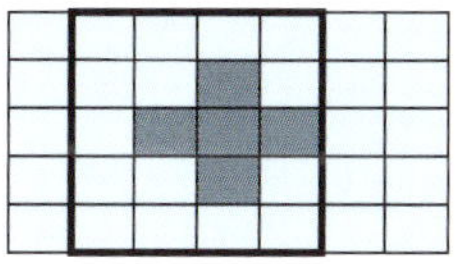

D

E

DIAGRAMM 2

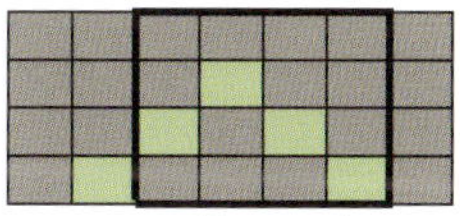

B

C

DIAGRAMM 3

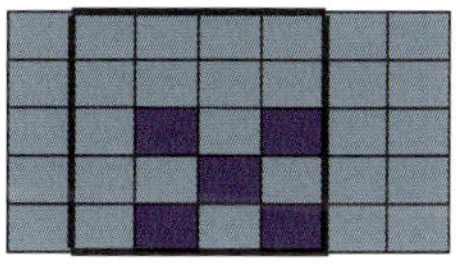

E

F

DIAGRAMM 4

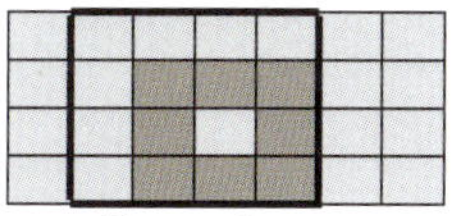

H

B

DIAGRAMM 5

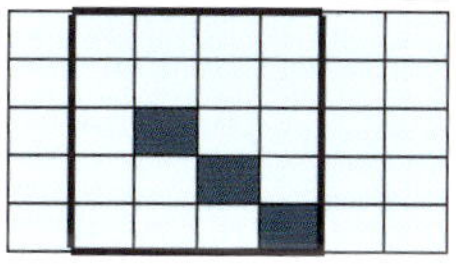

D

A

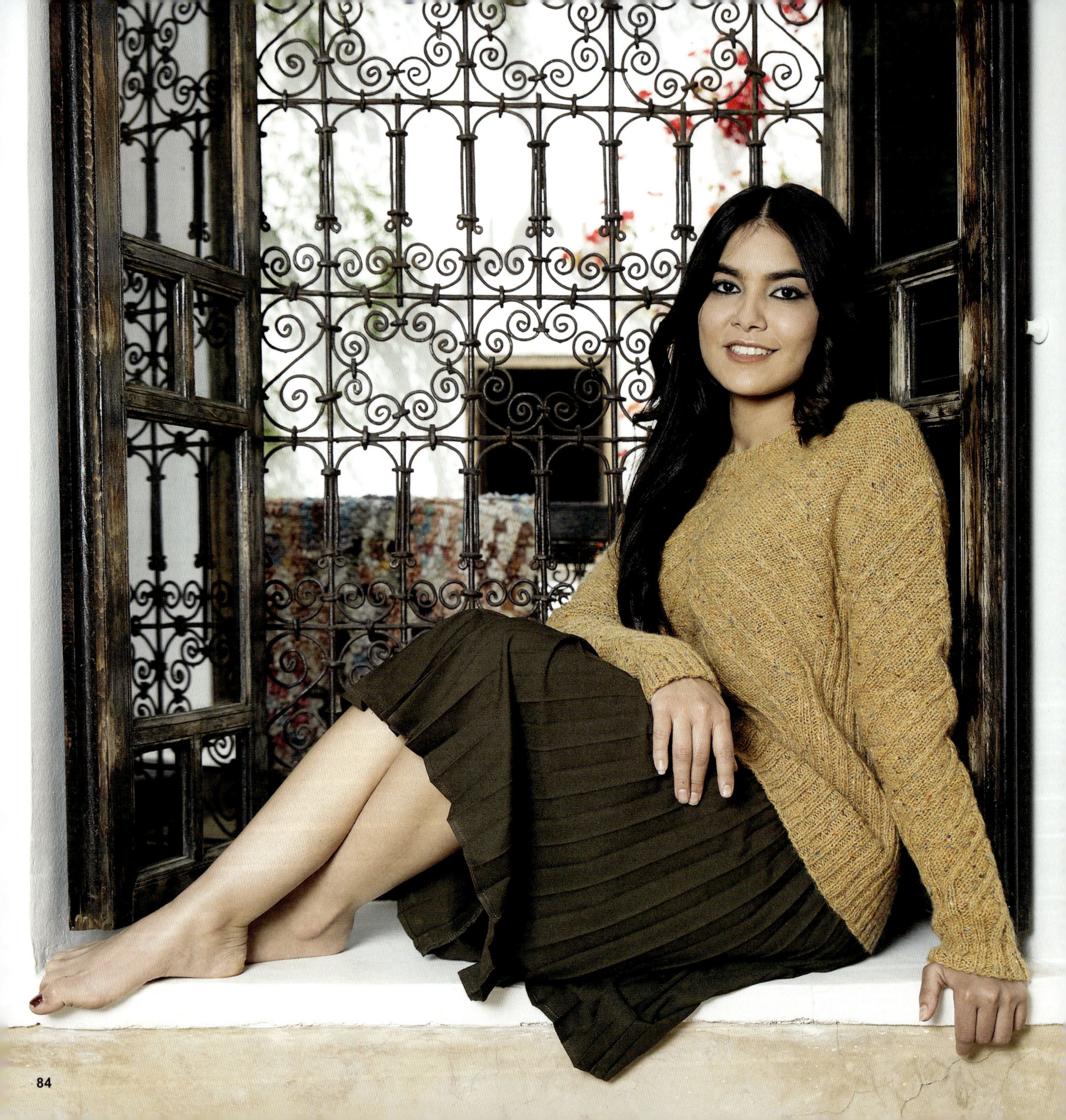

Tore

Gr.: S (M) L (XL)

Halbe Oberweite: 46 (50) 53 (57) cm
Länge: 60 (60) 65 (65) cm
Innere Ärmellänge: 42 cm

Material
250 (300) 300 (300) g Isager Tweed
Farbe Mustard
150 (150) 150 (200) g Isager Alpaca 1
Farbe 59
Mit je einem Faden beider
Qualitäten stricken

Empfohlene Rundnadeln Nr. 3½ und 4

Maschenprobe glatt gestrickt mit Nd Nr. 4:
10 cm = 20 M und 28 R
Maschenprobe im Muster mit Nd Nr. 4:
10 cm = 24 M und 28 R

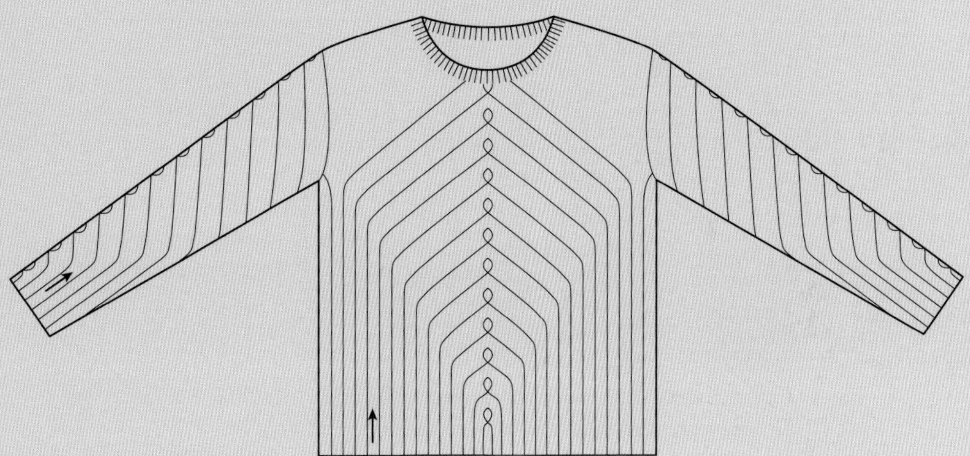

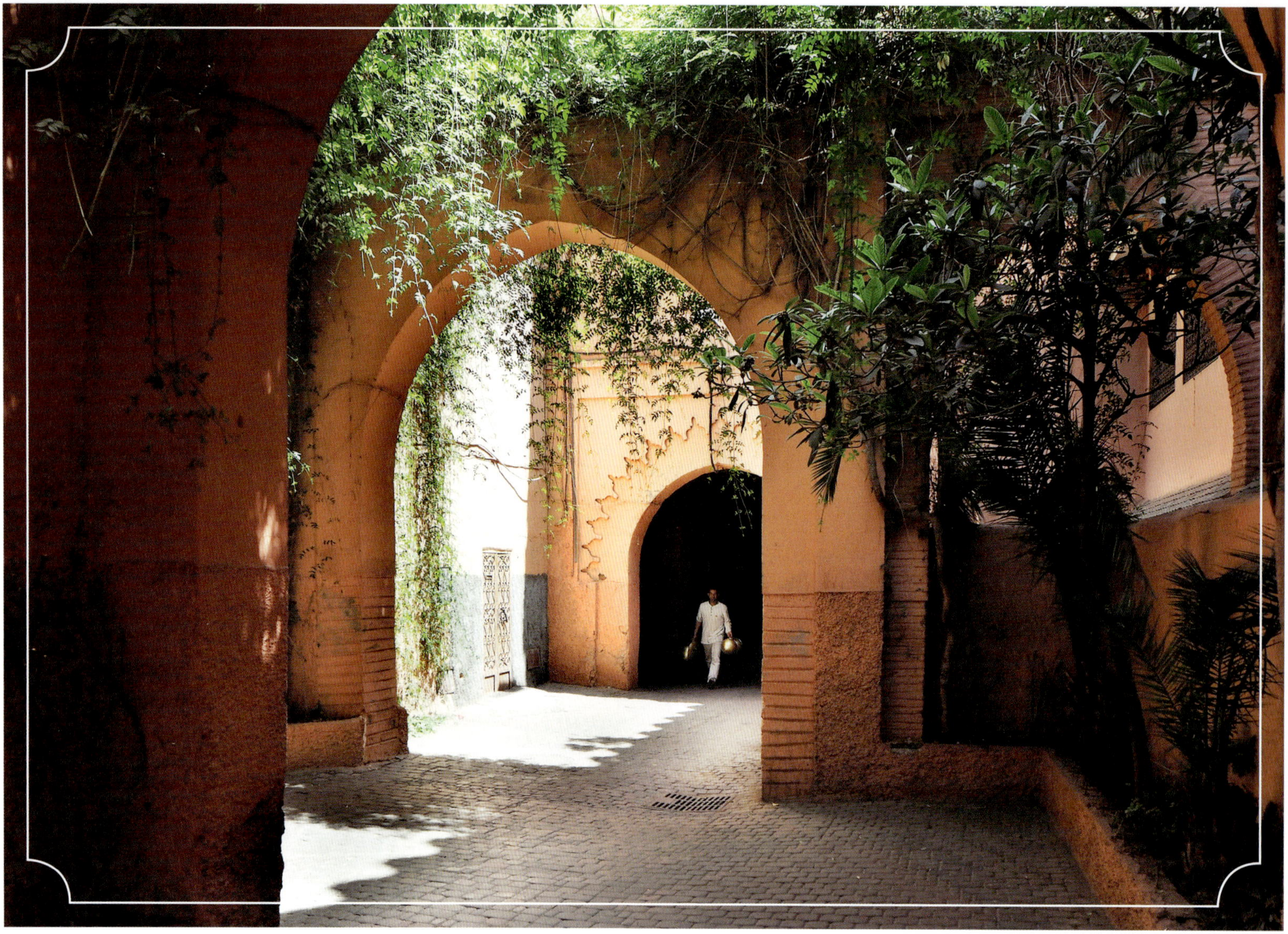

TORE

Die Straßen können lang und eng sein,
aber überall sind sie von Toren, Gewölben und Bögen unterbrochen, die zusammen einen sehr malerischen Eindruck machen.
Sie lassen mich nach oben blicken – vielleicht ist dies ihr Sinn.

A: 2 rechte M auf Hilfsnd vor die Arbeit legen – 2li str – die 2 M der Hilfsnd re str.
B: 2 linke M auf Hilfsnd hinter die Arbeit legen – 2re str – die 2 M der Hilfsnd li str.

RÜCKEN
110(118)126(134) M mit Nd Nr. 4 anschl.
In Reihen hin und her str.

RAND
Reihe 1 (RückR): 1re – 1li – *2re – 2li*. Von * bis * wdh. Enden mit 2re – 1li – 1re.
Reihe 2: *2re – 2li*. Von * bis * wdh. Enden mit 2re.
Reihe 3 - 8: Wie Reihe 1 - 2.
Reihe 9: Wie Reihe 1.

MUSTER
Reihe 1 (HinR): 52(56)60(64) M in Rippen wie bisher – DiagrammR 1 – 52(56)60(64) M in Rippen.
Reihe 2: 52(56)60(64) M – DiagrammR 2 – 52(56)60(64) M.
Reihe 3 - 8: 52(56)60(64) M – weiter laut DiagrammR 3 – 8 str – 52(56)60(64) M.

Nun (zum 1. Mal) von jeder Seite weitere 4 M dem mittleren Muster hinzufügen:
Reihe 9 (HinR): 48(52)56(60) M – A – 6li – B – 48(52)56(60) M.
Reihe 10: 48(52)56(60) M – 2re – 2li – 6re – 2li – 2re – 48(52)56(60) M.
Reihe 11: 48(52)56(60) M – 2li – A – 2li – B – 2li – 48(52)56(60) M.
Reihe 12: 48(52)56(60) M – 4re – 2li – 2re – 2li – 4re – 48(52)56(60) M.

Reihe 13: 48(52)56(60) M – 4li – DiagrammR 1 – 4li – 48(52)56(60) M.
Reihe 14: 48(52)56(60) M – 4re – DiagrammR 2 – 4re – 48(52)56(60) M.
Reihe 15: 48(52)56(60) M – 4li – DiagrammR 3 – 4li – 48(52)56(60) M.
Reihe 16: 48(52)56(60) M – 4re – DiagrammR 4 – 4re – 48(52)56(60) M.

Nun (zum 2. Mal) von jeder Seite weitere 4 M dem mittleren Muster hinzufügen:
Reihe 17: 44(48)52(56) M – A – 4li – DiagrammR 5 – 4li – B – 44(48)52(56) M.
Reihe 18: 44(48)52(56) M – 2re – 2li – 4re – DiagrammR 6 – 4re – 2li – 2re – 44(48)52(56) M.

Reihe 19: 44(48)52(56) M – 2li – A – 2li – DiagrammR 7 – 2li – B – 2li – 44(48)52(56) M.
Reihe 20: 44(48)52(56) M – 4re – 2li – 2re – DiagrammR 8 – 2re – 2li – 4re – 44(48)52(56) M.
Reihe 21: 44(48)52(56) M – 4li – A – 6li – B – 4li – 44(48)52(56) M.
Reihe 22: 44(48)52(56) M – 6re – 2li – 6re – 2li – 6re – 44(48)52(56) M.
Reihe 23: 44(48)52(56) M – 6li – A – 2li – B – 6li – 44(48)52(56) M.
Reihe 24: 44(48)52(56) M – 8re – 2li – 2re – 2li – 8re – 44(48)52(56) M.

Nun (zum 3. Mal) von jeder Seite weitere 4 M dem mittleren Muster hinzufügen:
Reihe 25: 40(44)48(52) M – A – 8li – DiagrammR 1 – 8li – B – 40(44)48(52) M.
Reihe 26: 40(44)48(52) M – 2re – 2li – 8re – DiagrammR 2 – 8re – 2li – 2re – 40(44)48(52) M.
Reihe 27: 40(44)48(52) M – 2li – A – 6li – DiagrammR 3 – 6li – B – 2li – 40(44)48(52) M.
Reihe 28: 40(44)48(52) M – 4re – 2li – 6re – DiagrammR 4 – 6re – 2li – 4re – 40(44)48(52) M.

Reihe 29: 40(44)48(52) M – 4li – A – 4li – DiagrammR 5 – 4li – B – 4li – 40(44)48(52) M.
Reihe 30: 40(44)48(52) M – 6re – 2li – 4re – DiagrammR 6 – 4re – 2li – 6re – 40(44)48(52) M.
Reihe 31: 40(44)48(52) M – 6li – A – 2li – DiagrammR 7 – 2li – B – 6li – 40(44)48(52) M.
Reihe 32: 40(44)48(52) M – 8re – 2li – 2re – DiagrammR 8 – 2re – 2li – 8re – 40(44)48(52) M.

Nun (zum 4. Mal) von jeder Seite weitere 4 M dem mittleren Muster hinzufügen:
Reihe 33: 36(40)44(48) M – A – 8li – A – 6li – B – 8li – B – 36(40)44(48) M.
Reihe 34: 36(40)44(48) M – 2re – 2li – 10re – 2li – 6re – 2li – 10re– 2li – 2re – 36(40)44(48) M.
Reihe 35: 36(40)44(48) M – 2li – A – 8li – A – 2li – B – 8li – B – 2li – 36(40)44(48) M.
Reihe 36: 36(40)44(48) M – 4re – 2li – 10re – 2li – 2re – 2li – 10re – 2li – 4re – 36(40)44(48) M.
Reihe 37: 36(40)44(48) M – 4li – A – 8li – DiagrammR 1 – 8li – B – 4li – 36(40)44(48) M.
Reihe 38: 36(40)44(48) M – 6re – 2li – 8re – DiagrammR 2 – 8re – 2li – 6re – 36(40)44(48) M.
Reihe 39: 36(40)44(48) M – 6li – A – 6li – DiagrammR 3 – 6li – B – 6li – 36(40)44(48) M.
Reihe 40: 36(40)44(48) M – 8re – 2li – 6re – DiagrammR 4 – 6re – 2li – 8re – 36(40)44(48) M.

In jeder 8. R von jeder Seite weitere 4 M dem mittleren Muster hinzufügen.
Wenn in der Mitte zw A und B nur noch 2 M sind, in der HinR mit dem Diagramm beg.
Ist das Diagramm 9-mal gestrickt, misst die Arbeit ca. 38 cm.

Weiterhin an jeder Seite dem mittleren Muster 4 weitere M hinzufügen, laut Diagramm str und GLEICHZEITIG für die Armausschnitte abk:
Beidseitig insg 2(4)4(6)-mal am Anfang jeder Reihe 2 M abk = 102(102)110(110) M.

Gr. S(M): An den Seiten keine weiteren M hinzufügen, sondern an beiden Seiten des mittleren Musters ausschließlich glatt str (mit li M auf der Außenseite).

Gr. L(XL): Wie bisher weiter str und zum 13. Mal an jeder Seite weitere 4 M hinzufügen. Danach an den Seiten keine weiteren M hinzufügen, sondern an beiden Seiten des mittleren Musters ausschließlich glatt str (mit li M auf der Außenseite).

Alle Gr.:
Weiter str, bis das Diagramm 13(13)14(14)-mal gestrickt ist = letzter Durchgang des Diagramms.
4 R laut Diagramm str.

In der 5. DiagrammR gleichzeitig für die Schultern abk:
Beidseitig 6(6)7(7)-mal am Anfang jeder R 4 M abk = 54 M am Nacken.
Die Fäden abschneiden. Die M stilllegen.

VORDERTEIL
Wie den Rücken str, bis das Diagramm 12(12)13 (13)-mal gestrickt ist.
4 R laut Diagramm str.

Gleichzeitig mit der 5. DiagrammR (HinR) für den Halsausschnitt abk: 47(47)51(51) M – 8 M abk – 47(47)51(51) M (die 1. M ist bereits auf der Nadel).
Jede Seite für sich fertig str.

In jeder 2. R für den Halsausschnitt abk:
1-mal 4 M abk = 43(43)47(47) M.
3(3)2(2)-mal 3 M abk = 34(34)41(41) M.
2(2)3(3)-mal 2 M abk = 30(30)35(35) M.

Nun auch für die Schultern abk:
An der Ärmelseite 4 M abk.
An der Halsseite 1 M abk.
Dies wdh, bis keine M mehr übrig sind.

Die zweite Seite auf die gleiche Weise str.
Das Abketten für den Halsausschnitt beg nun in der RückR.

ÄRMEL
46(46)54(54) M mit Nd Nr. 4 anschl.
In Reihen hin und her str.

RAND
Reihe 1 (RückR): 1re – 1li – *2re – 2li*. Von * bis * wdh. Enden mit 2re – 1li – 1re.
Reihe 2: *2re – 2li*. Von * bis * wdh. Enden mit 2re.
Reihe 3 - 8: Wie Reihe 1 - 2.
Reihe 9: Wie Reihe 1.

MUSTER
Reihe 1 mit 1. Zun (HinR): 1re – 1 neue re – 19(19)23(23) M – DiagrammR 1 – 19(19)23(23) M – 1 neue re – 1re.
Reihe 2: 21(21)25(25) M – DiagrammR 2 – 21(21)25(25) M.
Reihe 3: 21(21)25(25) M – DiagrammR 3 – 21(21)25(25) M.
Reihe 4 - 6: 21(21)25(25) M – DiagrammR 4, 5 bzw. 6 – 21(21)25(25) M.
Reihe 7 mit 2. Zun: 1re – 1 neue li – 20(20)24(24) M – DiagrammR 7 – 20(20)24(24) M – 1 neue li – 1re.
Reihe 8: 22(22)26(26) M – DiagrammR 8 – 22(22)26(26) M.

Nun (zum 1. Mal) weitere 4 M von jeder Seite dem mittleren Muster hinzufügen:
Reihe 9: 18(18)22(22) M – A – 6li – B – 18(18)22(22) M.
Reihe 10: 18(18)22(22) M – 2re – 2li – 6re – 2li – 2re – 18(18)22(22) M.
Reihe 11: 18(18)22(22) M – 2li – A – 2li – B – 2li – 18(18)22(22) M.
Reihe 12: 18(18)22(22) M – 4re – 2li – 2re – 2li – 4re – 18(18)22(22) M.
Reihe 13 mit 3. Zun: 1re – 1 neue li – 17(17)21(21) M – 4li – DiagrammR 1 – 4li – 17(17)21(21) M – 1 neue li – 1re.

Das Muster wie bisher weiter str.
In jeder 8. R an beiden Seiten dem mittleren Muster weitere 4 M hinzufügen.

Alle Gr.:
Zun ist jeder 8.(6.)6.(5.) R wdh.
Bei den nächsten 2 Zun 1 neue re str.
Bei den nächsten 2 Zun 1 neue li str.
Nach diesem System weiter str.
Die neuen M in das Muster einfügen.
Die erste und letzte M in allen R re str.

Im Muster und mit den Zun weiter str.
Wenn keine weiteren Rechtsmaschen von den Rippen übrig sind, die dem mittleren Muster hinzugefügt werden können, mit A und B an den Seiten neu beg:

Sobald 13 M zw RM und A / B sind:
1re str – A – 8li – A – im Muster weiter str.
Enden mit B – 8li – B – 1re.
Wenn noch 14 M zw RM und A / B sind:
1re str – 1li – A – 8li – A – im Muster weiter str. Enden mit B – 8li – B – 1li – 1re.

Die Zun ab hier immer li str.
Es sollen weiterhin 8 M zwischen den Zöpfen, die die Bögen bilden, sein.
Die Bögen werden aus li M gebildet, diese re str, sobald sie für die Bögen benötigt werden.
Die Bögen beg nicht unbedingt ganz außen an den Rändern.
Im Muster und mit Zun weiter str, bis es 72(80)88(94) M sind.
Weiter str, bis der Ärmel 42 cm misst.

Im Muster weiter str und dabei am Anfang jeder R 2 M abk, bis noch 12(12)12(14) M übrig sind.
Die letzten M abk.

Den zweiten Ärmel genauso str.

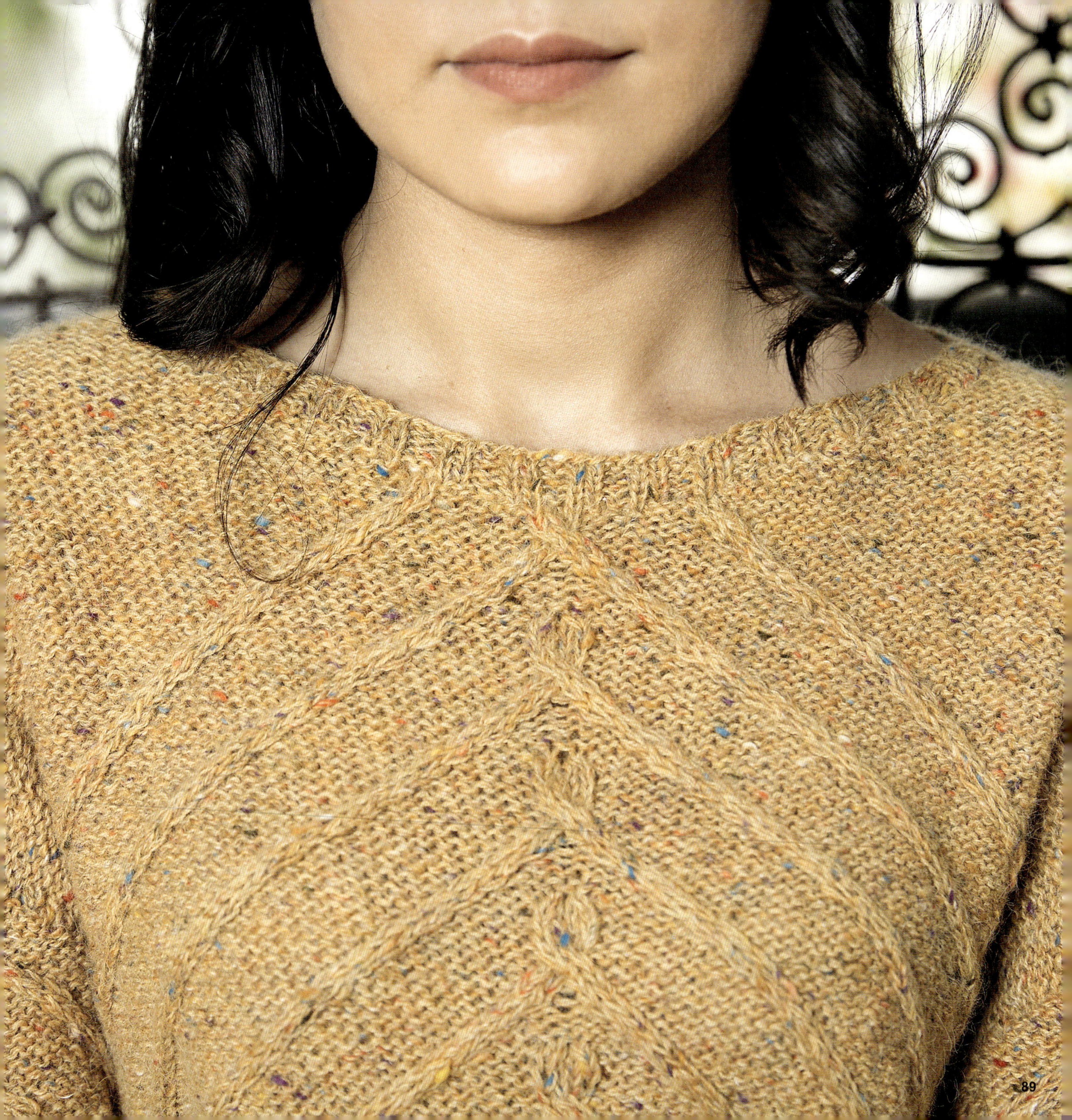

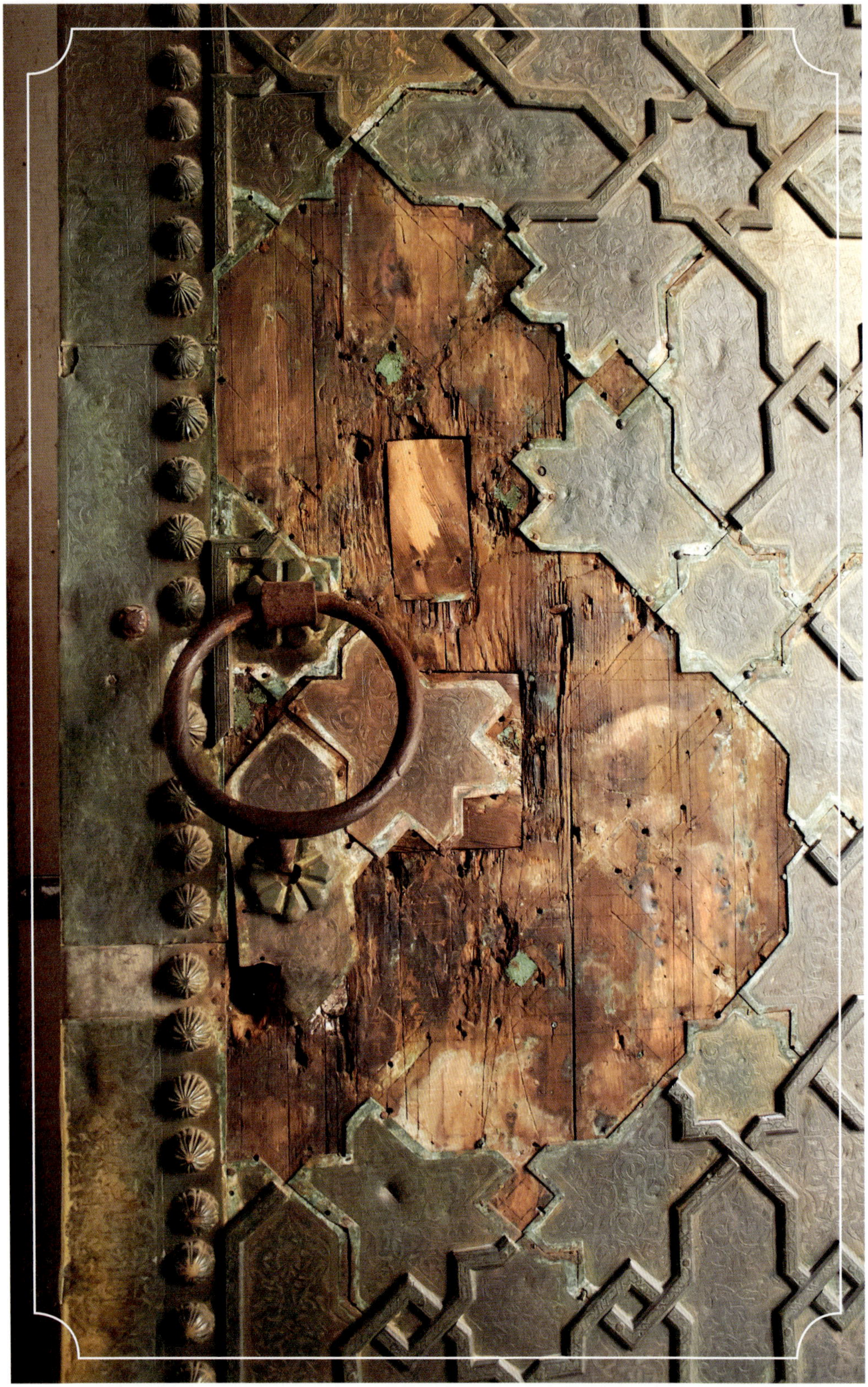

HALSRAND

Die Schultern von außen zusammennähen.

Die 54 NackenM auf eine Nd Nr. 3½ heben und in Verlängerung dieser M 66(66)70(70) neue M aus dem vorderen Halsausschnitt heraus str = 120(120)124(124) M.

4 Rd Rippen str: *2re – 2li*. Von * bis * wdh. In Rippen abk.

FERTIGSTELLUNG

Die Ärmel zusammennähen.
Die Ärmel vor dem Einnähen mit Nadeln in den Armausschnitt heften. Von außen mit dem Matratzenstich einnähen.
Die Fäden vernähen.

DIAGRAMM

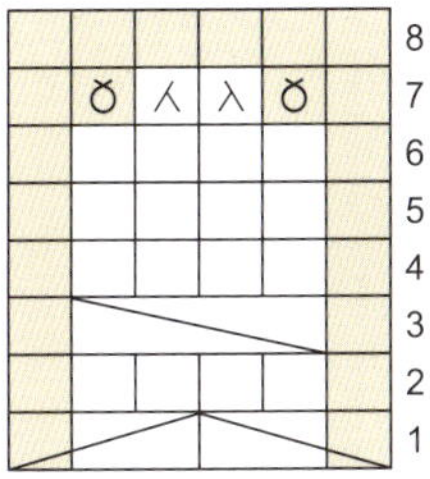

in den HinR re – in den RückR li

in den HinR li – in den RückR re

2re verschr zus

2re zus

1 neue li

2 rechte M auf Hilfsnd vor die Arbeit legen – 1 li – die 2 M der Hilfsnd re str

1 linke M auf Hilfsnd hinter die Arbeit legen – 2 re – die 1 M der Hilfsnd li str

2 rechte M auf Hilfsnd vor die Arbeit legen – 2 re – die 2 M der Hilfsnd re str

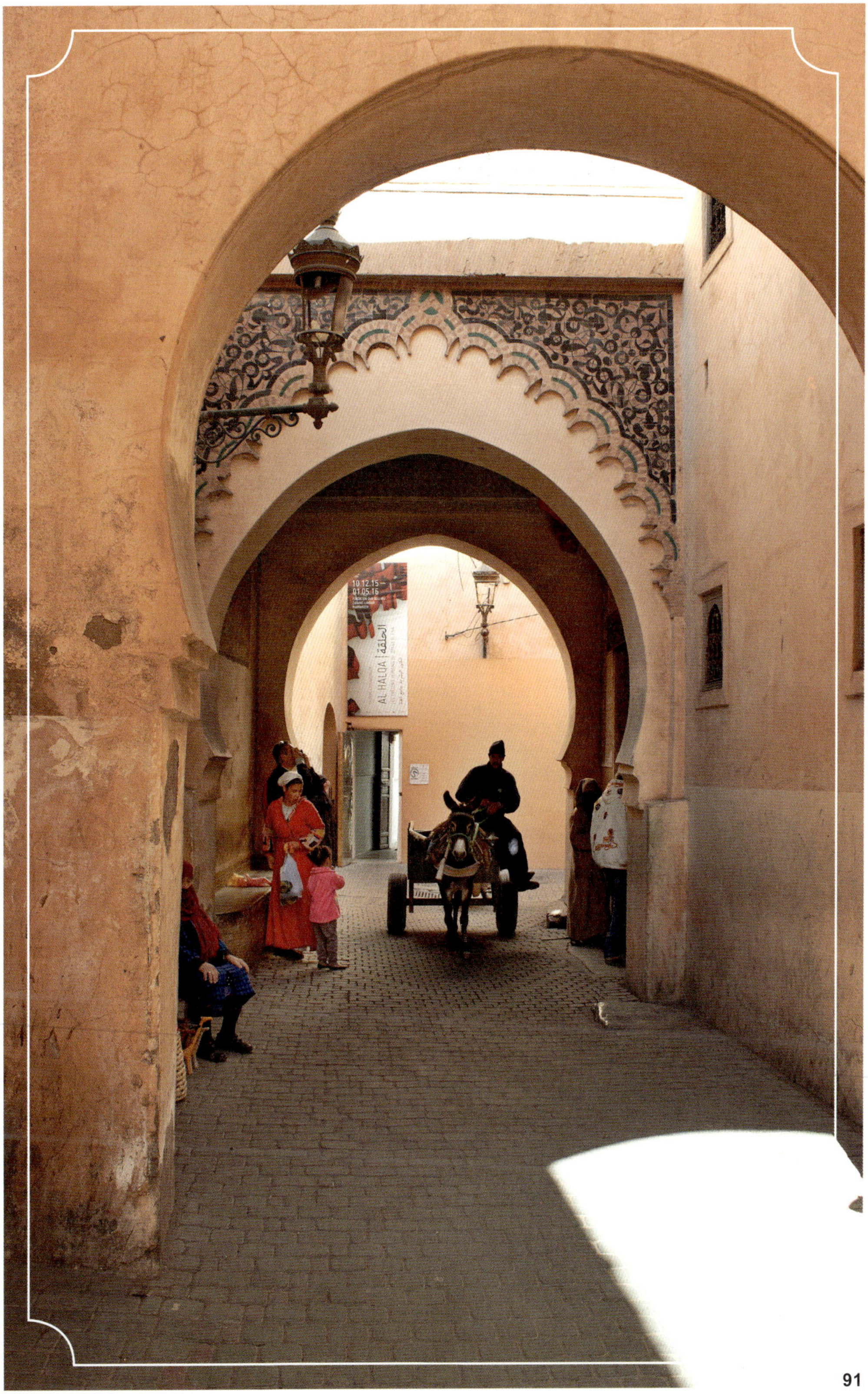

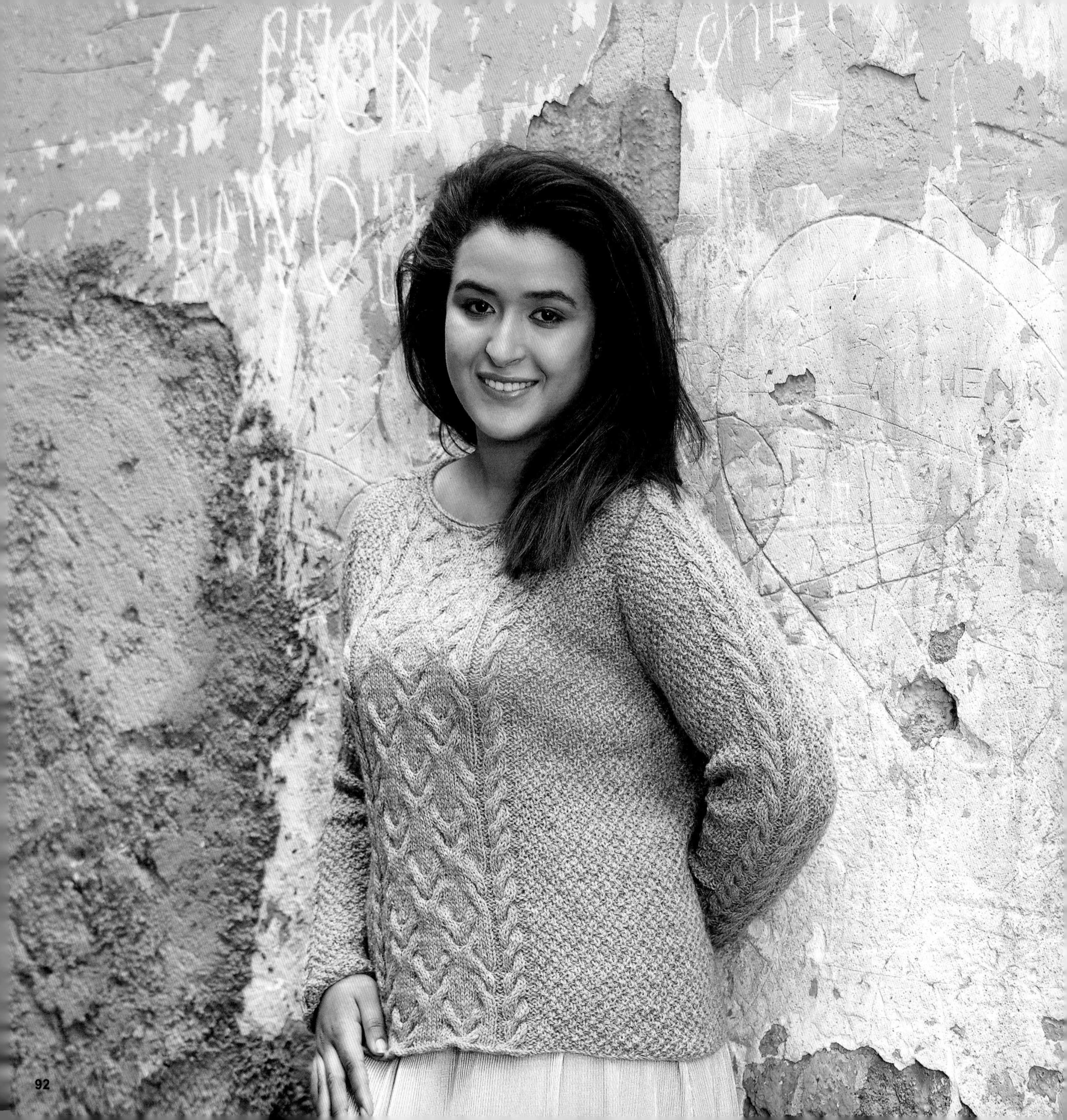

Riad

Gr.: S (M) L (XL)

Halbe Oberweite: 46 (51) 55 (59) cm
Länge: 56 (56) 59 (59) cm
Innere Ärmellänge: 43 cm

Material
200 g Isager Spinni Farbe 13s
200 (200) 250 (250) g Isager Alpaca 2
Farbe 3s
Mit je einem Faden beider
Qualitäten stricken

Empfohlene Rund- und
Strumpfnadeln Nr. 4
40 cm Rundnadel Nr. 3½
für den Halsrand

Maschenprobe glatt gestrickt
mit Nd Nr. 4
10 cm = 20 M und 26 R

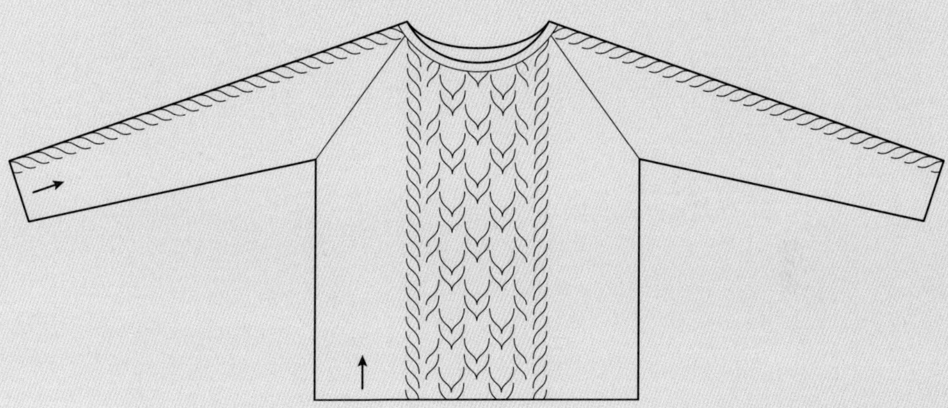

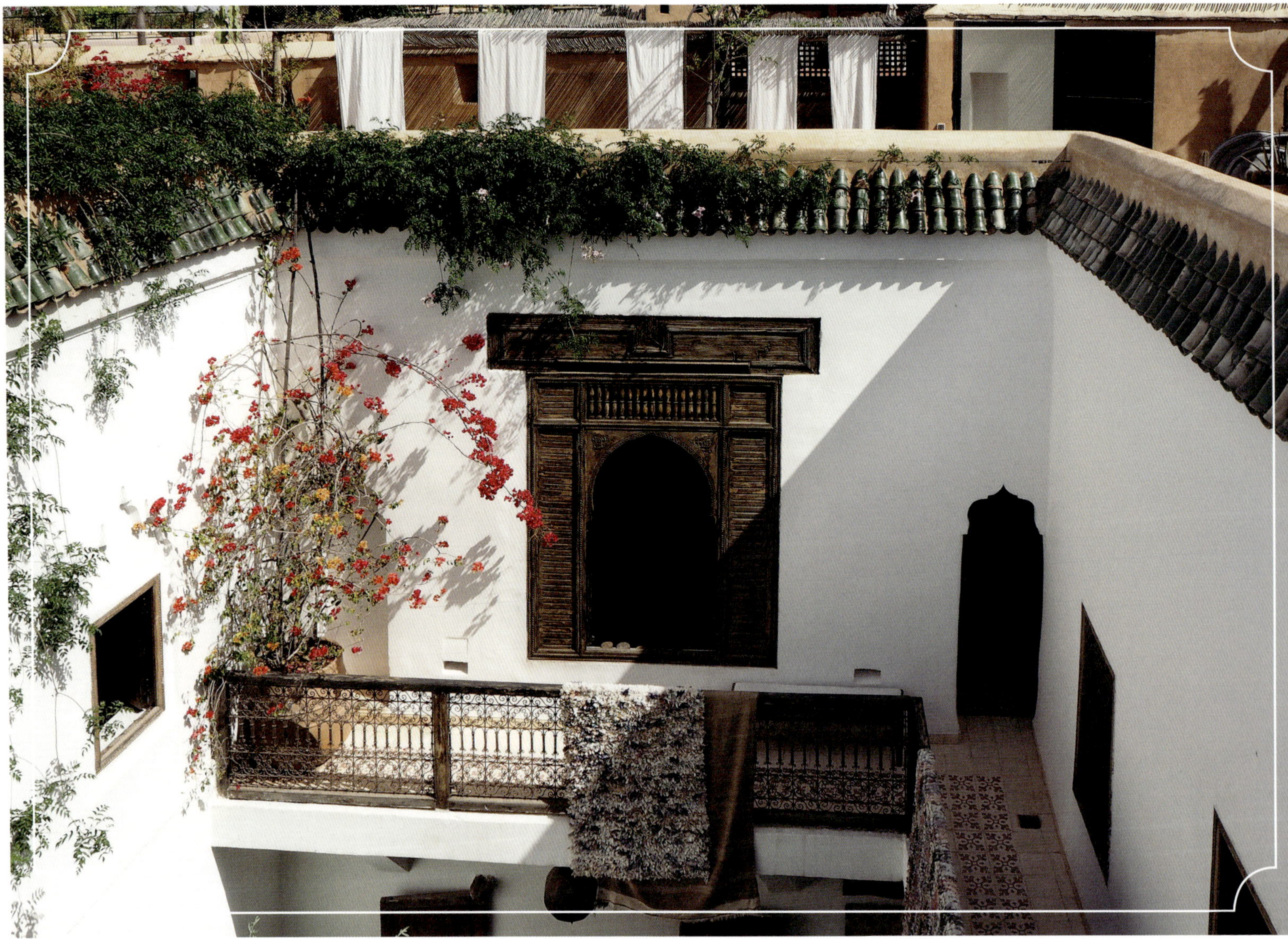

RIAD

Riad ist ein traditioneller Baustil der wohlhabenden Familien.
Ein großes Haus, das um einen begrünten Innenhof gebaut wurde, in dem die Männer Gäste zum Minztee empfangen.
Die Frauen sind verschleiert. In den oberen Etagen halten sich die Frauen – gerne ohne Schleier – auf.
Riad bedeutet „Ein kleines bisschen vom Paradies“.
Und das ist es, auf was man trifft, wenn man die alten abgenutzten Außentüren öffnet.
Viele Riads sind heute zu kleinen Hotels umgebaut.

KÖRPER
208(224)240(256) M mit Nd Nr. 4 anschl.
In Runden str.

Rd 1: *24(28)32(36) M in Rippen 1re – 1li str – laut Diagramm str – 24(28)32(36) M in Rippen 1re – 1li str*. Erneut von * bis * str.

Rd 2: *24(28)32(36) M in Rippen 1li – 1re str – Diagramm – 24(28)32(36) M in Rippen 1li – 1re str*. Erneut von * bis * str.

Rd 3: Wie Runde 2.
Rd 4: Wie Runde 1.

Runde 1 - 4 wdh, bis die Arbeit ca. 36 cm misst.
Direkt nach einer Zopfrunde enden.

In der nächsten Rd die ersten 3(5)7(9) M abk – 98(102)106(110) RückenM im Muster str (die 1. M ist bereits auf der Nd) – 6(10)14(18) M abk - 98(102)106(110) VorderteilM im Muster str (die 1. M ist bereits auf der Nd) – die letzten 3(5)7(9) M abk.
Die Fäden abschneiden. Die M stilllegen.

ÄRMEL
38(42)46(50) M mit Strumpfnd Nr. 4 anschl.
In Runden str.

Rd 1: 10(12)14(16) M in Rippen 1re – 1li str – laut Ärmeldiagramm str – 10(12)14(16) M in Rippen 1re – 1li str.

Rd 2: 10(12)14(16) M in Rippen 1li – 1re str – Ärmeldiagramm – 10(12)14(16) M in Rippen 1li – 1re str.

Rd 3: Wie Runde 2.
Rd 4: Wie Runde 1.

Runde 1 – 4 wdh.
Insg 7 Rd str.

Zun (in einer Rd 4) str: 1li str – 1 neue re – im Muster bis zur letzten M str – 1 neue li – 1re = 40(44)48(52) M.

Die neuen M in das Muster einfügen.

Im Muster mit Zun am Anfang und Ende jeder 7.(6.)6.(5.) Rd weiter str, bis es 66(74)82(90) M sind.

Im Muster str, bis die Arbeit ca. 43 cm misst.
Direkt nach einer Zopfrunde enden.

In der nächsten Rd die ersten 3(5)7(9) M abk – 60(64)68(72) M str (die 1. M ist bereits auf der Nd) – die letzten 3(5)7(9) M abk.
Die Fäden abschneiden. Die M stilllegen.

Den zweiten Ärmel genauso str.

PASSE
Alle M auf einer Nd zusammenfassen.
Im Perlmuster und laut der Diagramme weiter str.
Die Ärmel an den Armausschnitten einstricken:
Rücken str – Markierung setzen – den 1. Ärmel str – Markierung – Vorderteil str – Markierung – den 2. Ärmel str – Markierung = 316(332)348(364) M.

9(5)7(3) Rd im Muster str, dabei 1 M vor und 1 M hinter jeder Markierung li str.

Rd 1: *2li zus – im Muster bis 2 M vor die Markierung str – 2li zus*. Von * bis *, bis zum Ende der Rd wdh = 308(324)340(356) M.
Rd 2: Im Muster str, dabei 1 M vor und 1 M hinter der Markierung li str.

Rd 1 und 2 insg 16(18)18(20)-mal str = 188(188)204(204) M.

Mit verkürzten Reihen den Halsausschnitt formen.
Die mittleren 6 M des Vorderteils markieren.
Die M auf der Nd so verschieben - ohne sie zu str, dass nach den 6 markierten M begonnen wird.

Reihe 1 (HinR): Mit Abn bis zur anderen Seite der 6 markierten M str. Wenden.

Reihe 2 (RückR): Die 1. M abhFH – im Muster bis 6 M vor die markierten 6 M str. Wenden.

Reihe 3: 1abhFH – mit Abn bis 6 M vor die markierten 6 M str. Wenden.
Reihe 4: 1abhFH – im Muster bis 6(6)3(3) M vor die letzte Wende str = 12(12)9(9) M vor den 6 markierten M. Wenden.

Reihe 5: 1abhFH – mit Abn bis 6(6)3(3) M vor die letzte Wende str. Wenden.
Reihe 6: 1abhFH – im Muster bis 3 M vor die letzte Wende str. Wenden.

Reihe 7: 1abhFH – mit Abn bis 3 M vor die letzte Wende str. Wenden.
Reihe 8: 1abhFH – im Muster bis 2(2)3(3) M vor die letzte Wende str. Wenden.

Reihe 9: 1abhFH – mit Abn bis 2(2)3(3) M vor die letzte Wende str. Wenden.
Reihe 10: 1abhFH – im Muster bis 6(6)3(3) M vor die letzte Wende str. Wenden.

Gr. S(M):
Reihe 11: 2li zus – 2li zus – mit Abn bis 6 M vor die letzte Wende str. NICHT wenden.
Weiterlesen bei Halsrand.

Gr. L(XL):
Reihe 11: 1abhFH – mit Abn bis 3 M vor die letzte Wende str. Wenden.
Reihe 12: 1abhFH – im Muster bis 2 M vor die letzte Wende str. Wenden.
Reihe 13: 1abhFH – mit Abn bis 2 M vor die letzte Wende str. Wenden.

Reihe 14: 1abhFH – im Muster bis 3 M vor die letzte Wende str. Wenden.
Reihe 15: 1abhFH – mit Abn bis 3 M vor die letzte Wende str. Wenden.
Reihe 16: 1abhFH – im Muster bis 3 M vor die letzte Wende str. Wenden.
Reihe 17: 2li zus – 2li zus – mit Abn bis 3 M vor die letzte Wende str. NICHT wenden.

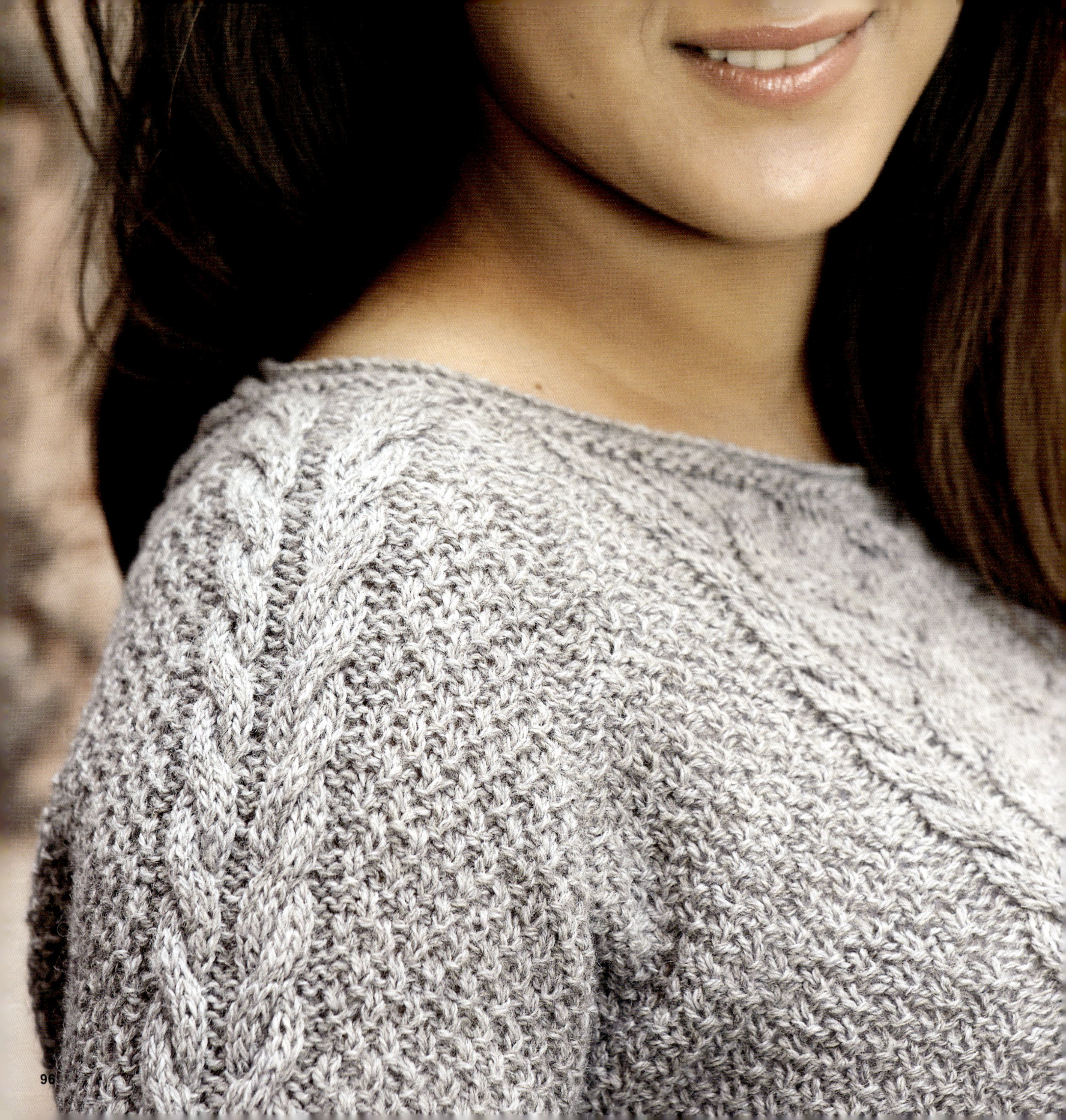

HALSRAND

Zu einer 40 cm langen Rundnd wechseln und mit einer HinR weiter str.

Vorderteil: 2re zus – 2re zus – 2re zus – 17re – 2re zus – 2re zus – 2re zus – 17re – 2re zus – 2re zus – 2re zus.

Ärmel: *2re – 2re zus*. Von * bis * insg 4-mal str. 2 re str.

Rücken: Wie das Vorderteil str.

Ärmel: Wie den 1. Ärmel str.

2 Rd li – 2 Rd re str.

1 Rd re bis hinter die RückenM str, sodass das Abketten hier beg.

Alle M locker abk.

FERTIGSTELLUNG

Alle Fäden vernähen.

Die Ärmel unter dem Armausschnitt an den Körper nähen.

DIAGRAMM

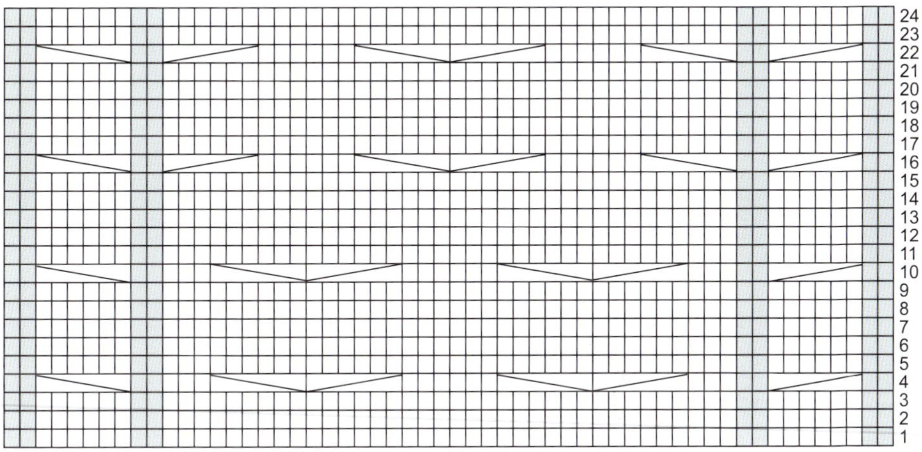

ÄRMELDIAGRAMM

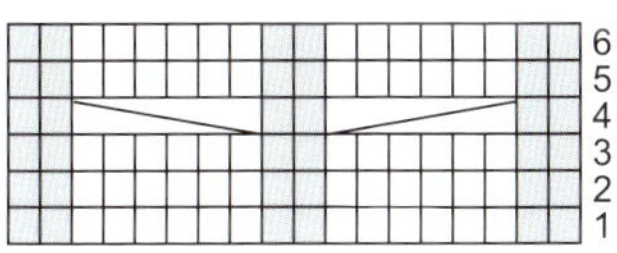

links rechts

3 rechte M auf eine Hilfsnd hinter die Arbeit legen – 3 re str – die 3 M der Hilfsnd re str

3 rechte M auf eine Hilfsnd vor die Arbeit legen – 3 re str - die 3 M der Hilfsnd re str

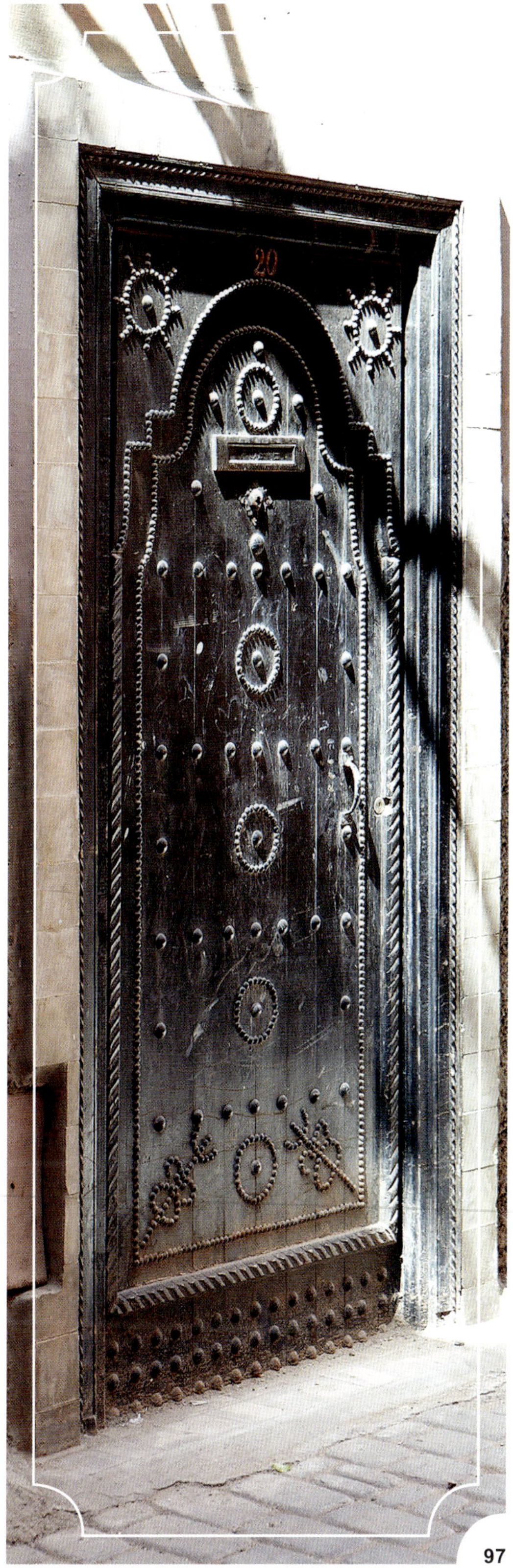

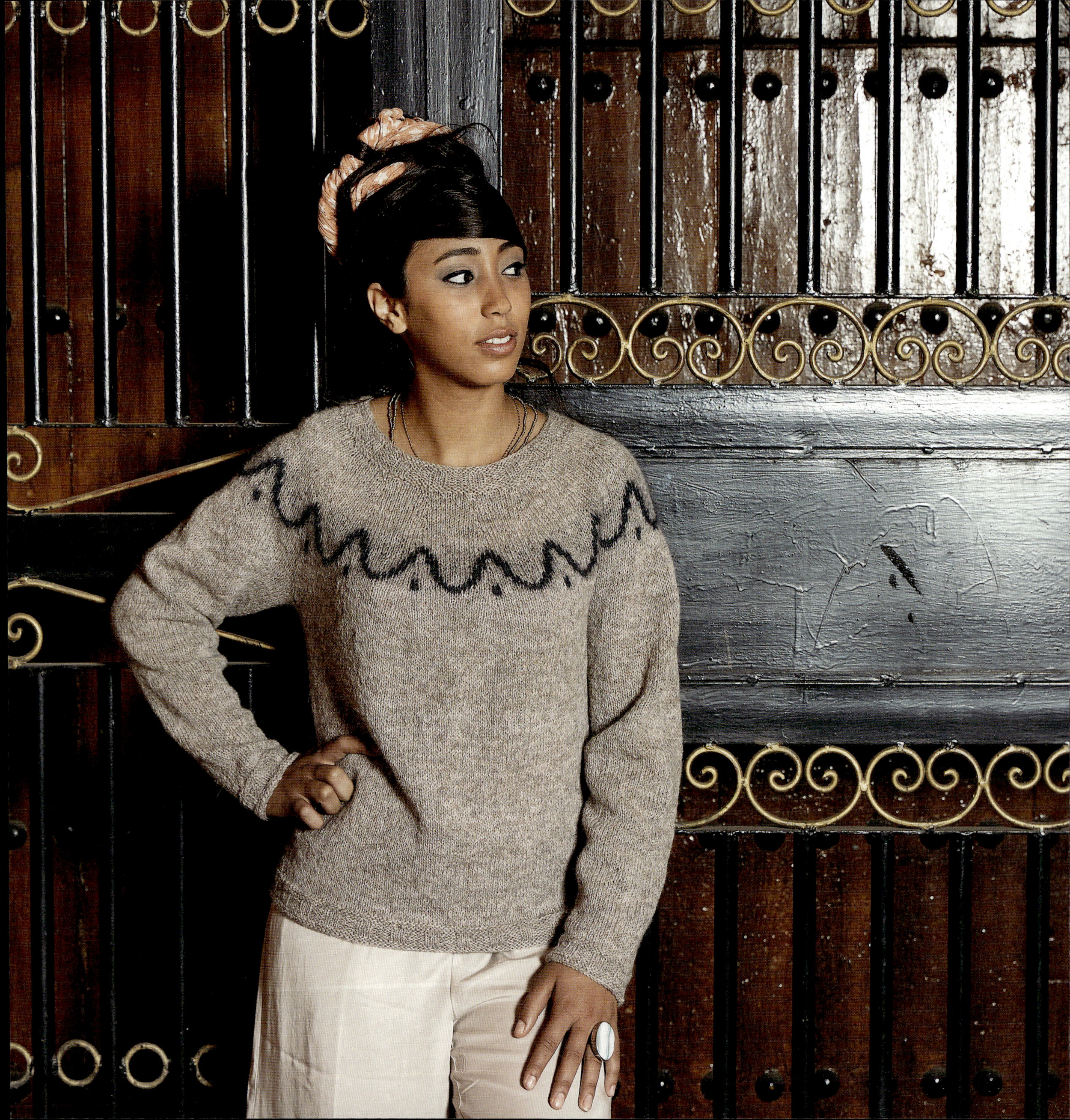

Die Schrift an der Wand

Gr.: S (M) L (XL)

Halbe Oberweite: 47 (51) 56 (60) cm
Länge: 58 cm
Innere Ärmellänge: 45 cm

Material
A: 150 g Isager Alpaca 1 Farbe 7s
B: 150 (200) 200 (200) g Isager Tvinni Farbe 61s
C: 25 g Isager Silk Mohair Farbe 47

Empfohlene Rund- und Strumpfnadeln Nr. 3 und 3½

Maschenprobe glatt gestrickt mit A + B und Nd Nr. 3½: 10 cm = 22 M und 30 R

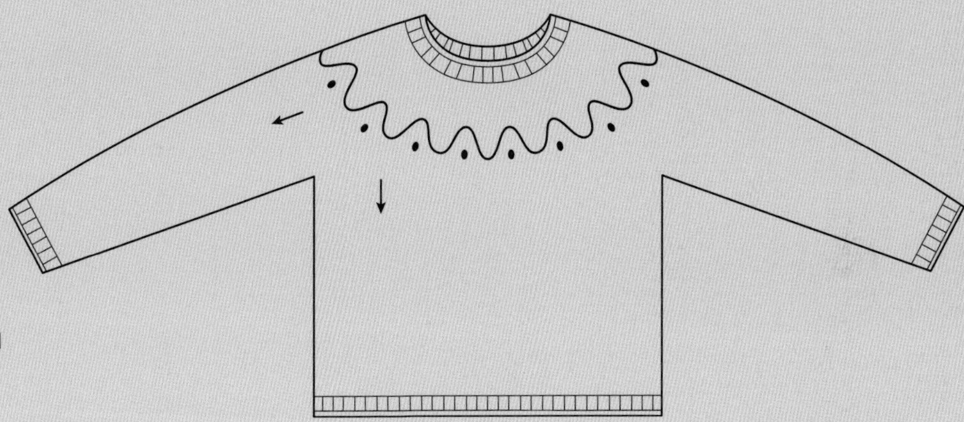

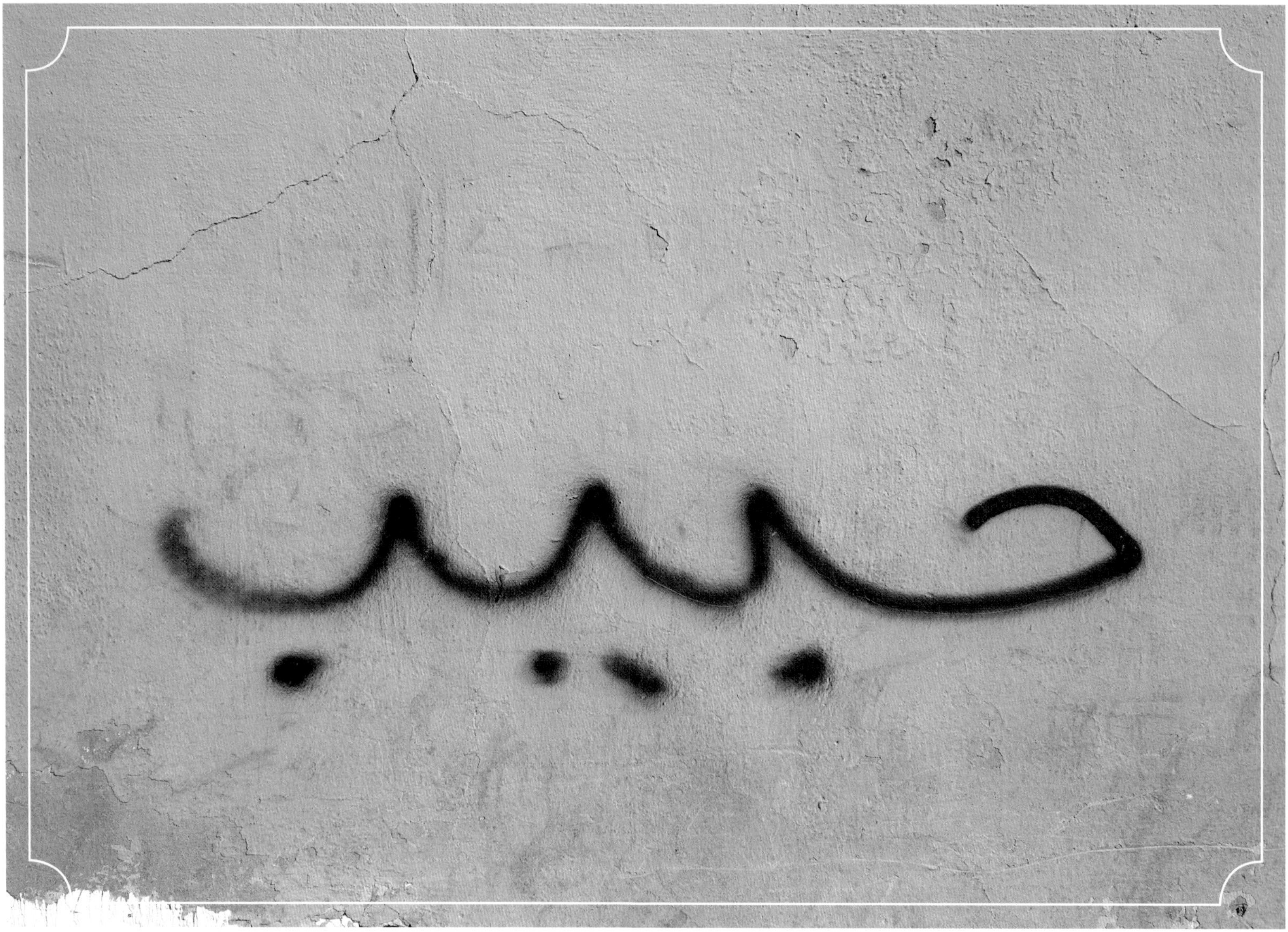

DIE SCHRIFT AN DER WAND

Schöner Text aus schönen Zeichen auf einer schönen Wand.
Dort steht „Habib“ was so viel wie „Geliebte“ heißt.
Schöner kann Graffiti nicht sein.

RUNDPASSE

105(112)119(126) M mit Nd Nr. 3 und A + B anschl.
4 Reihen kraus rechts hin und her str.
Erste Reihe = RückR.

In Runden weiter str.
5 Rd in Rippen str: *3re – 4li*. Von * bis * wdh.
1 Rd re, 1 Rd li, 1 Rd re str.

Zu Nd Nr. 3½ wechseln.
1 Rd li str.

Mit verkürzten Reihen den Halsausschnitt formen.
Reihe 1 (HinR): 21 re. Wenden.
Reihe 2: 42 li. Wenden.
Reihe 3: 42re – 1 neue M re – 7re. Wenden.
Reihe 4: 50li – 1 neue M li – 7li. Wenden.

Reihe 5 mit 1. Zun: 15re – *1 neue re – 7re*. Von * bis *, bis 8 M vor die letzte Wende, wdh. 8re – 1 neue re – 7re. Wenden.
Reihe 6: 71li – 1 neue li – 7li. Wenden.
Reihe 7: 79re – 1 neue re – 7re. Wenden.
Reihe 8: 87li – 1 neue li – 7li. Wenden.

Reihe 9 mit 2. Zun: *8re – 1 neue re*. Von * bis *, bis 7 M vor die letzte Wende, wdh. 7re – 1 neue re – 7re. Wenden.
Reihe 10: 114li – 1 neue li – 7li. Wenden.

Reihe 11: 3re – 1 neue re – 115re – 1 neue re – 4re – 1 neue re – (3re – 1 neue re – 4re – 1 neue re). Die ( ) insg 1(2)3(4)-mal str. NICHT wenden, sondern weiter str: 1 neue re – 62re.

Ab hier in Runden str: Eine Markierung setzen.
135(144)153(162)re str.
3. Zun str: *9re – 1 neue re*. Von * bis * wdh = 150(160)170(180) M.
3 Rd re str.
4. Zun str: *1 neue re – 10re*. Von * bis * wdh = 165(176)187(198) M.
3 Rd re str.
5. Zun str. *11re – 1 neue re*. Von * bis * wdh = 180(192)204(216) M.
3 Rd re str.
6. Zun str: *1 neue re – 12re*. Von * bis * wdh = 195(208)221(234) M.
3 Rd re str.
7. Zun str. *13re – 1 neue re*. Von * bis * wdh = 210(224)238(252) M.

15 R laut Diagramm im Muster mit 2 Fäden C str.
Die 3 Zun im Diagramm beachten = 255(272)289(306) M.

11. Zun str: *17re – 1 neue re*. Von * bis * wdh = 270(288)306(324) M.
3 Rd re str.
12. Zun str: *1 neue re – 18re*. Von * bis * wdh = 285(304)323(342) M.
3 Rd re str.
13. Zun str: *19re – 1 neue re*. Von * bis * wdh = 300(320)340(360) M.
3 Rd re str.
14. Zun str: *1 neue re – 20re*. Von * bis * wdh = 315(336)357(378) M.
1(5)3(5) Rd re str.

Gr. S(M):
Die Rundpasse misst ab Nacken ca. 23(24) cm.
Weiterlesen bei Teilung.

Gr. L(XL):
15. Zun str: *21re – 1 neue re*. Von * bis * wdh = 374(396) M.
5(7) Rd re str.
Die Rundpasse misst ab Nacken ca. 25(26) cm.

TEILUNG

Die M in Körper und Ärmel aufteilen: 47(50)56(60) RückenM re str – 64(69)76(79) ÄrmelM stilllegen – 11(13)13(14) neue M in Verlängerung der M auf der Nd anschl – 93(99)111(119) M für das Vorderteil re str – die nächsten 64(69)76(79) M für den Ärmel stilllegen – 11(13)13(14) neue M in Verlängerung anschl – 47(49)55(59) RückenM re str.

KÖRPER

Über die 209(224)248(266) KörperM in Runden str, bis die Arbeit ab dem Nacken 55 cm misst.

RAND

Zu Rundnd Nr. 3 wechseln.
1 Rd li, 1 Rd re, 1 Rd li str.

Gr. S: Zun str: 209re – 1 neue re = 210 M.
Gr. (M): 1 Rd re.

Gr. L: Abn str: 80re – 2re zus – 81re – 2re zus – 81re – 2re zus = 245 M.
Gr. (XL): 1 Rd re.

Alle Gr.:
5 Rd Rippen str: *3re – 4li*. Von * bis * wdh.
1 Rd re, 1 Rd li, 1 Rd re, 1 Rd li str.
Alle M re abk.

ÄRMEL

Die ÄrmelM auf eine Strumpfnd Nr. 3½ heben.
Mit Farbe A + B str.
12(14)13(15) neue M aus den angeschlagenen M am Armausschnitt heraus str – die 64(69)76(79) ÄrmelM re str = 76(83)89(94) M.
7 M str.
Eine Markierung setzen – dies ist der Rundenbeginn.

3(3)3(6) Rd re str.
Abn str: 1re – 2re zus – bis zu den letzten 3 M re str – 2re verschr zus – 1re = 74(81)87(92) M.
Die Abn in jeder 7.(7.)6.(6.) Rd wdh, bis noch

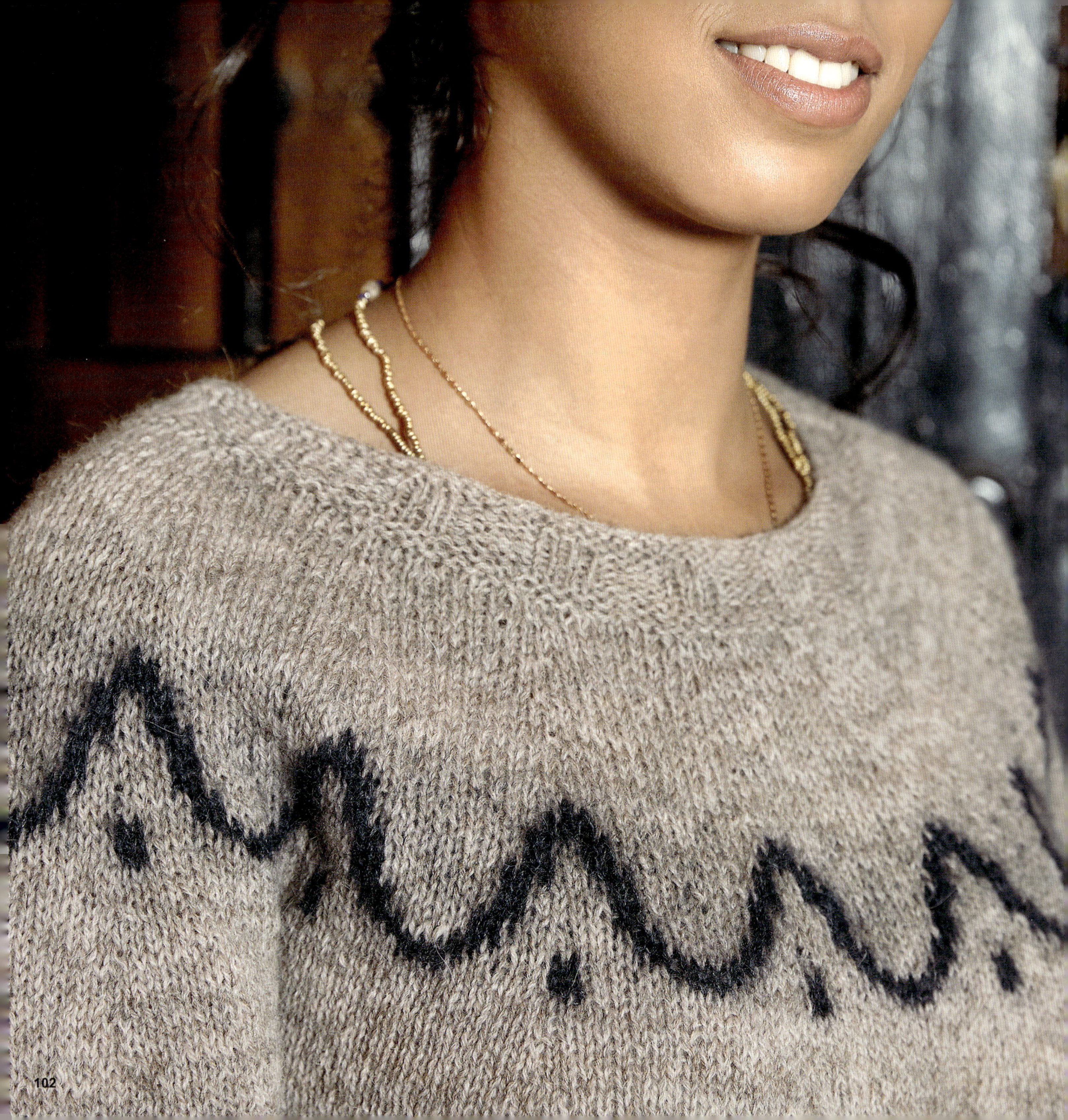

42(49)49(56) M auf der Nd sind.
Weiter str, bis der Ärmel 42 cm misst.
Zu Strumpfnd Nr. 3 wechseln.
1 Rd li, 1 Rd re, 1 Rd li, 1 Rd re str.
Einen Rand wie am Körper str.

Den zweiten Ärmel genauso str.

FERTIGSTELLUNG

Den Schlitz am Halsausschnitt zusammennähen. Alle Fäden vernähen.

DIAGRAMM

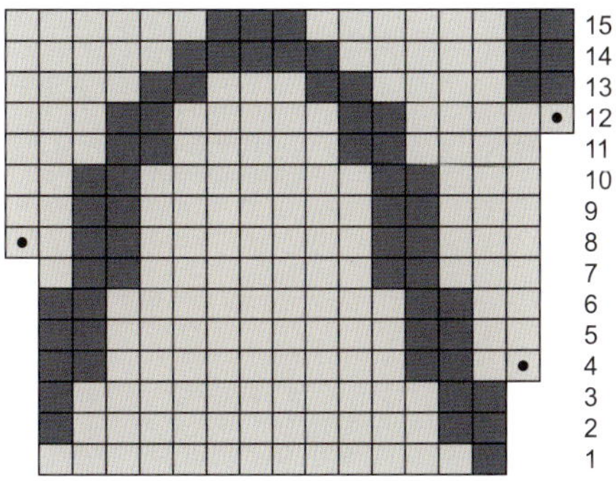

- • 1 neue re
- A + B
- 2 Fäden C

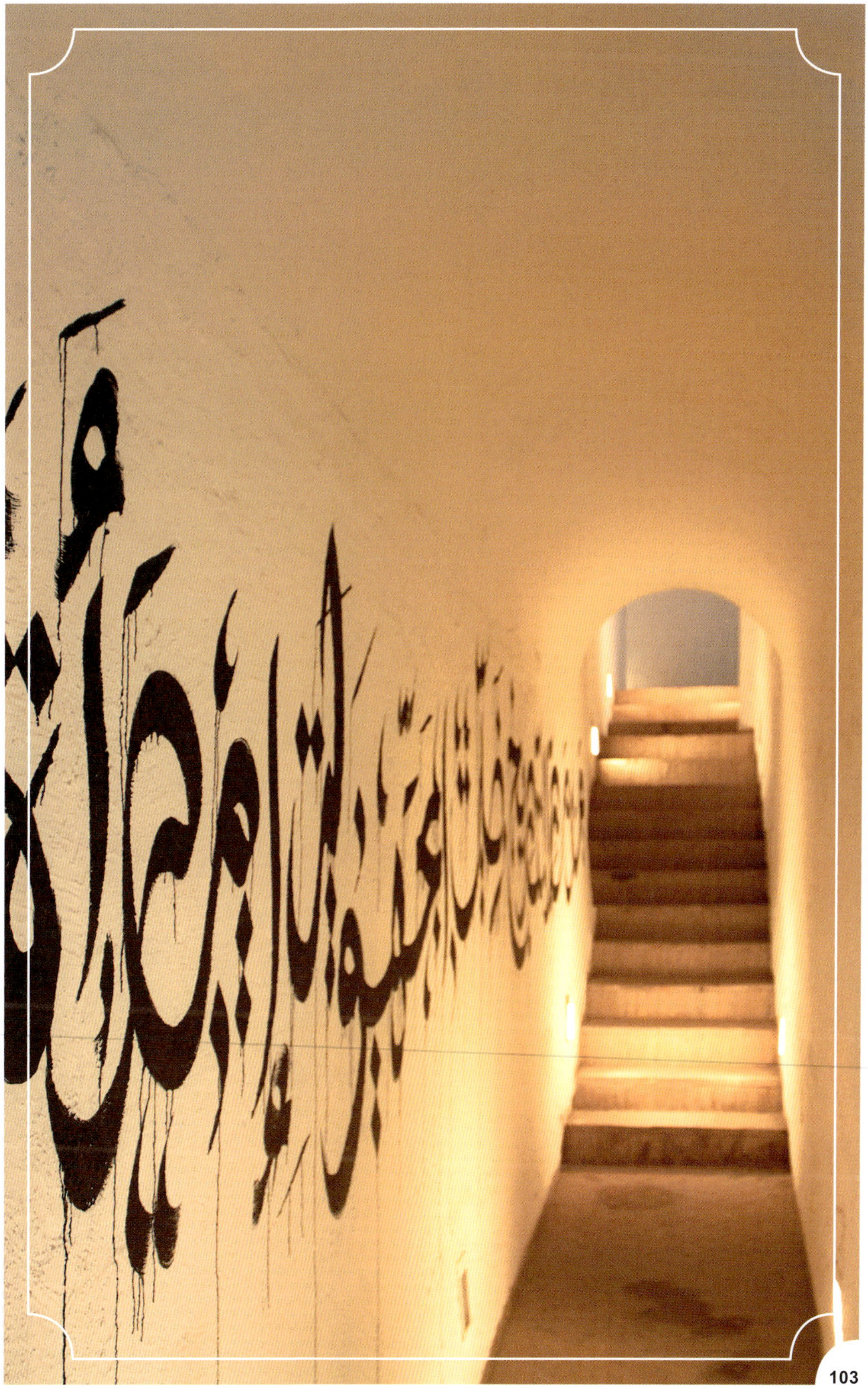

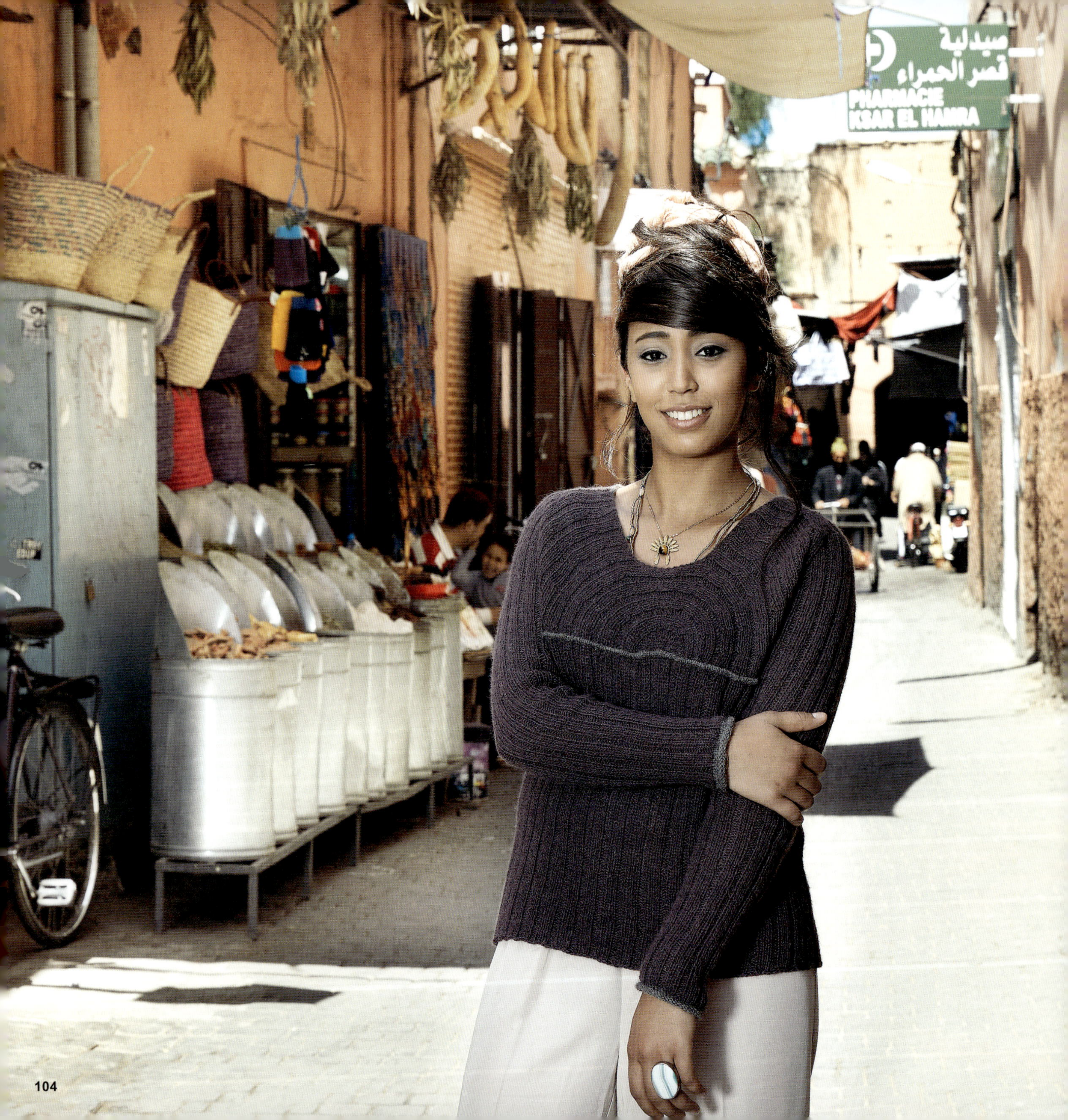
صيدلية
قصر الحمراء
PHARMACIE
KSAR EL HAMRA

Souk

Gr.: S (M) L (XL)

Halbe Oberweite: 46 (50) 54 (58) cm
Länge: 56 (57) 57 (58) cm
Innere Ärmellänge: 43 (43) 41 (41) cm

Material
A: 150 (150) 150 (200) g Isager Alpaca 1 Farbe 60
B: 150 (200) 200 (200) g Isager Spinni Farbe 60
C: 25 g Isager Alpaca 2 Farbe 4s

Empfohlene Rund- und Strumpfnadeln Nr. 3 und 3½.

Maschenprobe glatt gestrickt mit Nd Nr. 3½ und A + B: 10 cm = 22 M und 30 R

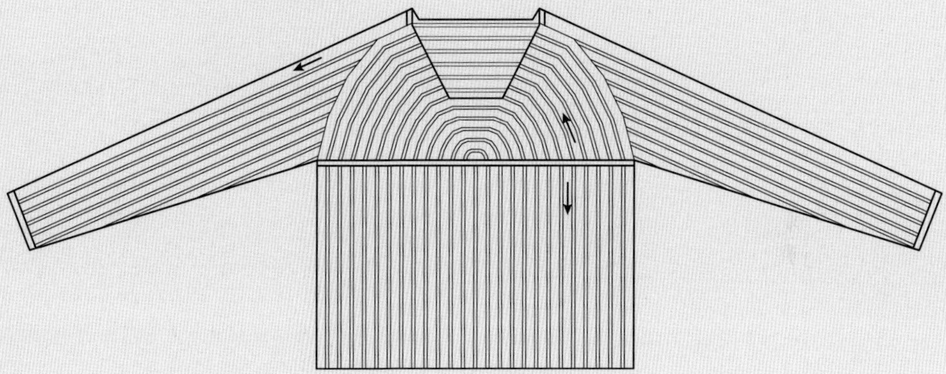

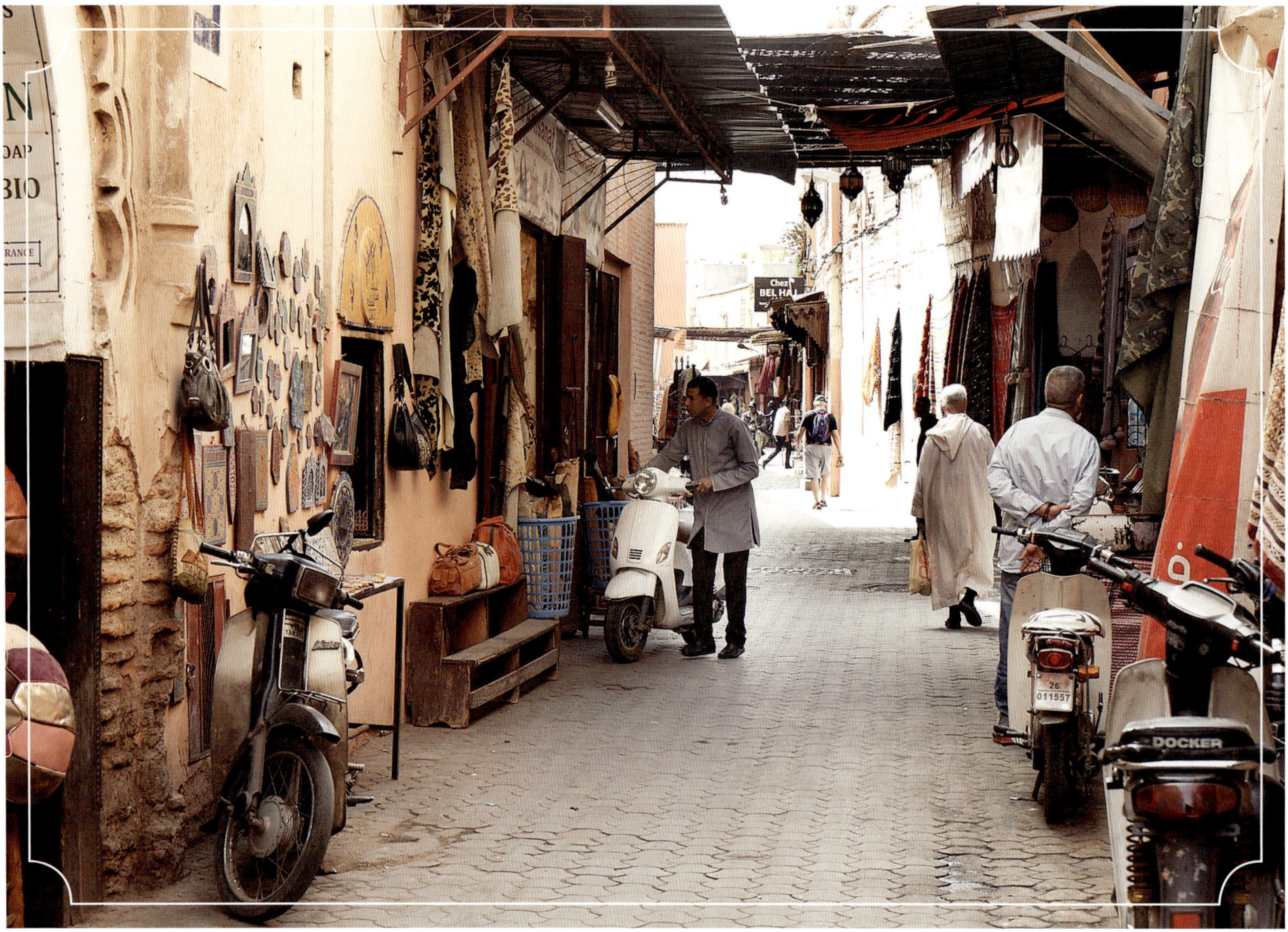

SOUK

In den Basargassen wimmelt es vor lauter Eselkarren, jungen Männern auf Rollern, alten Männern, die Minztee trinken, Frauen mit Kindern im Schlepptau und uns, die das Ganze beobachten.

RÜCKENPASSE

47(52)57(62) M mit Nd Nr. 3½ und A + B anschl.
In Reihen hin und her str.

Mit verkürzten Reihen den Halbkreis str:
Reihe 1 (RückR): *2re – 3li*. Von * bis * wdh. Enden mit 2re.
Reihe 2: 1re – 1li – *3re – 2li*. Von * bis * wdh, bis noch 2 M auf der Nd sind.
Die Arbeit wenden.
Reihe 3 (RückR): U über re Nd legen – *3li – 2re*. Von * bis * wdh. Enden mit 2re.
Reihe 4: 1re – 1li – *3re – 2li*. Von * bis * bis 5 M vor den letzten U wdh. Die Strickarbeit wenden.

Reihe 3 - 4 wdh, bis nur noch 5 M übrig sind: 1re – 1li – 3re str. Wenden.
Nächste R (RückR): U - 3li – 2re.

Letzte Reihe (HinR): Am Anfang der R eine Markierung setzen. 1re – 1li – *3re – U mit der nächsten M li zus str – 1li*. Von * bis * wdh. Enden mit 1re, anstelle von 1li.

Es sind nun 20(22)24(26) R gestrickt.
Diese 20(22)24(26) R insg 10-mal str.

Mit einer Reihe 1 enden.
Die Fäden abschneiden.
Die M auf der Nd lassen.

ZENTRUM

18 M mit Nd Nr. 3½ und A + B aus dem kleinen Halbkreis in der Mitte der Rückenpasse heraus str – zwischen der AnschlagR und der zuletzt gestrickten R.
In Reihen hin und her str.
Reihe 1 (RückR) 1re – 16li – 1re.
Reihe 2: 9-mal 2re zus str = 9 M.
Reihe 3: 1re – 7li – 1re.
Reihe 4: 3-mal 3 re zus str = 3 M.
Reihe 5: 1re – 1li – 1re.
Reihe 6: 3 re zus str.
Die Fäden abschneiden und durch die letzte M ziehen.

BIESE

Mit Nd Nr. 3 und einem Faden C str.
Über die 47(52)57(62) RückenM re str – 8 M entlang des Zentrums heraus str – 47(52)57(62) neue M aus der AnschlagR str = 102(112)122(132) M.
5 R glatt str.
Mit einer RückR li beg.
C abschneiden.
Die M stilllegen.
Die Biese wird später geschlossen.

RUNDPASSE VORDERTEIL

Wie die Rundpasse am Rücken str, bis die 20(22)24(26) R 4-mal gestrickt sind.

Reihe 1 str.
Reihe 2 (HinR): Die ersten 25(30)30(35) M abk – weiter str, bis noch 2 M auf der Nd sind. Wenden.

Mit verkürzten R weiter str wie bisher, bis 2 Durchgänge über die restlichen 22(22)27(27) M gestrickt sind.

Nächste Reihe: Wie Reihe 1 str – 25(30)30(35) M in Verlängerung der R anschl = 47(52)57(62) M.

Wieder wie am Rücken weiter str, bis die 20(22)24(26) R weitere 4-mal gestrickt sind.
Mit Reihe 1 enden.
Die Fäden abschneiden.

ZENTRUM

Wie am Rücken str.

BIESE

Wie am Rücken str.
C abschneiden.

KÖRPER

Nun die Biese schließen. Am Vorderteil beg.
Mit einer dünneren Nd 102(112)122(132) Maschenbögen auf der Rückseite der Arbeit aufnehmen.
In die Maschenbögen (Farbe A + B) stechen, die beim Stricken der 1. R mit C entstehen und gut sichtbar sind.

Die Nd mit den aufgenommenen Maschenbögen und die Nd mit den VorderteilM parallel aneinanderlegen.
Nun mit A + B und Nd Nr. 3½ immer 2 gegenüberliegende M zus str, sodass 1-mal 102(112)122(132) M auf der Nd sind.
Darauf achten, jede M mit dem richtigen aufgenommen Maschenbogen zus zu str. Ansonsten wird die Biese schräg.

8 M in Verlängerung der M auf der Nd anschl.
Die Biese am Rücken auf die gleiche Weise schließen.
8 M in Verlängerung der M auf der Nd anschl.
Insg sind nun 220(240)260(280) M auf der Nd.

In Runden über alle M in Rippen str:
2li – 3re. Von * bis * wdh.

In Rippen weiter str, bis die Arbeit ab der Biese 36(34)31(29) cm misst.
Im Rippenmuster abketten.

ÄRMEL

Den Ärmel von oben nach unten str.
Mit einer kleinen Biese beg:
12 M mit Nd Nr. 3 und einem Faden C anschl.
5 R glatt str. Mit einer RückR li beg, dabei die erste und letzte M re str.
C abschneiden.
12 M mit einer dünneren Nd aus der Anschlagreihe aufnehmen.
Die Nd zusammenlegen und mit Nd Nr. 3½ und A + B die gegenüberliegenden M zus str = Biese.

Reihe 1 (RückR): *2re – 3li*. Von * bis * wdh. Enden mit 2re.
Reihe 2: 1re – 1li – 3re – 2li – 3re – 1li – 1re.

Reihe 1 - 2 wdh, bis insg 16(18)20(22)R gestrickt sind.
Reihe 1 str.

Zun str:
Reihe 1 (HinR): 1re – 1 neue li – in Rippen str, bis noch 1 M auf der Nd ist – 1 neue li – 1re.
Reihe 2: 3re – *3li – 2re*. Von * bis * wdh. Enden mit 1re.
Reihe 3: 1re – 1 neue re – in Rippen str, bis noch 1 M auf der Nd ist – 1 neue re – 1re.
Reihe 4: 1re – 1li – *2re – 3li*. Von * bis * wdh. Enden mit 2re – 1li – 1re.
Reihe 5: Wie Reihe 3.
Reihe 6: 1re – 2li – *2re – 3li*. Von * bis * wdh. Enden mit 2re – 2li – 1re.
Reihe 7: Wie Reihe 3.
Reihe 8: 1re – 3li – *2re – 3li*. Von * bis * wdh. Enden mit 1re.
Reihe 9: Wie Reihe 1.
Reihe 10: 2re – *3li – 2re*. Von * bis * wdh.

Die Zun auf diese Weise wdh, bis es 66(72)78(84) M sind.
Die neuen M in das Rippenmuster einfügen.
Nach der letzten Zun 1 R str.
3 M am Ende der nächsten 2 R anschl = 72(78)84(90) M.
Die neuen M in das Rippenmuster einfügen.
Danach mit Strumpfnd 8(8)6(6) Rd in Rippen str.

Abn str: 2li zus – weiter str, bis noch 2 M auf der Nd sind – 2li zus =70(76)82(88) M.

Im Muster weiter str und am Anfang und Ende jeder 10.(8.)7.(6.) Rd 2 M li zus str, bis noch 48(50)52(54) M auf der Nd sind.

Weiter str, bis der Ärmel 42(42)40(40) cm misst - gemessen ab Beg der Rd.
Die Fäden abschneiden.

Zu Strumpfnd Nr. 3 wechseln.
Mit einem Faden C str.
7 Rd re str.
Alle M abk.
Den Rand einrollen lassen.

Den zweiten Ärmel genauso str.

FERTIGSTELLUNG

Die Ärmel an die Vorderteilpasse und an 1 Hälfte der angeschlagenen KörperM am Armausschnitt nähen.
Die Ärmel am Rücken entsprechend annähen.
Alle Fäden vernähen.

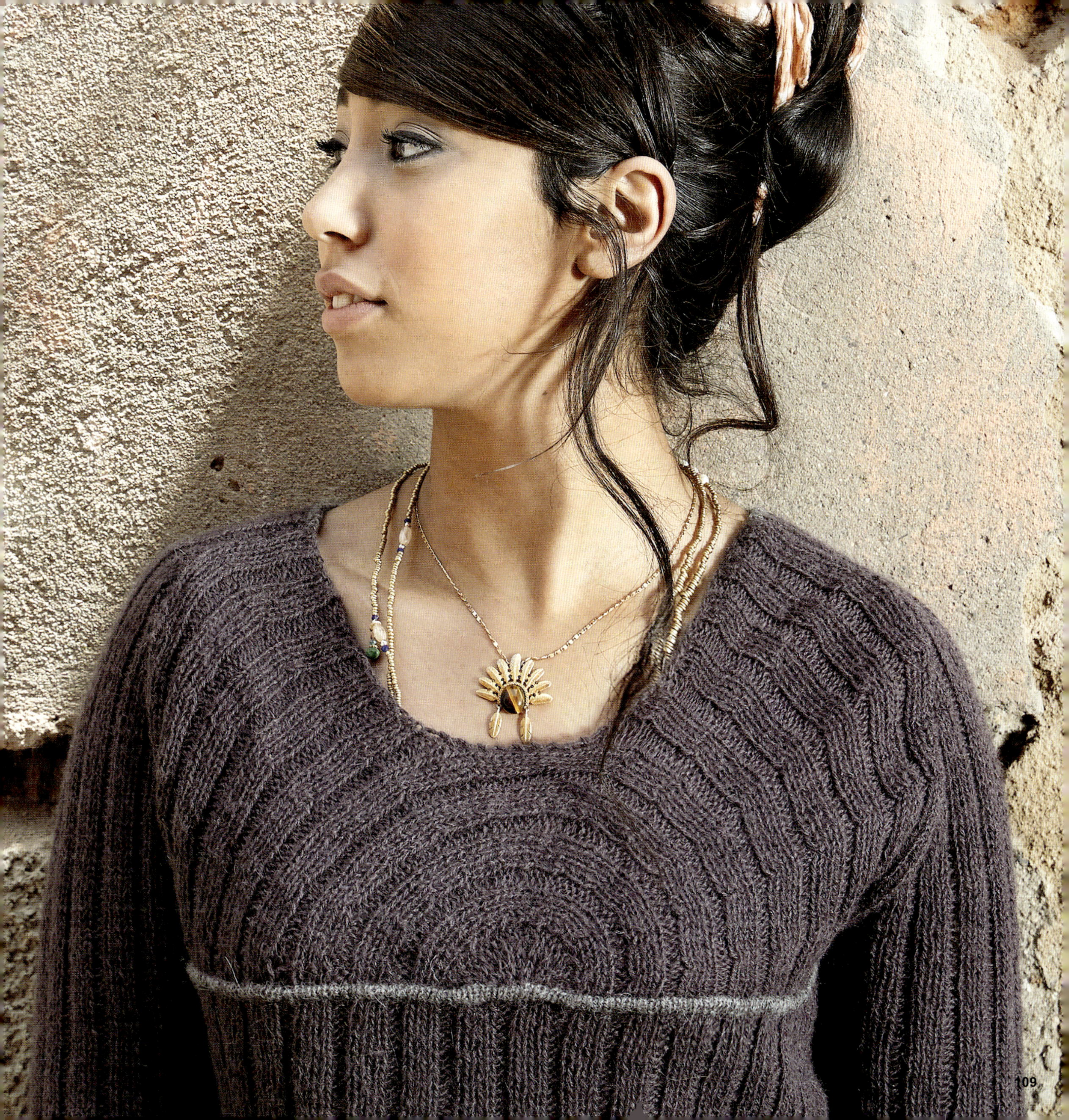

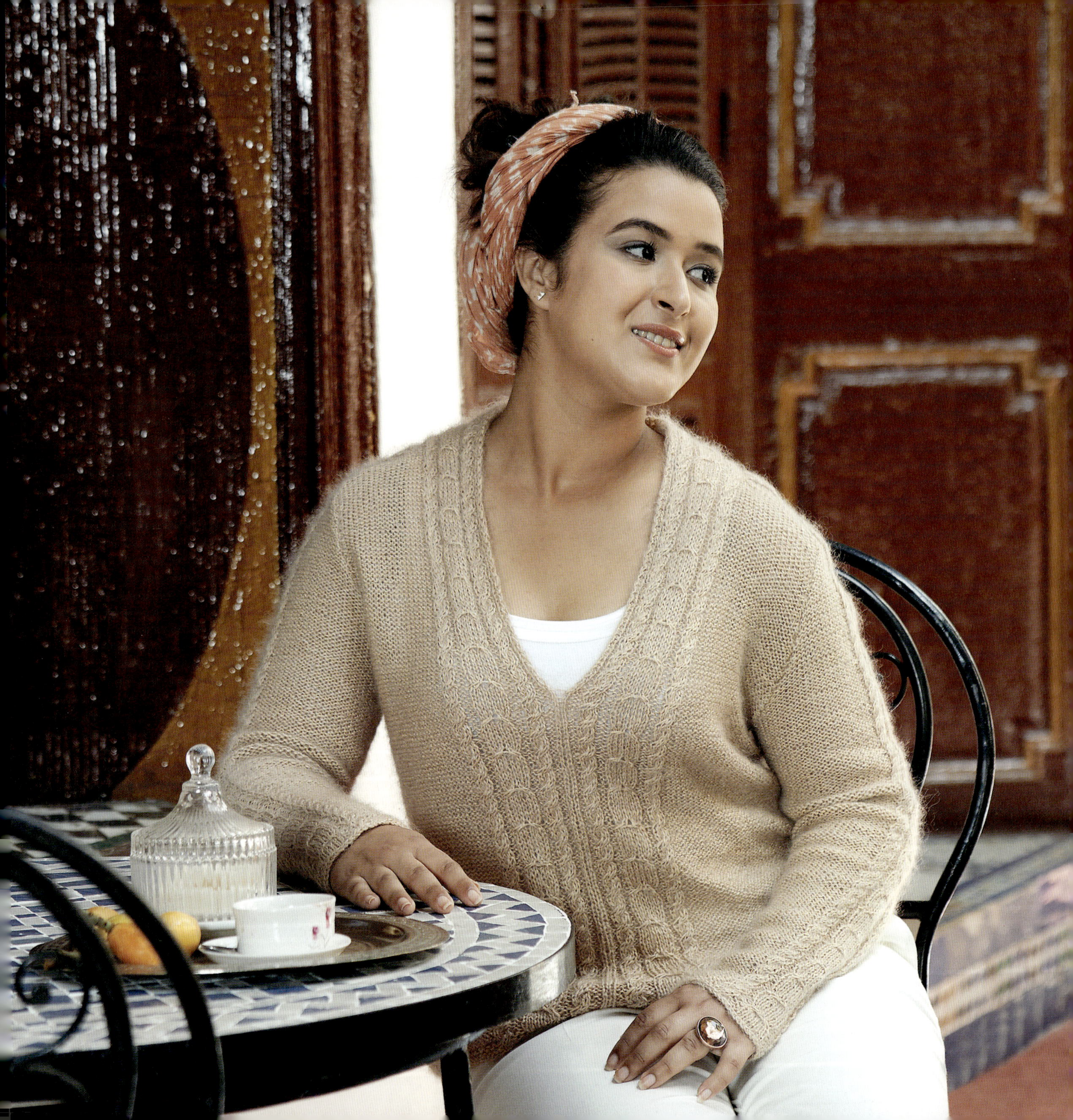

Tagine

Gr.: S (M) L (XL)

Halbe Oberweite: 46 (50) 54 (58) cm
Länge: 59 cm
Innere Ärmellänge: 44 cm

Material
125 (150) 150 (175) g Isager Silk Mohair Farbe 6
200 (200) 200 (250) g Isager Japansk Bomuld Farbe 59
Mit je einem Faden beider Qualitäten stricken

Empfohlene Rundnadeln Nr. 3½ und 4

Maschenprobe glatt gestrickt mit Nd Nr 4:
10 cm = 19 M und 27 R

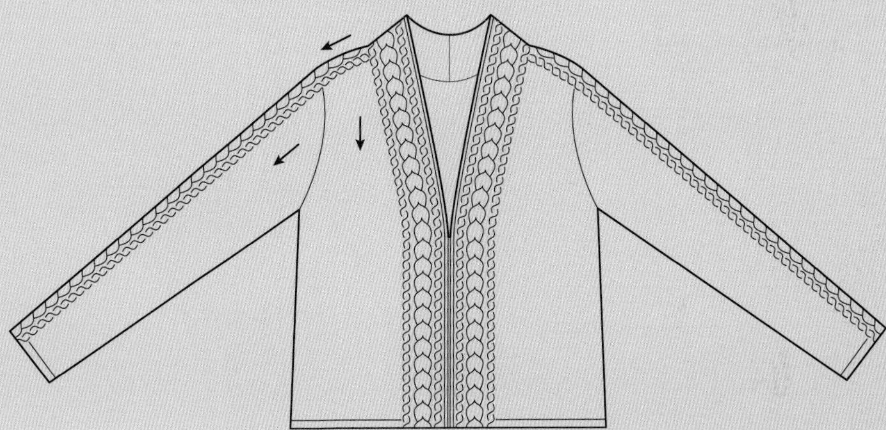

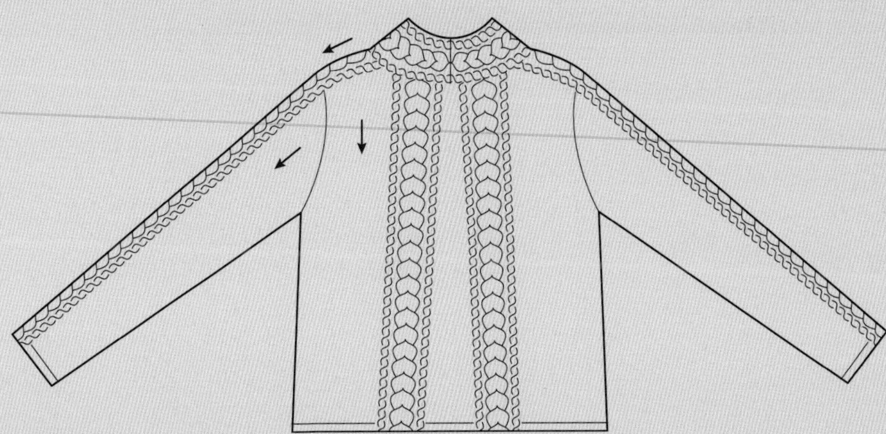

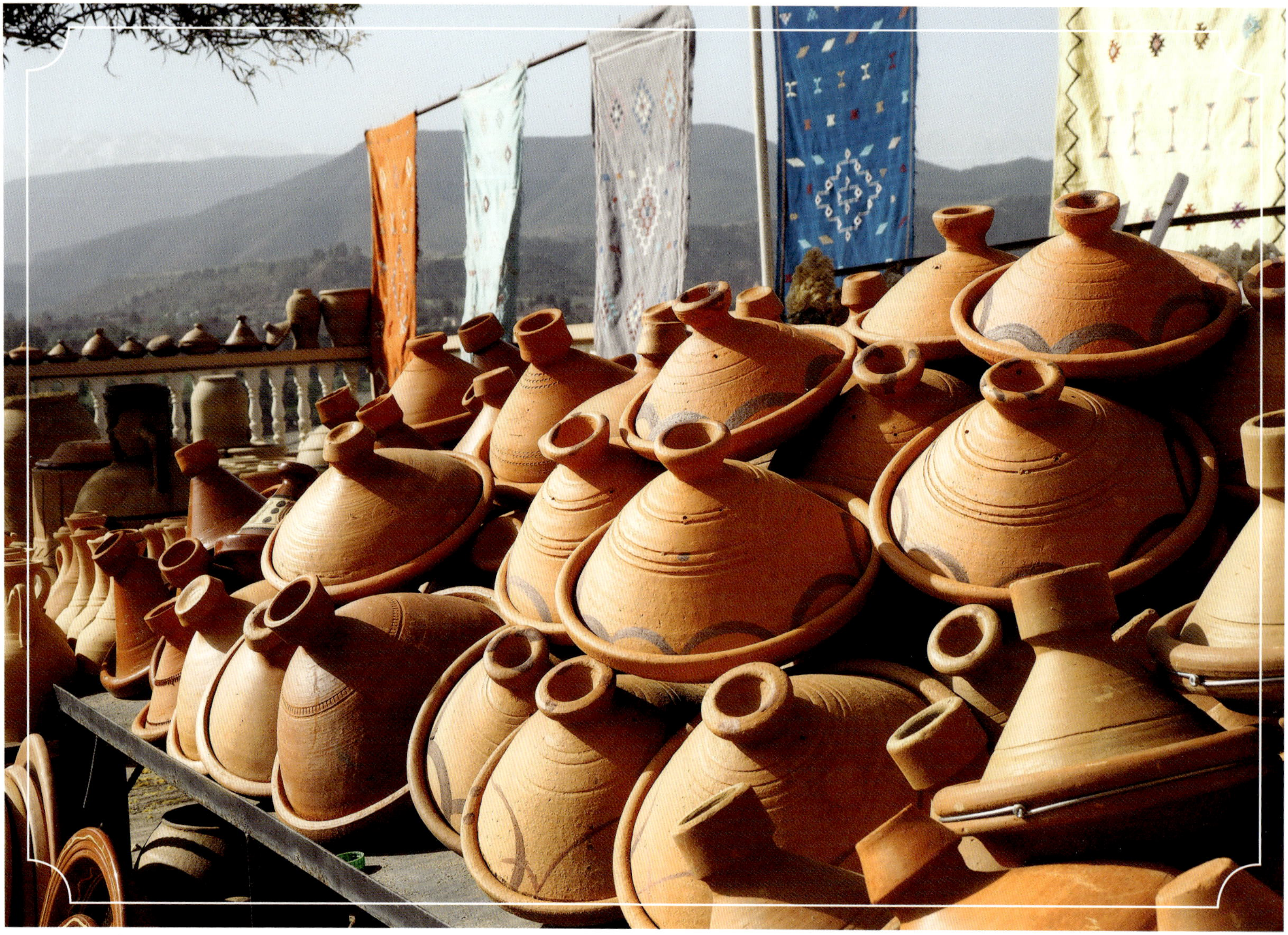

TAGINE

Lamm mit getrockneten Pflaumen, Curry und Erbsen auf einem Boden aus Couscous – über dem Feuer. Und eine Stunde später gibt es gut riechendes und schmeckendes marokkanisches Essen.

LINKER ÄRMEL
Den Ärmel von oben nach unten str.
24 M mit Nd Nr. 4 und je einem Faden beider Qualitäten anschl.

Reihe 1 (RückR): 3re – DiagrammR 1 – 3re.
Reihe 2: 1re – 2li – DiagrammR 2 – 2li – 1re.

Auf diese Weise das Diagramm bis zum Ende str.
Danach das Diagramm wdh, bis insg 23(25)27(29) R gestrickt sind.
Eine Markierung an jeder Seite setzen.
Die Schulter misst ca. 8½(9)10(11) cm.

ARMKUGEL
Laut Diagramm weiter str und gleichzeitig Zun für die Armkugel str:
2 M in Verlängerung der nächsten 4(4)6(6) R anschl = 32(32)36(36) M.
Die neuen M in den RückR re und in den HinR li str.
Die erste und letzte M in allen R re str.

Danach in den HinR Zun str:
2 M aus der ersten Masche str – im Muster bis zur letzten M str – 2 M aus der letzten Masche str = 34(34)38(38) M.

Diese Zun insg 16-mal in jeder 2. R str = 64(64)68(68) M.
1 RückR str.

2 M in Verlängerung der nächsten 2(4)4(6) R anschl = 68(72)76(80) M.

Danach 3 M in Verlängerung der nächsten 2 R anschl = 74(78)82(86) M.
Die Armkugel ist fertig.

Im Muster weiter str. 10(4)10(4) R str.
Nun mit Abn beg: Die ersten 2 M re zus str – bis zu den letzten 2 M – 2 M re zus str = 72(76)80(84) M.
Diese Abn in jeder 8.(8.)7.(7.) R wdh, bis noch 48(50)52(54) M auf der Nd sind.
Weiter str, bis der Ärmel nach der Armkugel ca. 42 cm misst.
Nach einer HinR mit Zöpfen enden.

Zu Nd Nr. 3½ wechseln.
Reihe 1 (RückR): 15(16)17(18)re – 4li – 2re – 6li – 2re – 4li – 15(16)17(18)re.
Reihe 2: 48(50)52(54)re.
Reihe 3: wie Reihe 1.
Reihe 4: 15(16)17(18)re – Zopf – 2re – wenn es ins Muster passt einen Zopf str, oder 6re – 2re – Zopf – 15(16)17(18)re.
Reihe 5: Wie Reihe 1.

In einer HinR alle M abk.
Die Fäden abschneiden.

Den rechten Ärmel genauso str.

RÜCKEN
16(17)19(21) M von der Außenseite mit Nd Nr. 4 und je einem Faden beider Qualitäten aus der Seite der linken Schulter heraus str, ab der Markierung bis zur AnschlagR.
In Verlängerung davon 38 neue M anschl.
16(17)19(21) M aus der Seite der rechten Schulter heraus str, ab AnschlagR bis zur Markierung.
Der Rücken hat nun 70(72)76(80) M.

Reihe 1 (RückR): 16(17)19(21)re – DiagrammR 1 – 2re – DiagrammR 1 – 16(17)19(21)re.
Reihe 2: 1re – 15(16)18(20)li – DiagrammR 2 – 2li – DiagrammR 2 – 15(16)18(20)li – 1re.

Weiter str und das Diagramm insg 3-mal str = 24 R.

Reihe 25 mit 1. Zun an den Seiten und 1. Zun in der Rückenmitte (RückR): 2 M aus erster Masche – 15(16)18(20)re – DiagrammR 1 – 1 neue re – 2re – 1 neue re – DiagrammR 1 – 15(16)18(20)li – 2 M aus letzter Masche str = 74(76)80(84) M.

Reihe 26: 1re – 16(17)19(21)li – DiagrammR 2 – 4li – DiagrammR 2 – 16(17)19(20)li – 1re.
Die neuen M in den HinR li und in den RückR re str.
Laut Diagramm weiter str.
Insg 4-mal am Anfang und Ende jeder 4. R zun = 80(82)86(90) M.
3 R im Muster str.

Die 5. Zun an den Seiten und die 2. Zun in der Rückenmitte str (RückR): 2 M aus erster Masche – 19(20)22(24)re – DiagramR 1 – 1 neue re – 4re – 1 neue re – DiagrammR 1 – 19(20)22(24)re – 2 M aus letzter Masche str = 84(86)90(94) M.

1 R im Muster str.
Insg 4-mal am Anfang und Ende jeder 2. R zun = 92(94)98(102) M.
1 R im Muster str.

Gr. S(M): Beidseitig 2(3)-mal am Ende der R 2 neue M anschl = 100(106) M.
Mit einer RückR enden.

Gr. L(XL): Beidseitig 3(3)-mal am Ende der R 2 neue M anschl = 110(114) M.
Die letzte R ist eine HinR.
Die 3. Zun in der Rückenmitte str - im Muster str – 2 M am Ende der R anschl.
1(3) R im Muster str und am Ende jeder R 2 neue M anschl = 116(124) M.
Die letzte R ist eine RückR.

Alle Gr.:
Der Rücken misst ca. 20(20½)21(22)cm.
Die Fäden abschneiden und die M stilllegen.

RECHTES VORDERTEIL
25 M mit je 1 Faden beider Qualitäten und Nd Nr. 4 für den Kragen anschl.

Reihe 1 (RückR): Die 1. M abhFV – 1li – 2re – DiagrammR 1 – 3re.
Reihe 2: 1re – 2li – DiagrammR 2 – 2li – 2re.

Auf diese Weise alle DiagrammR str.
Insg 47 R str und dabei das Diagramm wdh.
Enden mit DiagrammR 7.
Die Fäden abschneiden.

16(17)19(21) M von der Außenseite aus der Seite der rechten Schulter heraus str, ab der Markierung bis zur AnschlagR.
In Verlängerung davon im Muster über die KragenM str: 3li – DiagrammR 8 – 2li – 2re = 41(42)44(46) M.

Reihe 1 (RückR): 1abhFV – 1li – 2re – DiagrammR 1 – 19(20)22(24)re.
Reihe 2: 1re – 18(19)21(23)li – DiagrammR 2 – 2li – 2re.

Auf diese Weise das gesamte Diagramm insg 3-mal str = 24 R.

Reihe 25 mit Zun (RückR): 1abhFV– 1li – 2re – DiagrammR 1 – 1 neue re – 18(19)21(23) re – 2 M aus der letzten Masche str = 43(44)46(48) M.
Reihe 26: 1re – 20(21)23(25)li – DiagrammR 2 – 2li – 2re.

Die neuen M in den HinR li und in den RückR re str.
Laut Diagramm weiter str.
Die Zun am Ende der RückR insg 4-mal in jeder 4. R str = 46(47)49(51) M.
3 R im Muster str.

5. Zun für den Armausschnitt und 2. Zun am Diagramm (RückR) str: 1abhFV – 1li – 2re – DiagrammR 1 – 1 neue re – 23(24)26(28) re – 2 M aus der letzten Masche str = 48(49)51(53) M.

1 R im Muster str.

Die Zun am Ende jeder RückR insg 4-mal str = 52(53)55(57) M.
1 R im Muster str.

2(3)3(3)-mal in Verlängerung der RückR 2 neue M anschl = 56(59)61(63) M.
Die letzte R ist eine RückR.

Gr. L(XL):
1 R im Muster str.
3. Zun am Diagramm str – im Muster str – 2 M in Verlängerung der RückR anschl = 64(66) M.

Gr. (XL):
1 R im Muster str.
2 M in Verlängerung der RückR anschl = 68 M.

Alle Gr.:
2 R im Muster ohne Zun str.
Das Vorderteil misst 20(20½)21(22) cm.
Die Fäden abschneiden und die M stilllegen.

LINKES VORDERTEIL
25 M mit beiden Qualitäten und Nd Nr. 4 aus der AnschlagR der rechten Kragenhälfte heraus str.

Reihe 1 (RückR): 3re – DiagrammR 1 – 2re – 1li – 1re.
Reihe 2: 1abhFV – 1re – 2li – DiagrammR 2 – 2li – 1re.

Insg 47 R str. Enden mit DiagrammR 7.

Nächste R (HinR): 1abhFV – 1re – 2li – DiagrammR 8 – 3li –16(17)19(21) M aus der Seite der linken Schulter von der AnschlagR bis zur Markierung heraus str = 41(42)44(46) M.

Reihe 1 (RückR): 19(20)22(24)re – DiagrammR 1 – 2re – 1li – 1re.
Reihe 2: 1abhFV – 1re – 2li – DiagrammR 2 – 18(19)21(23)li – 1re.
Insg 24 R str.

Reihe 25 mit Zun (RückR): 2 M aus erster Masche str – 18(19)21(23)re – 1 neue re – DiagrammR 1 – 2re – 1li – 1re = 43(44)46(48) M.
Reihe 26: 1abhFV – 1re – 2li – DiagrammR 2 – 20(21)23(25)li – 1re.

Die neuen M in den HinR li und in den RückR re str.
Laut Diagramm weiter str.
Die Zun am Anfang der RückR insg 4-mal in jeder 4. R str = 46(47)49(51) M.
3 R im Muster str.

Die 5. Zun für den Armausschnitt und die 2. Zun am Diagramm (RückR) str: 2 M aus der ersten Masche str – 23(24)26(28)re – 1 neue re – DiagrammR 1 – 2re – 1li – 1re = 48(49)51(53) M.

1 R im Muster str.
Die Zun am Anfang jeder RückR insg 4-mal str = 52(53)55(57) M.

Insg 2(3)3(3)-mal 2 neue M in Verlängerung der HinR anschl = 56(59)61(63) M.
2 R im Muster ohne Zun str.

Gr. L(XL):
3. Zun am Diagramm str – im Muster str.
2 M am Ende der nächsten HinR anschl = 64(66) M.

Gr. (XL):
1 R im Muster str.
2 M am Ende der HinR anschl = 68 M.

Alle Gr.:
1 RückR im Muster str.
Das Vorderteil misst ca. 20(20½)21(22)cm.
Die Fäden abschneiden und die M stilllegen.

Von der Außenseite den Kragen an den Rücken und die Schultern nähen.

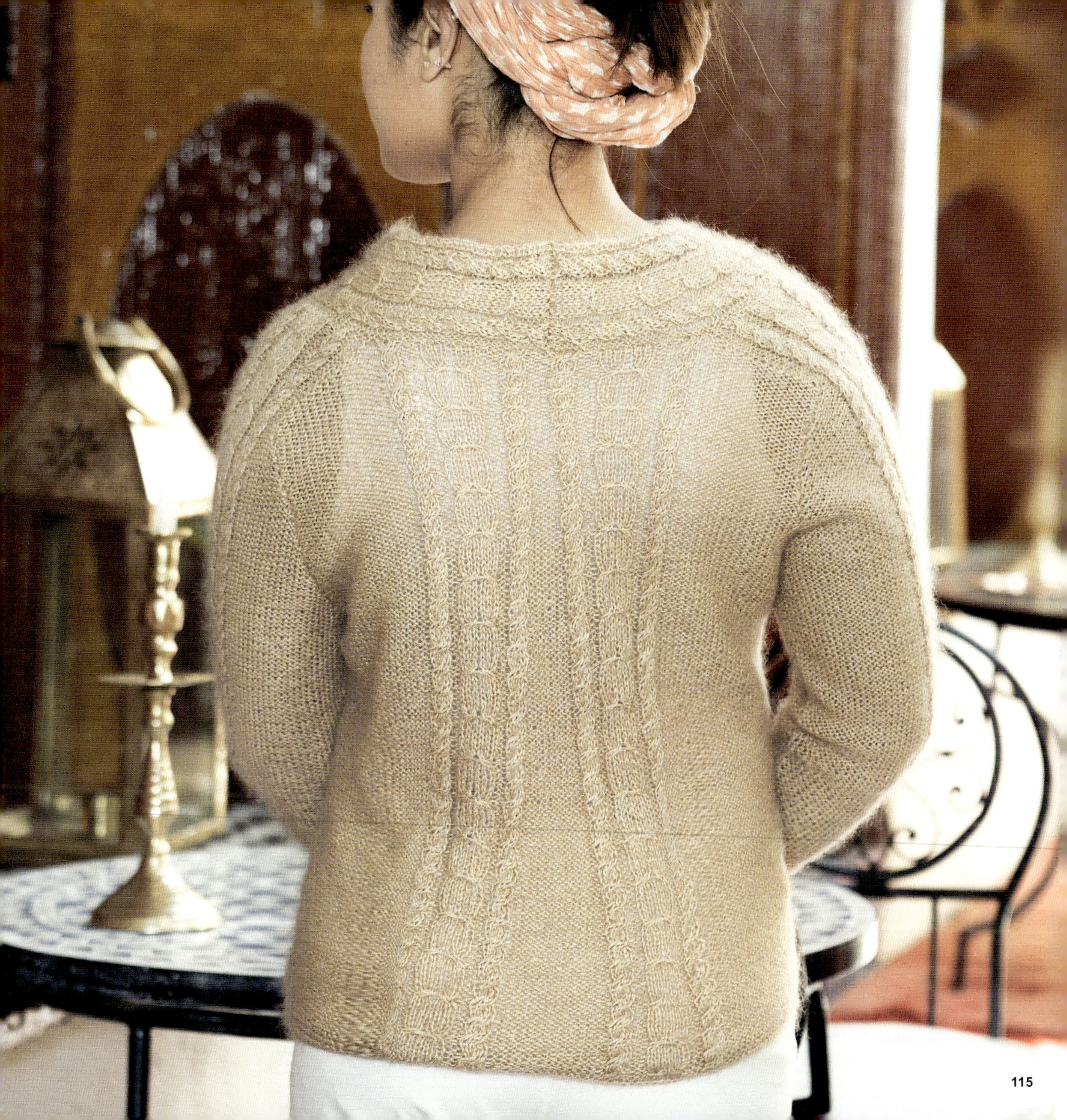

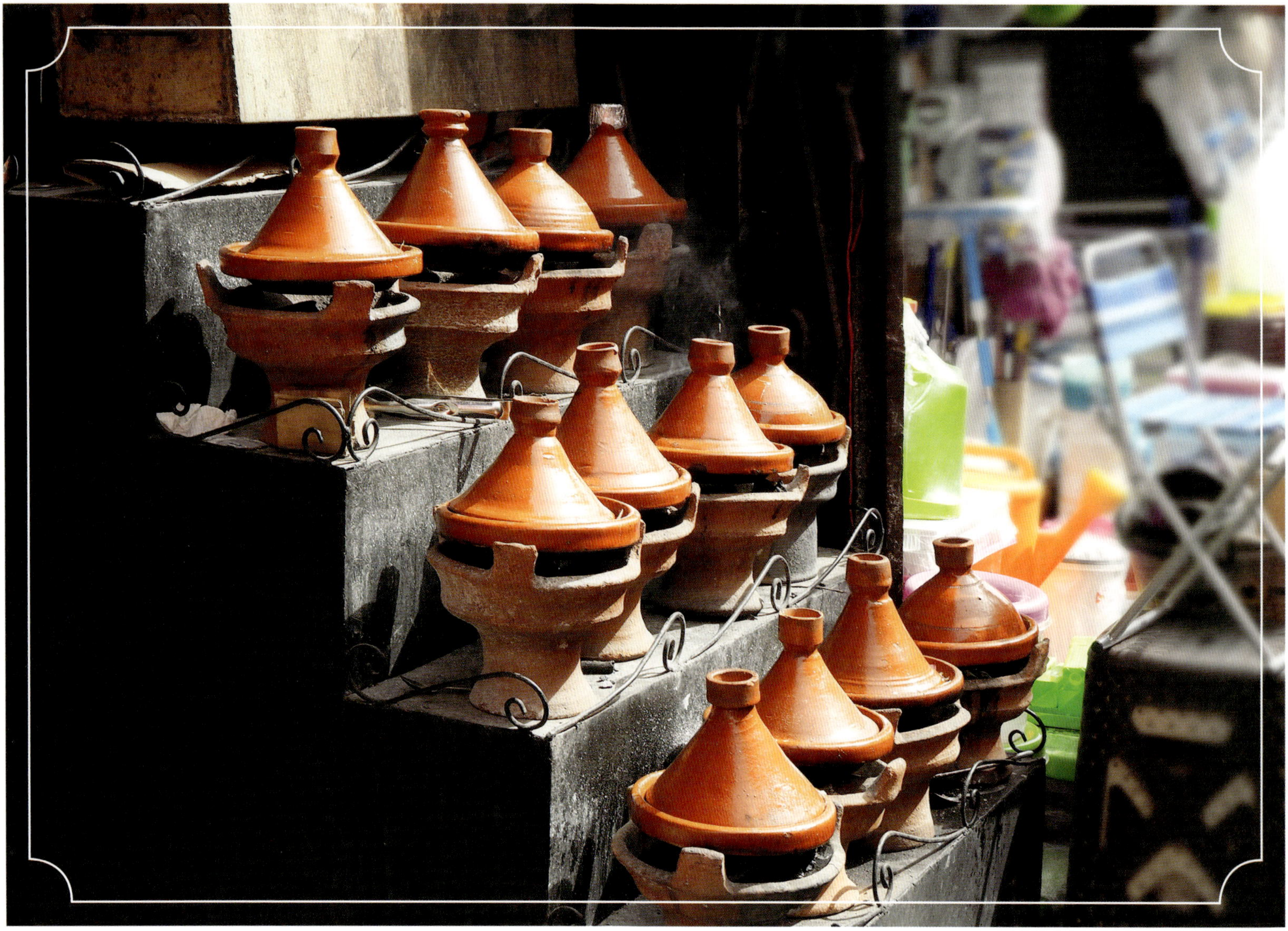

KÖRPER

Nun über alle Teile eine HinR str.

56(59)64(68) M des linken Vorderteils im Muster str – 6 neue M in Verlängerung anschl – 100(106)116(124) RückenM im Muster str – 6 neue M in Verlängerung anschl – 56(59)64(68) M des rechten Vorderteils im Muster str = 224(236)256(272) M.

Wähle zwischen dem offenen und geschlossenen Modell.

OFFENES MODELL

2(0)14(12) R im Muster str.
3.(3.)4.(4.) Zun in der Rückenmitte und an den Diagrammen der Vorderteile str.
Die Zun noch 3(3)2(2) -mal in jeder 16. R

wdh = 14 M zw den Diagrammen in der Rückenmitte.
Es sind insg 240(252)268(284) M auf der Nd.

Weiter str, bis die Arbeit ab Beginn des Rückens 52 cm misst.
Das Diagramm ist nun 17½-mal gestrickt.
Nach einer ZopfR enden – die letzte M re str.

Zu Nd Nr. 3½ wechseln.
Reihe 1 (RückR): 1abhFV – re zu Ende str.
Reihe 2: 1abhFV – 1li – die Zopfmaschen li str - bis zu den letzten 2 M re str, 1li – 1re.
Reihe 3: 1abhFV – eine ZopfR str.
Reihe 4: Wie Reihe 2.

In einer HinR abk.
Die Fäden abschneiden.

GESCHLOSSENES MODELL

Gr. S:
2 R im Muster str.
1 R im Muster mit 3. Zun in der Rückenmitte und an den Diagrammen der Vorderteile str, aber nur bis zu den 2 letzten M str – 2li zus str.
Nicht wenden, sodass in Runden von der Pullover Innenseite gestrickt wird.
Der Vorteil dabei ist, dass man rechts str kann.

Gr. (M):
1 R im Muster mit 3. Zun in der Rückenmitte und an den Diagrammen der Vorderteile str.
1 R im Muster str.

Gr. L(XL):
2 R im Muster str.

Gr. (M)L(XL):
In der nächsten R im Muster bis zu den 2 letzten M str – 2li zus str.
Nicht wenden, sodass in Runden von der Pullover Innenseite gestrickt wird.
Der Vorteil dabei ist, dass man rechts str kann.

Alle Gr.:
Runde 1: 2li zus – re über rechten und li über linken M str.
Die letzte M li str.
Runde 2: 1li str – im Muster bis zur letzten M str - 1li str.

ZÖPFE AUF DER RÜCKSEITE
Zopf über 4 M: 2 M auf eine Hilfsnd hinter die Arbeit legen – 2li – die M von der Hilfsnd li str.
Zopf über 6 M: 2 M auf eine Hilfsnd vor die Arbeit legen – 1li – die M von der Hilfsnd li str. 1 M auf eine Hilfsnd hinter die Arbeit legen – 2li – die M der Hilfsnd li str.

Im Muster weiter str und dabei die erste und letzte M der Rd li str.
Die Zun in der Rückenmitte und an den Diagrammen der Vorderteile noch 3-mal str = 14 M zw den Diagrammen der Rückenmitte.
Insg = 238(250)266(282) M.

Weiter str, bis die Arbeit ab Rückenbeginn 52 cm misst.
Das Diagramm ist nun 17½-mal gestrickt.
Nach einer ZopfRd enden.
Das Strickstück zwischen den 2 Mittelmaschen am Vorderteil wenden.

Zu Nd Nr. 3½ wechseln.
In Reihen hin und her str.
Reihe 1 (HinR): 1abhFV – re zu Ende str.
Reihe 2: 1abhFV – die Zopfmaschen li, alle anderen M re str.
Reihe 3: 1abhFV – eine R re mit Zöpfen str.
Reihe 4: Wie Reihe 2.

In einer HinR abk.
Die Fäden abschneiden.

FERTIGSTELLUNG

Die Ärmel zusammennähen und an den Körper nähen. Alle Fäden vernähen.

DIAGRAMM

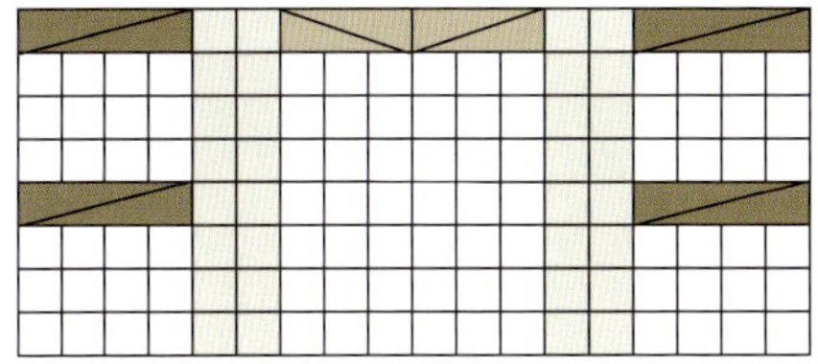

 rechts in den HinR – links in den RückR

 links in den HinR – rechts in den RückR

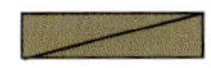 2 M auf eine Hilfsnd hinter die Arbeit legen – 2re str – 2 M der Hilfsnd re str

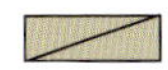 2 M auf eine Hilfsnd hinter die Arbeit legen – 1re str – 2 M der Hilfsnd re str

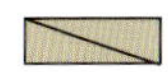 1 M auf eine Hilfsnd vor die Arbeit legen – 2re str – 1 M der Hilfsnd re str

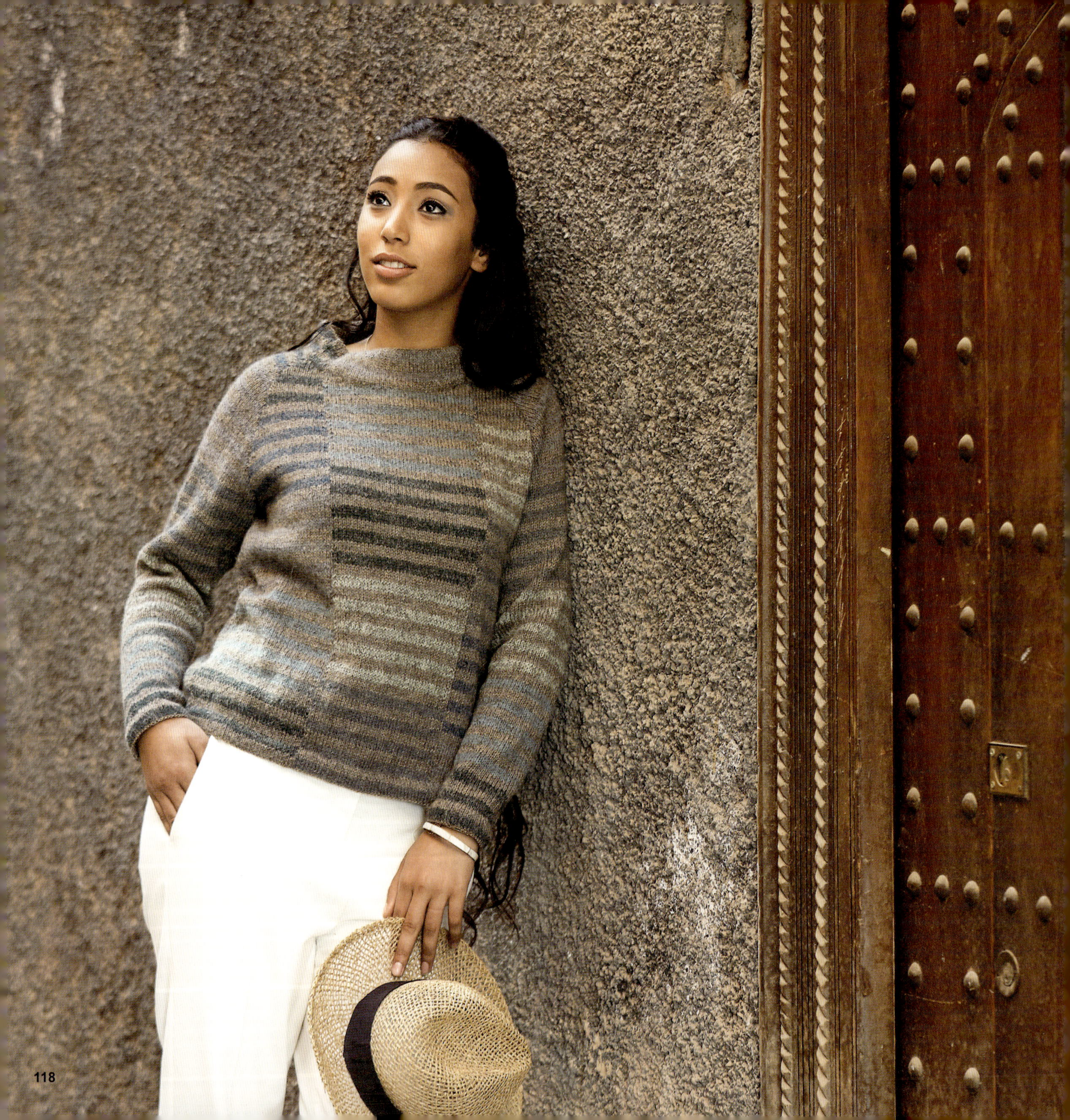

APFELKISTEN

Gr.: S (M) L (XL)

Halbe Oberweite: 46 (50) 54 (59) cm
Länge: 55 (55) 58 (58) cm
Innere Ärmellänge: 42 (43) 42 (43) cm

Material
A: 150 (150) 150 (200) g Isager Alpaca 1 Farbe 4s.
B: 100 (150) 150 (150) g Isager Highland Farbe Stone
C: 50 g Isager Alpaca 2 Farbe 46s
D: 50 g Isager Highland Farbe Ocean
E: 50 g Isager Highland Farbe Greece
F: 50 g Isager Highland Farbe Sky
G: 50 g Isager Highland Farbe Turquise
H: 50 g Isager Tvinni Farbe 37
Das Muster wird mit A + einer anderen Farbe zusammen gestrickt

Empfohlene Rund- und Strumpfnadeln Nr. 3 und Nr. 3½

Maschenprobe im Muster mit A + B:
10 cm = 24 M und 32 R

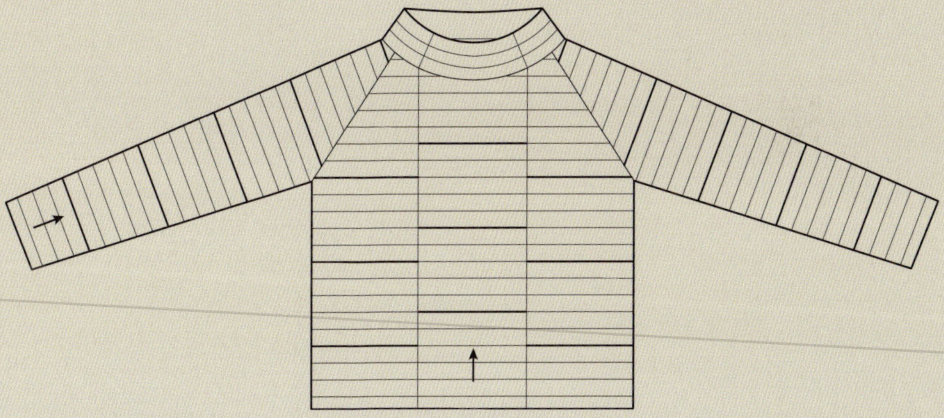

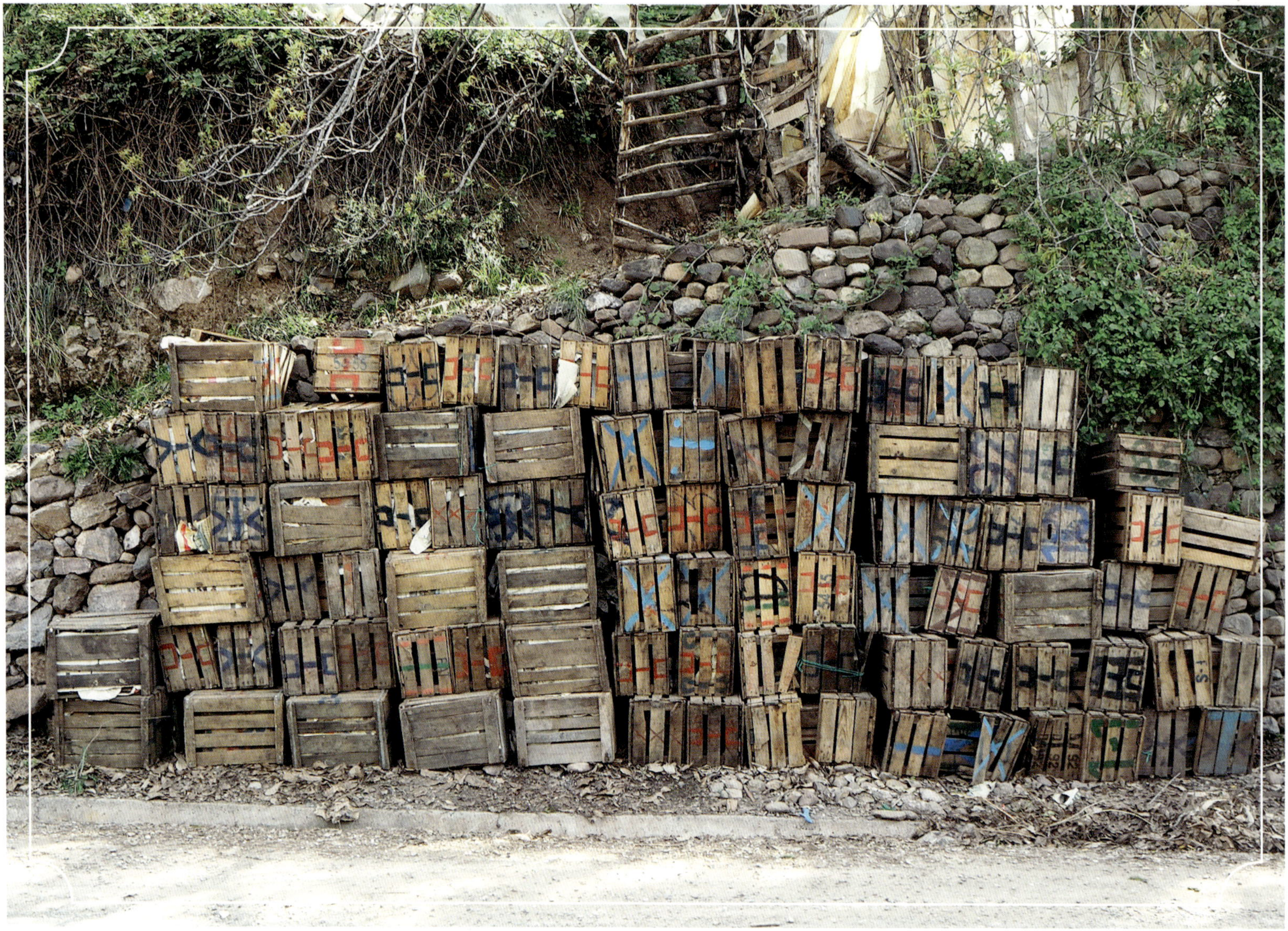

APFELKISTEN

Das Bergdorf Imlil ist das Tor zum Toubkal, Marokkos höchstem Berg.
Das erste Mal war ich über Neujahr hier. Morgens war noch Eis auf den Pfützen.
Beim zweiten Mal war es Anfang April, als Apfel- und Kirschbäume darum wetteiferten, die Täler mit weißen Blütenteppichen zu erleuchten.
Beim nächsten Mal könnte ich vielleicht zur Apfelernte wiederkommen.

RÜCKEN
111(120)129(141) M mit Nd Nr. 3 und B anschl.
8 R glatt str (= RückR li – HinR re), dabei die erste und letzte M in jeder R re str.
Erste R = RückR.
Für den Umbruch eine RückR re str.

Nun kleine Garndoggen wickeln:
A + eine andere Farbe.
Am meisten wird von A + B benötigt.

Zu Nd Nr. 3½ wechseln.
Glatt rechts str, dabei die erste und letzte M in allen R re str:
Mit A + B 37(40)43(47)re str.
Mit A + D weitere 37(40)43(47)re str.
Mit einem neuen Knäuel A + B 37(40)43(47) re str.

Beim Farbwechsel die Fäden auf der Rückseite verkreuzen.

Siehe Diagramm. Jeder Streifen = 4 R.

Die Armausschnitte beg nach 29½(28½)29½(28½) Streifen.
Der Rücken misst ca. 37(36)37(36) cm.

Für die Armausschnitte abk:

Beidseitig 1-mal am Anfang der R 3(4)6(7) M abk = 105(112)117(127) M.
Beidseitig 2-mal am Anfang der R 2 M abk = 97(104)109(119) M.

24(26)28(30)-mal am Anfang und Ende jeder HinR 2 M zus str = 49(52)53(59) M.

Der Armausschnitt besteht aus 13½(14½)15½(16½) Streifen und misst ca. 17(18)19(21)cm.

Die letzten 4 Streifen ohne Abn str. Die NackenM stilllegen.

VORDERTEIL
Wie am Rücken M anschl und laut Diagramm str, bis für den Armausschnitt 16(18)16(18)-mal am Anfang und Ende der HinR 2 M zus gestrickt sind = 65(68)77(83) M.
Der Armausschnitt besteht aus 9½(10½)9½(10½) Streifen.

Insg sind 39 Streifen gestrickt.

Nun jede Seite des Halsausschnitts einzeln fertig str.

LINKE SEITE
Laut Diagramm weiter str.
Reihe 1 (HinR): 2re zus – 24(25)30(30)re. Wenden.
Reihe 2: 3(4)3(3) M abk – li zurück str.
Reihe 3: 2re zus – 20(20)26(26)re.
Reihe 4: 3(3)2(2) M abk – li zurück str.
Reihe 5: 2re zus – 16(16)23(23)re.
Reihe 6: 3(3)2(2) M abk – li zurück str.
Reihe 7: 2re zus – 12(12)20(20)re.
Reihe 8: 2 M abk – li zurück str.
Reihe 9: 2re zus – 9(9)17(17)re.
Reihe 10: 2 M abk – li zurück str.

Noch 6(6)14(14) R str und dabei am Anfang der HinR 2 M zus str und am Anfang der RückR 1 M abk.
Die letzten beiden M zus str.
Die Fäden abschneiden.

Die mittleren 13(14)13(19) VorderteilM stilllegen.

RECHTE SEITE
In einer HinR nach den stillgelegten M beg.
Reihe 1: 3(4)3(3) M abk – re bis zu den letzten 2 M str – 2re zus.
Reihe 2: 1re – li zu Ende str.
Reihe 3: 3(3)2(2) M abk – re bis zu den letzten 2 M str – 2 re zus.
Reihe 4: Wie Reihe 2.
Reihe 5: 3(3)2(2) M abk – re bis zu den letzten 2 M str – 2re zus.
Reihe 6: Wie Reihe 2.
Reihe 7: 2 M abk – re bis zu den letzten 2 M str – 2re zus.

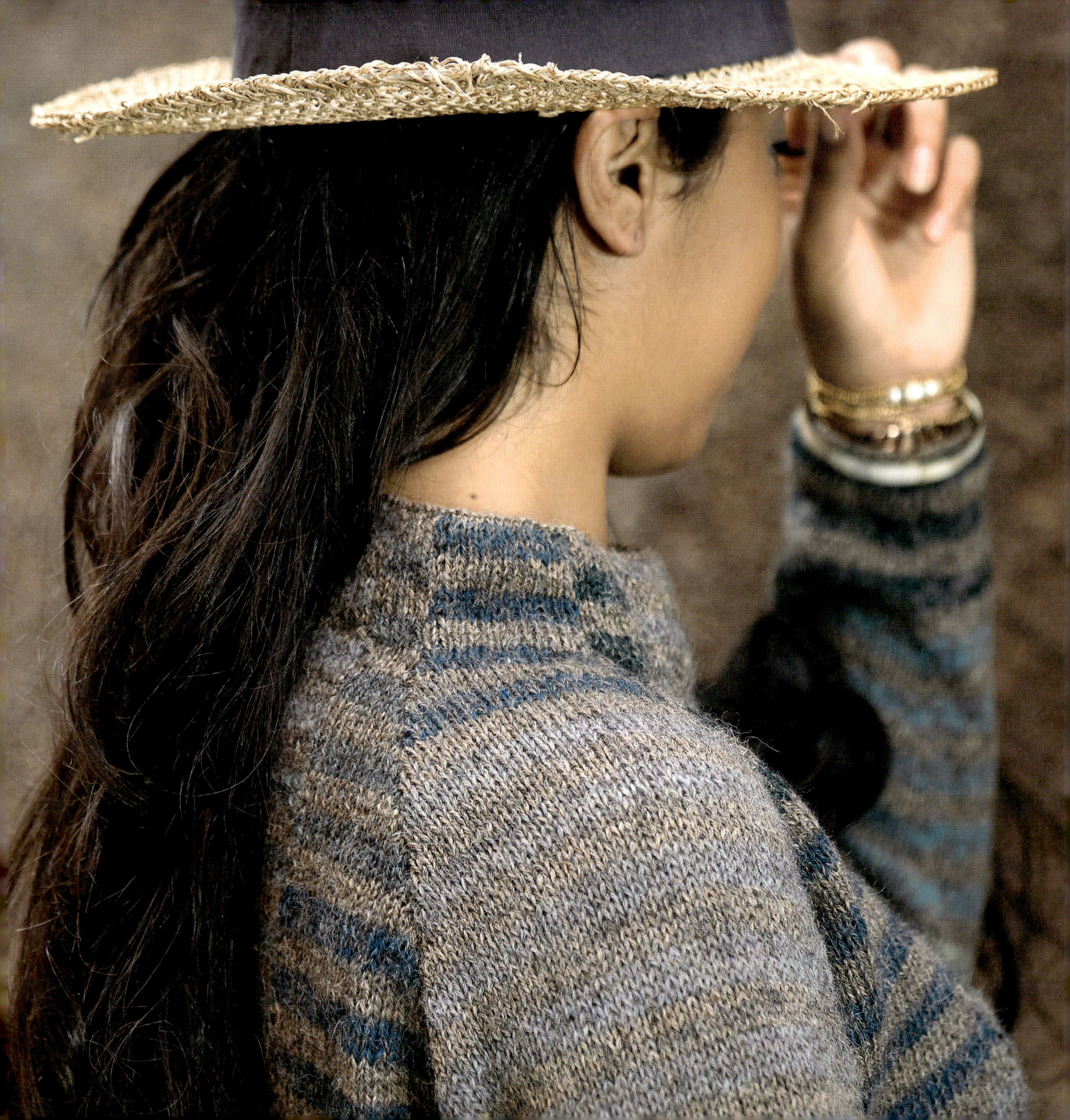

Reihe 8: Wie Reihe 2.

Reihe 9: 2 M abk – re bis zu den letzten 2 M str – 2re zus.

Noch 6(6)14(14) R str und dabei am Anfang der HinR 1 M abk und am Ende 2re zus str.
Die letzten beiden M zus str.

VORDERTEIL HALSRAND
Laut Diagramm mit einer HinR weiter str:
7(7)6(7) M aus der linken Bahn des Vorderteils heraus str.
13(14)16(15) M aus der mittleren Bahn str, bis zu den stillgelegten M.
Die mittleren 13(14)13(19) M re str.
13(14)16(15) M aus dem letzten Stück der mittleren Bahn str.
7(7)6(7) M aus der rechten Bahn des Vorderteils str = 53(56)57(63) M.

4 Streifen ohne Abn laut Diagramm str.
Die Fäden abschneiden.
Die M stilllegen.

ÄRMEL
46(48)50(52) M mit Strumpfnd Nr. 3 und B anschl.
8 Rd re str.
1 Rd li str.

Zu Nd Nr. 3½ wechseln und in Runden die Streifen laut Diagramm glatt rechts str.

In der 8.(8.)6.(6.) Rd Zun str: 1re – 1 neue re – re bis zur letzten M – 1 neue re – 1re = 48(50)54(56) M.

Diese Zun in jeder 8.(8.)6.(6.) Rd wdh, bis es 76(82)90(96) M sind.

Das Abketten für den Armausschnitt nach 35½(34½)35½(34½) Streifen in einer HinR beg.
Der Ärmel misst ab Umbruchrand 42(43)42(43) cm.

Am Anfang der Rd 3(4)6(7) M abk – Rd zu Ende str. Wenden.
Auch am Anfang der RückR 3(4)6(7) M abk – R zu Ende str = 70(74)78(82) M.

Beidseitig 2-mal am Anfang der R 2 M abk = 62(66)70(74) M.

24(26)28(30)-mal am Anfang und Ende jeder HinR 2 re zus str = 14 M.
Laut Diagramm ohne Abn fertig str.
Die Fäden abschneiden.
Die letzten M stilllegen.

Den zweiten Ärmel genauso str.

FERTIGSTELLUNG
Die Seitennähte zusammennähen.
Die Ärmel in die Armausschnitte nähen.
Die Fäden vernähen.

HALSRAND
Alle M wieder auf die Nd nehmen.
Mit B über alle Teile str.
Am linken Ärmel beg: 2re zus – 10re – 2re zus.
Vorderteil: 2re zus – 49(52)53(59)re – 2re zus.
Rechter Ärmel: 2re zus – 10re – 2re zus.
Rücken: 2re zus – 45(48)49(55)re – 2re zus.

In Runden str: 1 Rd li – 8 Rd re.
Alle M locker abk.
Die Fäden vernähen.

FARBDIAGRAMM – VORDERTEIL

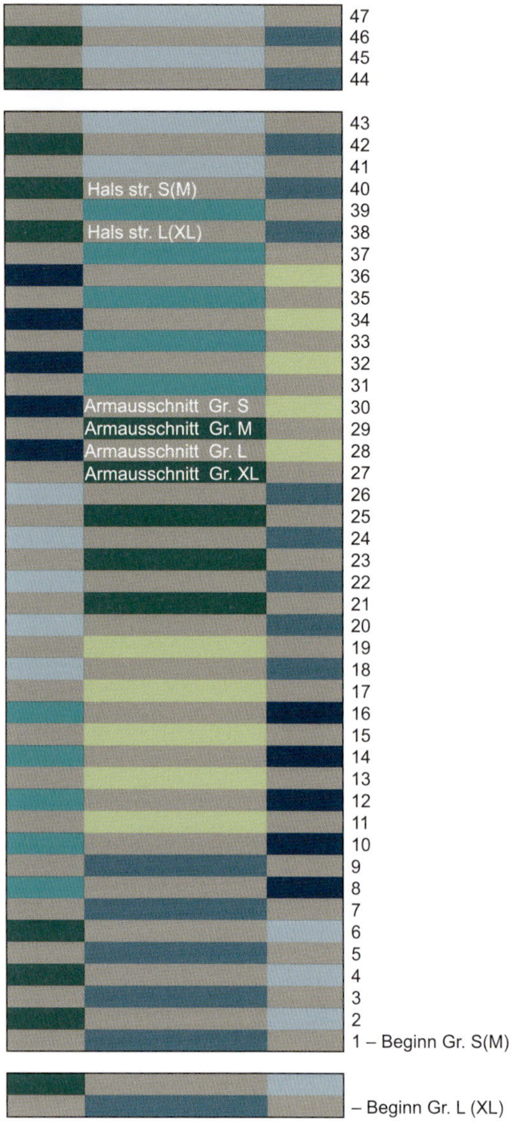

FARBDIAGRAMM – RÜCKEN

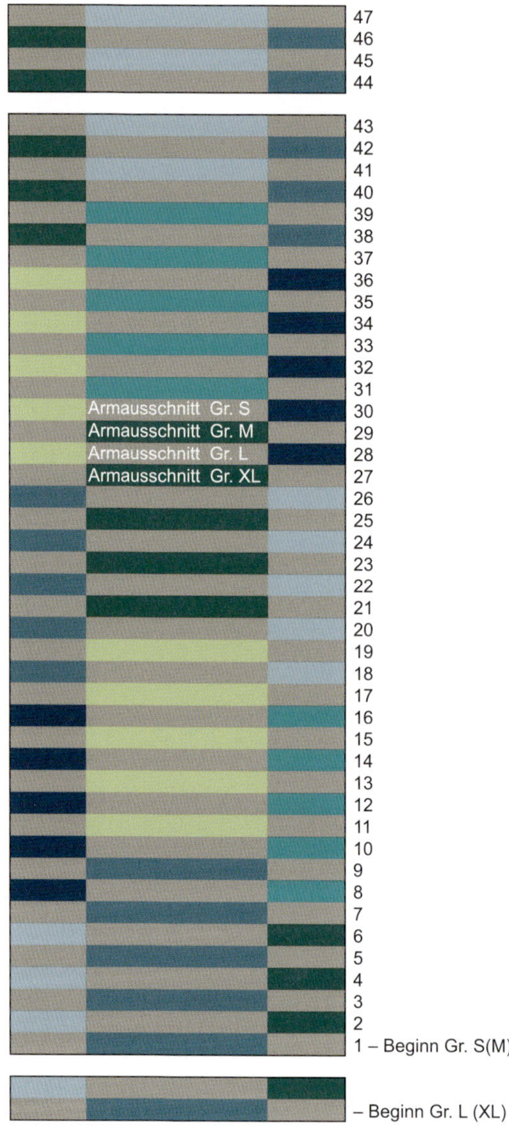

FARBDIAGRAMM – ÄRMEL

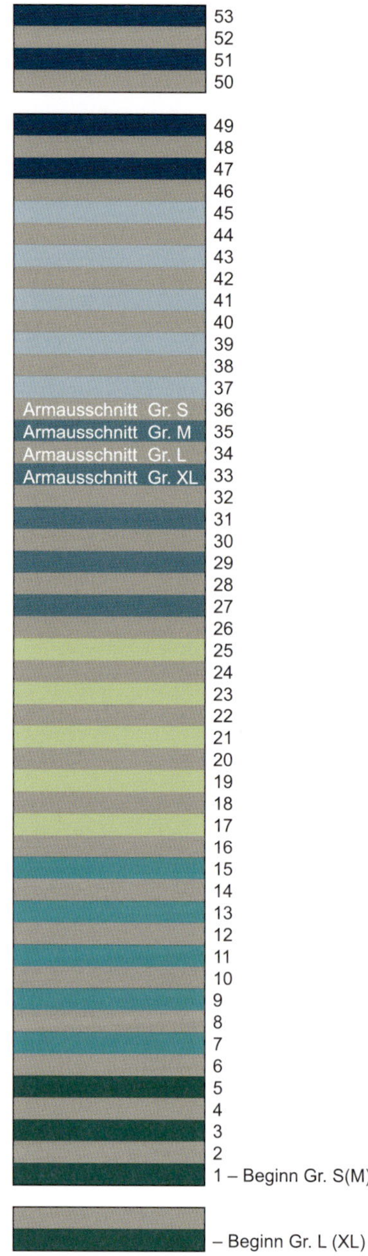

BEACHTE! 1 Farbstreifen = 4 R

A + B

A + C

A + D

A + E

A + F

A + G

A + H

Weitere Bücher
von Annette Danielsen

Handarbeit trifft Kunst

Unheimlich, subtil und humoristisch – so wird die Ausstellung „Fools“ des dänischen Malers Michael Kvium beschrieben. Umso erstaunlicher, dass die bekannte Strickdesignerin Annette Danielsen gerade diese Malereien zur Inspiration genommen und die unglaublichen Bilder des Malers grafisch als Strickmodelle umgesetzt hat. Hier gibt es jedoch keinen Grund zur Sorge: Die Designs in „Unheimlich. Schön. Gestrickt.“ sind liebenswürdig, freundlich und schön. Die Inspiration für jedes Design wird in Form des jeweiligen Bildes Kviums verdeutlicht. Erstaunlich, wie die Designs dazu passen und doch ihre eigene Annette-Note bekommen, die sich in 16 ausführlich beschriebenen Anleitungen in den Größen S bis XL für Anfänger oder Fortgeschrittene wiederfindet. Ganz typisch für Annette Danielsen ist, dass die meisten Modelle in einem Stück gestrickt und weitestgehend auf Nähte verzichtet wird.

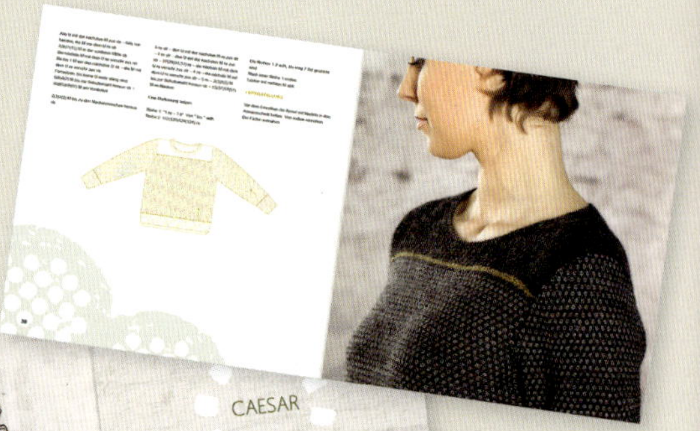

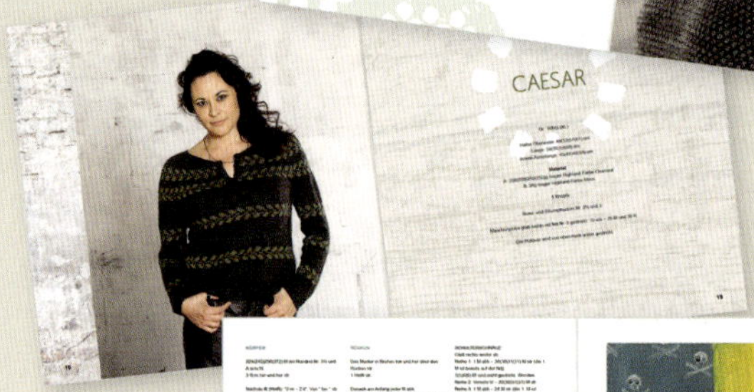

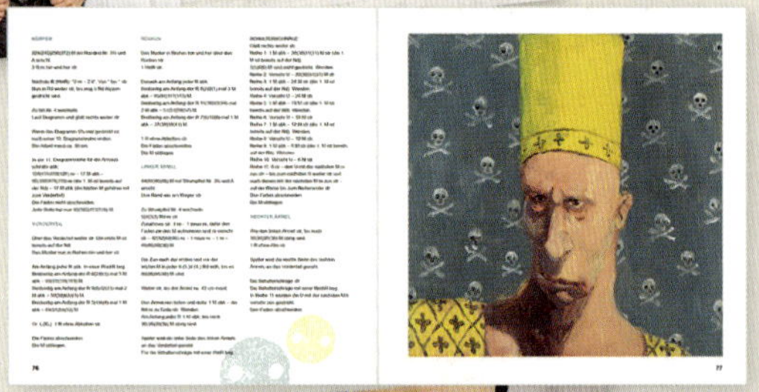

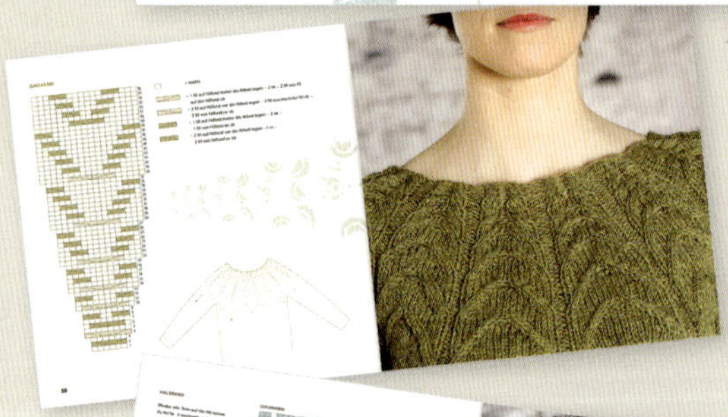

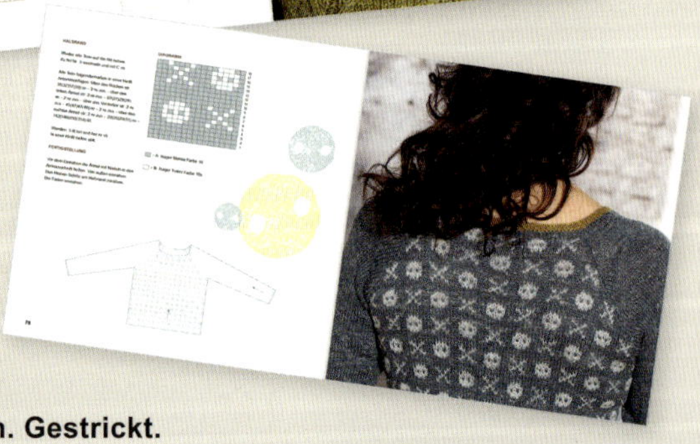

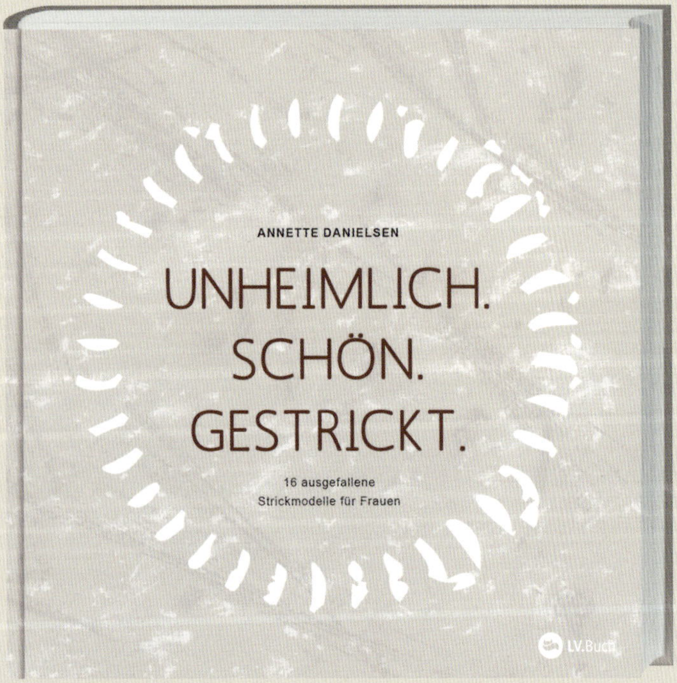

Annette Danielsen
Unheimlich. Schön. Gestrickt.
16 ausgefallene Strickmodelle für Frauen
118 S. | Hardcover | Format: 23 x 23 cm
€ 22,– (D)
€ 22,60 (A)
ISBN 978-3-7843-5550-4

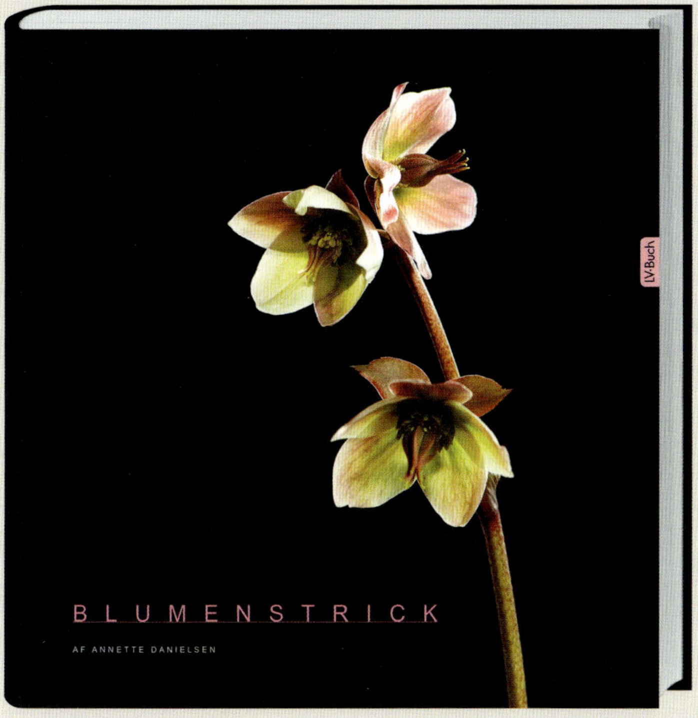

Strickmodelle von Artischocke bis Tulpe

Dänemarks beliebte Strickdesignerin Annette Danielsen hat sich von der Blumenwelt inspirieren lassen. Die Ideen für Farben, Formen und Stricktechniken hat sie in Blumen aller Jahreszeiten gefunden. Entstanden sind 16 Strickdesigns für Frauen, darunter Strickjacken, Pullover und ein Rock. Alle ausführlich beschriebenen Anleitungen sind für die Größen S bis XL. Ob Anfänger oder Fortgeschrittene, für jeden ist etwas dabei. Typisch für Annette Danielsen: Die meisten Modelle sind in einem Stück gestrickt und es wird weitestgehend auf Nähte verzichtet. Die Inspiration für jedes Design wird durch wunderschöne Nahaufnahmen und Skizzen verdeutlicht. Blumenliebhaber unter den Strickbegeisterten werden ihre Freude an diesem Buch haben.

Annette Danielsen
Blumenstrick
138 S. | Hardcover | Format: 23 x 23 cm
€ 19,95 (D)
€ 20,50 (A)
ISBN 978-3-7843-5475-0

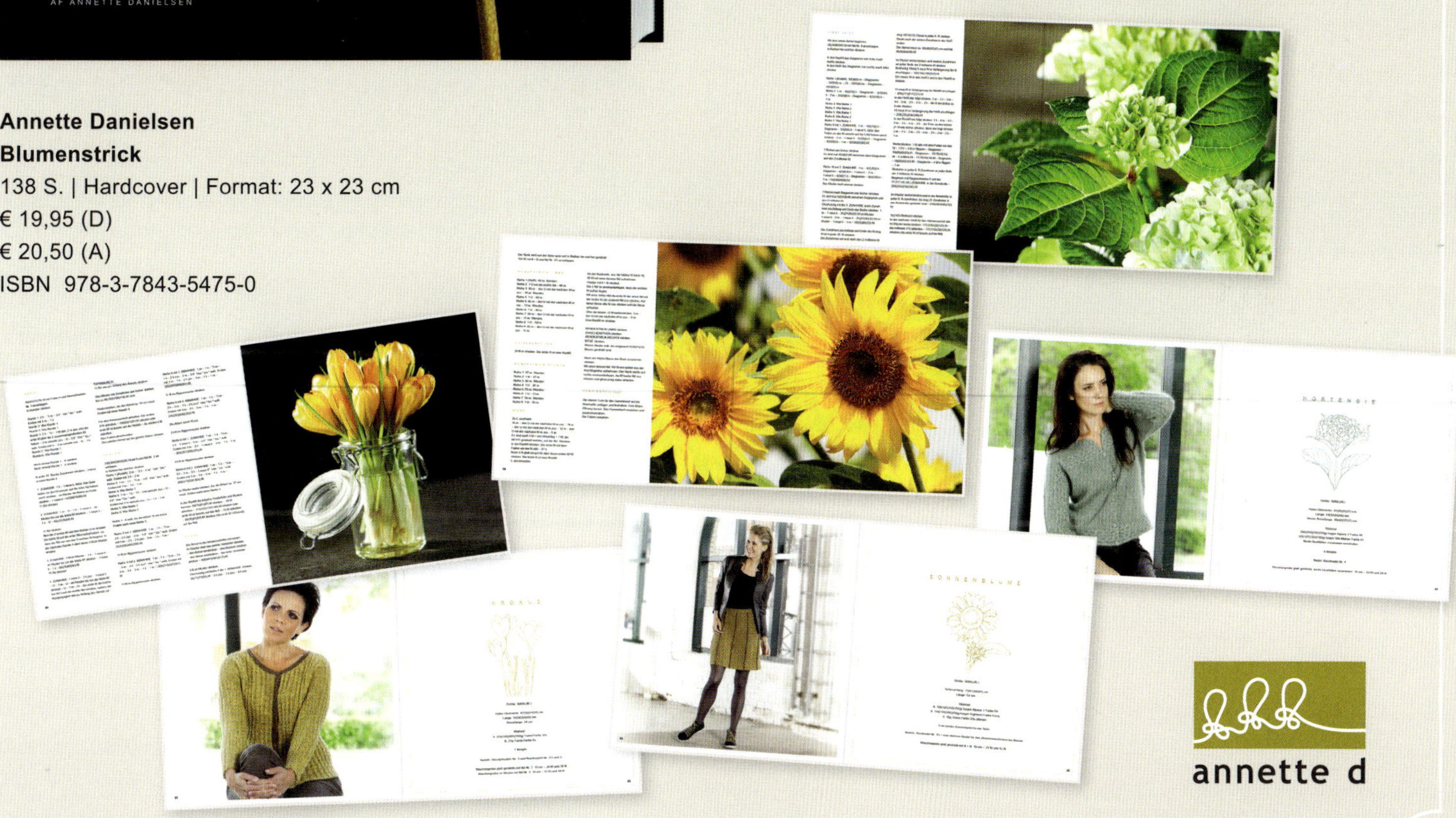

annette d

ABKÜRZUNGEN/ERKLÄRUNGEN

abh	abheben
abhFH	abheben mit Faden hinter der Arbeit
abhFV	abheben mit Faden vor der Arbeit
abk	abketten
abn/ Abn	abnehmen/Abnahme(n)
anschl	anschlagen
beg	beginnen
Hilfsnd	Hilfsnadel
HinR	Hinreihe = Außenseite
li	links
M	Masche(n)
Nd	Nadel
R	Reihe(n)
Rd	Runde(n)
re	rechts
RM	Randmasche(n)
RückR	Rückreihe = Innenseite
str	stricken
U	Umschlag (den Faden von vorne nach hinten über die rechte Nadel legen)
verschr	verschränkt
verschr U	verschränkter U (den Faden von hinten nach vorne über die rechte Nadel legen)
wdh	wiederholen
zun/ Zun	zunehmen/Zunahme(n)
zus	zusammen
zw	zwischen

1 neue re:	1 M re verschr aus dem Querfaden zw 2 M heraus str
1 neue li:	den Querfaden zw 2 M verschr auf die li Nd heben und li str
2 M aus 1 Masche str	1 M aus dem vorderen Maschenbogen re str, dann eine 2. M aus dem hinteren Maschenbogen re verschr str

KORREKTUREN: www.annetted.dk
Die Korrekturen für die dänische Ausgabe wurden in der deutschen Ausgabe bereits berücksichtigt.

annette d

VERWENDETE GARNE

Die Informationen zu den Garnen finden Sie unter: www.isagerstrik.dk. Sie können die Garne und Bücher bei den dort empfohlenen Isager Geschäften in Deutschland kaufen.

DANK

Danke an Anne, Randi und Signe – die drei tüchtigen Damen in meinem Strickleben. Ein großer Dank an meine geduldige Mutter. Und an Bodil, die Kommata in meine Texte setzt. Ein großer Dank an WAGGA HOUSE, Risskov, dafür, dass sie die drei hübschen Modelle in Marrakesch gefunden haben. Danke an Patrick de Maillard: Foto location im Musee Boucharouite.

Herausgegeben von Kristensen & Ko., www.kristensenogko.dk
Originaltitel MASKER FRAU MARRAKECH

2. Auflage, 2019

Strickdesign: Annette Danielsen, www.annetted.dk
Übersetzung: Dörte Dietrich, www.wollwerkstatt-kiel.de
Lektorat: Sieke Dietrich, Dörte Dietrich
Fotos: Anne Styrbech, www.styrbech.dk
Gestaltung: Randi Schmidt, www.randis.dk
Druck: Westermann Druck Zwickau GmbH

ISBN 978-3-7843-5597-9

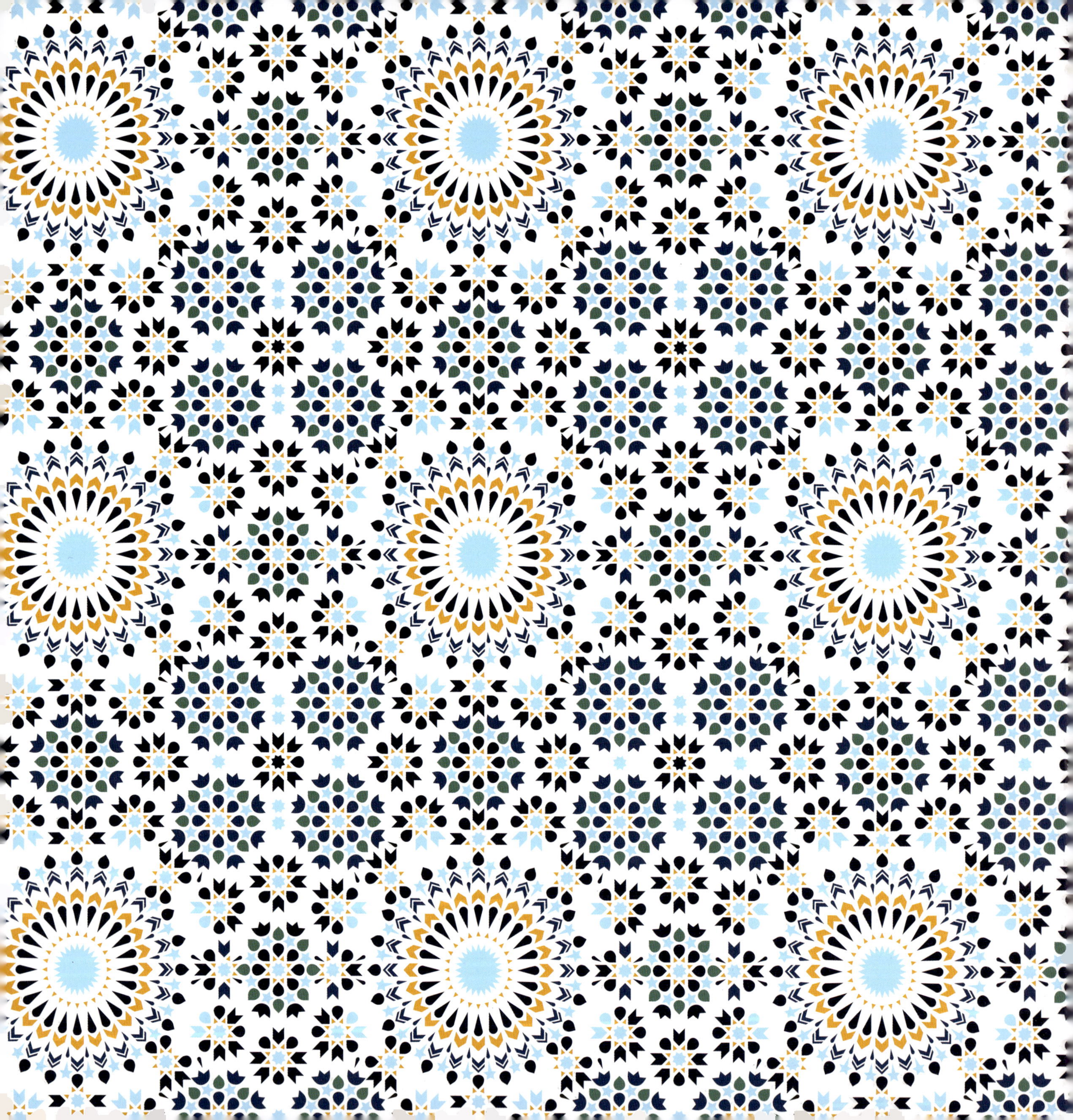